故宮

博物院藏文物珍品全集

故宮博物院藏文物珍品全集

清代宮廷繪畫

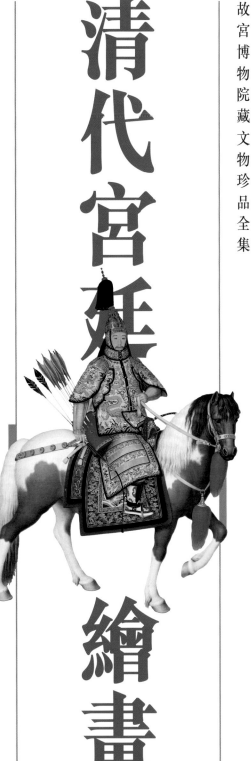

主編：聶崇正

商務印書館

清代宮廷繪畫
Paintings by the Court Artists of the Qing Court

故宮博物院藏文物珍品全集
The Complete Collection of the Treasures of the Palace Museum

主　　編	聶崇正
編　　委	袁　杰　趙志成
攝　　影	馮　輝　劉志崗　趙　山

出 版 人	陳萬雄
編輯顧問	吳　空
責任編輯	陳　杰
裝幀設計	三易設計有限公司
出　　版	商務印書館（香港）有限公司 香港筲箕灣耀興道3號東匯廣場8樓
製　　版	昌明製作公司
印　　刷	中華商務聯合印刷有限公司 香港新界大埔汀麗路36號中華商務印刷大廈
版　　次	2021年3月第3次印刷 ©1996 商務印書館（香港）有限公司 ISBN 978 962 07 5206 3

All inquiries should be directed to:
The Commercial Press (Hong Kong) Ltd.
8/F., Eastern Central Plaza, 3 Yiu Hing Road, Shau Kei Wan, Hong Kong.

故宮博物院藏文物珍品全集

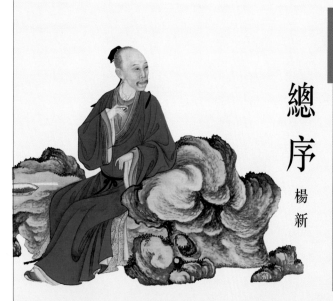

總序

楊 新

故宮博物院是在明、清兩代皇宮的基礎上建立起來的國家博物館,位於北京市中心,佔地72萬平方米,收藏文物近百萬件。

公元1406年,明代永樂皇帝朱棣下詔將北平升為北京,翌年即在元代舊宮的基址上,開始大規模營造新的宮殿。公元1420年宮殿落成,稱紫禁城,正式遷都北京。公元1644年,清王朝取代明帝國統治,仍建都北京、居住在紫禁城內。按古老的禮制,紫禁城內分前朝、後寢兩大部分。前朝包括太和、中和、保和三大殿,輔以文華、武英兩殿。後寢包括乾清、交泰、坤寧三宮及東、西六宮等,總稱內廷。明、清兩代,從永樂皇帝朱棣至末代皇帝溥儀,共有24位皇帝及其后妃都居住在這裏。1911年孫中山領導的"辛亥革命",推翻了清王朝統治,結束了兩千餘年的封建帝制。1914年,北洋政府將瀋陽故宮和承德避暑山莊的部分文物移來,在紫禁城內前朝部分成立古物陳列所。1924年,溥儀被逐出內廷,紫禁城後半部分於1925年建成故宮博物院。

歷代以來,皇帝們都自稱為"天子"。"普天之下,莫非王土;率土之濱,莫非王臣"(《詩經·小雅·北山》),他們把全國的土地和人民視作自己的財產。因此在宮廷內,不但匯集了從全國各地進貢來的各種歷史文化藝術精品和奇珍異寶,而且也集中了全國最優秀的藝術家和匠師,創造新的文化藝術品。中間雖屢經改朝換代,宮廷中的收藏損失無法估計,但是,由於中國的國土遼闊,歷史悠久,人民富於創造,文物散而復聚。清代繼承明代宮廷遺產,到乾隆時期,宮廷中收藏之富,超過了以往任何時代。到清代末年,英法聯軍、八國聯軍兩度侵入北京,橫燒劫掠,文物損失散佚殆不少。溥儀居內廷時,以賞賜、送禮等名義將文物盜出宮外,手下人亦效其尤,至1923年中正殿大火,清宮文物再次遭到嚴重損失。儘管如此,清宮的收藏仍然可觀。在故宮博物院籌備建立時,由"辦理清室善後委員會"對其所藏進行了清點，事竣後整理刊印出《故宮物品點查報告》共六編28冊，計有文物117萬餘件 (套)。1947年底，古物陳列所併入故宮博物院，其文物同時亦歸故宮博物院收藏管理。

二次大戰期間，為了保護故宮文物不至遭到日本侵略者的掠奪和戰火的毀滅，故宮博物院從大量的藏品中檢選出器物、書畫、圖書、檔案共計13,427箱又64包，分五批運至上海和南京，後又輾轉流散到川、黔各地。抗日戰爭勝利以後，文物復又運回南京。隨着國內政治形勢的變化，在南京的文物又有2,972箱於1948年底至1949年被運往台灣，50年代南京文物大部分運返北京，尚有2,211箱至今仍存放在故宮博物院於南京建造的庫房中。

中華人民共和國成立以後，故宮博物院的體制有所變化，根據當時上級的有關指令，原宮廷中收藏圖書中的一部分，被調撥到北京圖書館，而檔案文獻，則另成立了"中國第一歷史檔案館"負責收藏保管。

50至60年代，故宮博物院對北京本院的文物重新進行了清理核對，按新的觀念，把過去劃分"器物"和書畫類的才被編入文物的範疇，凡屬於清宮舊藏的，均給予"故"字編號，計有711,338件，其中從過去未被登記的"物品"堆中發現1,200餘件。作為國家最大博物館，故宮博物院肩負有蒐藏保護流散在社會上珍貴文物的責任。1949年以後，通過收購、調撥、交換和接受捐贈等渠道以豐富館藏。凡屬新入藏的，均給予"新"字編號，截至1994年底，計有222,920件。

這近百萬件文物，蘊藏着中華民族文化藝術極其豐富的史料。其遠自原始社會、商、周、秦、漢，經魏、晉、南北朝、隋、唐，歷五代兩宋、元、明，而至於清代和近世。歷朝歷代，均有佳品，從未有間斷。其文物品類，一應俱有，有青銅、玉器、陶瓷、碑刻造像、法書名畫、印璽、漆器、琺瑯、絲織刺繡、竹木牙骨雕刻、金銀器皿、文房珍玩、鐘錶、珠翠首飾、家具以及其他歷史文物等等。每一品種，又自成歷史系列。可以說這是一座巨大的東方文化藝術寶庫，不但集中反映了中華民族數千年文化藝術的歷史發展，凝聚着中國人民巨大的精神力量，同時它也是人類文明進步不可缺少的組成元素。

開發這座寶庫，弘揚民族文化傳統，為社會提供了解和研究這一傳統的可信史料，是故宮博物院的重要任務之一。過去我院曾經通過編輯出版各種圖書、書冊、刊物，為提供這方面資料作了不少工作，在社會上產生了廣泛的影響，對於推動各科學術的深入研究起到了良好的作用。但是，一種全面而系統地介紹故宮文物以一窺全豹的出版物，由於種種原因，尚未來得及進行。今天，隨着社會的物質生活的提高，和中外文化交流的頻繁往來，無論是中國還是西方，人們越來越多地注意到故宮。學者專家們，無論是專門研究中國的文化歷史，還是從事於東、西方文化的對比研究，也都希望從故宮的藏品中發掘資料，以探索人類文明發展奧秘。因此，我們決定與香港商務印書館共同努力，合作出版一套全面系統地反映故宮文物收藏的大型圖冊。

要想無一遺漏將近百萬件文物全都出版，我想在近數十年內是不可能的。因此我們在考慮到社會需要的同時，不能不採取精選的辦法，百裏挑一，將那些最具典型和代表性的文物集中起來，約有一萬二千餘件，分成六十卷出版，故名《故宮博物院藏文物珍品全集》。這需要八至十年時間才能完成，可以說是一項跨世紀的工程。六十卷的體例，我們採取按文物分類的方法進行編排，但是不囿於這一方法。例如其中一些與宮廷歷史、典章制度及日常生活有直接關係的文物，則採用特定主題的編輯方法。這部分是最具有宮廷特色的文物，以往常被人們所忽視，而在學術研究深入發展的今天，卻越來越顯示出其重要歷史價值。另外，對某一類數量較多的文物，例如繪畫和陶瓷，則採用每一卷或幾卷具有相對獨立和完整的編排方法，以便於讀者的需要和選購。

如此浩大的工程，其任務是艱巨的。為此我們動員了全院的文物研究者一道工作。由院內老一輩專家和聘請院外若干著名學者為顧問作指導，使這套大型圖冊的科學性、資料性和觀賞性相結合得盡可能地完善完美。但是，由於我們的力量有限，主要任務由中、青年人承擔，其中的錯誤和不足在所難免，因此當我們剛剛開始進行這一工作時，誠懇地希望得到各方面的批評指正和建設性意見，使以後的各卷，能達到更理想之目的。

感謝香港商務印書館的忠誠合作！感謝所有支持和鼓勵我們進行這一事業的人們！

1995年8月30日於燈下

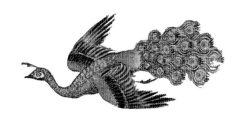

目錄

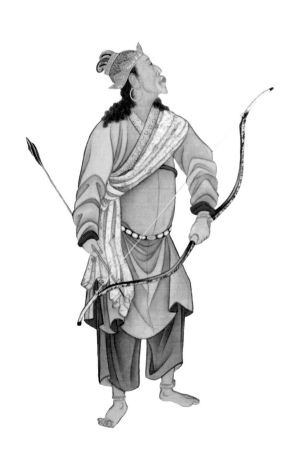

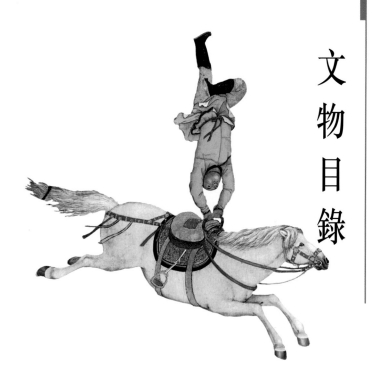

文物目錄

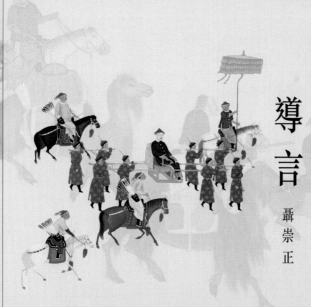

導言

聶崇正

清代宮廷繪畫，指的是清朝的宮廷組織職業畫家，專門為皇帝而繪製的作品。宮廷組織畫家進行繪畫創作，並非始於清朝，根據史料記載，中國在商周時，宮廷的牆壁上就畫有圖畫，但是這些圖畫的作者都未能留下姓名；秦漢之際，史料中可以見到不少宮廷畫家的活動，如唐‧張彥遠《歷代名畫記》一書中記述了西漢元帝時宮中畫工毛延壽，因宮女王昭君不肯向他賄賂，就故意將她畫得比較醜的故事；唐初的閻立德、閻立本兄弟，繪製了許多反映當時重大事件的畫幅；及至五代、兩宋，宮廷內設立"翰林圖畫院"，容納的畫家更多，繪畫創作的規模更大，宮廷繪畫的風格可以影響到整個畫壇的面貌，極大地促進和推動了當時繪畫的發展。元、明、清三朝雖然在作法或名稱上不盡相同，但都同樣在宮廷內集中了數量眾多的畫家，繪製了大量的作品。清朝就是在繼承前代宮廷繪畫作法的基礎上，形成了富有時代特色的清代宮廷繪畫藝術。

清代宮廷繪畫機構的設置，有它自己的特點[1]。順治（1644—1660年在位）、康熙（1661—1722年在位）時，清朝入關定鼎中原未久，國力尚在恢復之中，宮廷繪畫亦屬初創階段，畫家及作品都未形成規模和特色，繪畫機構也不太完備，其繪畫創作是由內務府組織的，數量及質量還未達到可觀的程度；到了雍正、乾隆時，國力達到極盛，在雄厚經濟實力的基礎上，清朝的宮廷繪畫也發展到了頂點，作品數量多，而且具有"中西合璧"的新時代特點。在這一時期內，繪畫創作的組織機構也日趨完善，雍正時見於檔案文獻記載的有"畫作"、"畫院處"等名稱，它們均隸屬於內務府。至乾隆元年（1736），根據皇帝的命令，正式在內務府下建立"如意館"。"如意館在啟祥宮南，館室數楹，凡繪工文史及雕琢玉器，裱褙帖軸之匠皆在焉"（清‧昭槤《嘯亭雜錄》），《清史稿》中也說："清制畫史供御者無官秩，設如意館於啟祥宮南。"清內務府造辦處"各作成做活計清檔"內專門有一份名為"如意館"的檔案，負責記錄宮中畫家作畫諸事。雍正、乾隆時期，宮廷繪畫達到極盛，反映在以下幾個方面：首先是畫家的數量大增，清宮中大部分較有影響及成就的畫家都活躍在這段時間裏；其次是具有清宮特色的畫風開始形成，代表清代宮廷繪畫那種規整、細膩、華麗而又多少帶有歐洲繪畫風格影響的作品，成為這一時期宮廷繪畫的典型面貌，作品的質量比較高；再就是作畫所用的紙、絹、顏料以及畫幅的裝裱都是比較精緻考究的。目前存世的清代宮廷繪畫，絕大多數也都是這一時期的作品。雍正皇帝胤禛雖然在位只有十三年 (1723—1735年)，但是許多乾隆時極為活躍的畫家，都是在雍正時被發現或啟用而入宮供職的。如丁觀鵬、丁觀鶴兄弟、金昆、張為邦等。

除了供職宮廷的中國畫家之外，這一時期中還有若干名歐洲畫家也在清朝的宮廷內供奉。他們是歐洲天主教耶穌會來華的傳教士，都曾受過良好的教育，其中的善畫者，由於皇帝的欣賞，就成為中國的宮廷畫師。這些歐洲傳教士畫家中最著名的是意大利人郎世寧 (Giuseppe Castiglione，1688—1766年)，此外還有法蘭西人王致誠 (Denis Attiret，1702—1768年)、波希米亞人艾啟蒙 (Ignatius Sickltart，1708—1780年)、法蘭西人賀清泰 (Louis de Poirot，1735—1814年)、意大利人安德義 (Joannes Damasceuns Salusti，？—1781年)、意大利人潘廷章 (Joseph Panzi，？—1812年前) 等。他們不但自己在清宮廷內作畫，而且還將歐洲的繪畫技法傳授給中國的宮廷畫家，對於清宮 "中西合璧" 新穎畫風的形成，起到了直接和關鍵的作用。

這一時期宮廷繪畫的繁榮，乾隆皇帝弘曆 (1735—1795年在位) 起了很大的作用。他在位六十年，退位後還當了三年太上皇，本人又雅好文翰書畫。他着力經營根據他的命令建立起來的 "如意館"，並命令取消自康熙、雍正以來對宮中畫家 "南匠" 的稱呼，而改稱 "畫畫人"[2]，對畫家的地位多少有所提高。少數又亦善文詞的宮廷畫家還被乾隆皇帝授予官職。乾隆皇帝為修建皇家園林圓明園中的西洋式建築物，曾任命郎世寧擔任奉宸苑卿的職務。郎世寧和艾啟蒙這兩位歐洲畫家七十壽辰時，都獲得了很高榮譽，賞賜豐厚。清代宮廷繪畫發展到此時出現高潮，除去政治、經濟原因外，乾隆皇帝個人的因素也是不能忽視的。

隨着乾隆皇帝的去世，宣告了清代盛世的結束。龐大帝國的國力逐漸衰退，無力繼續為宮廷藝術的發展提供雄厚的經濟後盾。再則，以後的幾代皇帝，對文化與藝術也缺乏廣泛的興趣，致使清代的宮廷繪畫走上了衰退的下坡路，直至清朝滅亡。這一時期的表現是：宮廷內供奉畫家的數量大為減少，幾乎沒有甚麼有名的畫家在宮廷內供職；"如意館" 名存實亡；繪畫作品的藝術水平下降，幾乎提不出幾幅這一階段代表作品的名稱來。雖然到了清末光緒時，因為慈禧皇太后個人的喜好，又搜羅了一些畫家在宮廷中供職，但無奈此時已遠非康、雍、乾盛世可比，頻繁的內憂外患，使得晚清的宮廷繪畫猶如回光返照，很快就泯滅了。隨之不久，清代也滅亡。

在談及清代宮廷繪畫作品、風格、特點等問題之前，先大致敍述一下這部分繪畫在署款以及裝裱方面的情況。

清代宮廷繪畫作品在署款的格式上，有其自身的特點。即畫幅上都用工整的楷書豎行書寫"臣××恭畫"、"臣×××恭繪"、"臣×××奉敕恭畫"等字樣，就是説在畫家姓名之前必定冠有一個"臣"字，絕無例外，由此表明這件作品是專為皇帝而畫的[3]。在畫幅上畫家除署款、鈐印外，幾乎不再書寫其他文字，不像文人或民間畫家，在署款、鈐印之外，還多在畫面上題寫詩句或跋語。另外大部分描繪帝王、后妃肖像的宮廷繪畫畫幅上，畫家是不署自己名款的，這大概是一種尊敬的表示。而宗室、詞臣們呈獻給皇帝的畫幅上，署款的格式，一如以上所述，它們之間並無差別，很難加以區分，但是作者身分、地位的高下卻是十分懸殊的。

清代宮廷繪畫作品的形制包括手卷、立軸、冊頁等，這也是大部分中國傳統繪畫的裝裱格式。此外，在清代宮廷內，還有一種稱為"貼落"的畫，這是清代宮廷中新出現的裝潢形制。在宮殿的牆壁上貼畫，是清代非常普遍的做法，畫家在紙、絹上先作畫，畫完之後，四周鑲以綾、絹，然後再將畫幅貼到牆上。這種可以隨時貼上、揭落的畫幅形制，即名為"貼落"。"貼落"畫可以起到壁畫的作用，但製作與更換卻比直接畫在牆上的壁畫簡易和方便得多。清代宮廷繪畫中有許多巨幅作品，原來就是"貼落"畫，後來從牆壁上撤下，再重新裝裱成立軸的形式。

清代宮廷繪畫與前代宮廷繪畫在內容方面相比較，並無顯著的區別。仍然是：一、裝飾宮殿及作為玩賞用的花卉、翎毛、走獸畫；二、以史為鑑的歷史人物故事畫；三、記錄當時重大事件或重要人物的紀實畫；四、宗教題材畫，其中喇嘛教題材的道釋畫，是其新的特色。但是在以上各類繪畫題材的比例上，卻有鮮明的時代特點。第二類歷史故事畫，在清代宮廷中數量並不很多，只佔所有作品的極小部分，看來此類題材的作品在清代宮廷內並沒有受到應有的重視。與此相反，記錄本朝人物和事件的紀實性繪畫作品則特別盛行，成為清代宮廷繪畫在題材內容上的一大特色。究其原因，大概是過去中國歷史中的大部分時間，是由漢族佔據主導地位的，也可以説是漢族的歷史。而清朝的開國者，作為地處東北白山黑水間的滿族，是以武力擊敗李自成的大順政權和南明王朝的勢力而奪取政權的，所以他們更加相信自己的力量，因此也更加需要充分地表現和樹立自己的形象，在歷史的大舞台上要力爭扮演主要的角色。在歷史題材繪畫作品和現實題材繪畫作品兩者的選擇中，清朝統治者更加看重後者，原因也就在此。清朝宮廷中的紀實繪畫，與宋、元、明時代宮廷中同類題材的作品相比較，可以說在質上絲毫不讓前朝，而在量上則大大超過它們。在沒有新聞攝影和記錄電影、電視的時代，要把當時的重大事件和重要人物形象地記錄下來，最好的辦法莫過於運用繪畫的手段。清朝的統治者就充分利用了這一媒介。

特別是在清康熙、雍正、乾隆三朝，更是通過繪畫的方式把一些重要歷史事件及人物記錄下來，使我們對幾百年前發生的事情如在眼前，帝后、功臣的相貌歷歷在目。這是清代宮廷紀實繪畫的鼎盛時期。更需要指出的是，紀實繪畫中尤以乾隆時期清朝中央政權與西北少數民族的關係反映得最為具體、生動。這些繪畫作品既反映了清朝中央政權平定邊遠地區少數民族分裂勢力的叛亂，鞏固國家統一的業績，又紀錄了各民族部落首領擁護統一，紛紛歸附的行動[4]。這些畫幅的作者生活在宮廷裏，很多事件中的人物和場面都是他們親眼目睹或親身經歷的，因此這些作品具有極強的真實感。畫家採用工整、細緻、一絲不苟的工筆寫實畫法，對人物相貌、衣冠服飾、隊列儀仗、武器裝備、兵馬陣式、城市建築、車船橋肆等都描繪得細緻入微，真實具體。所以這部分作品具有裝飾殿堂的花鳥畫、山水畫無法替代的實錄作用。另外歐洲來華的傳教士畫家在宮廷內供職，他們帶來的歐洲寫實畫法，也對清代宮廷紀實繪畫的發展與提高起到了很重要的促進作用。總之，統治者政治的需要，加上中外畫家技藝提供的可能，二者結合，便出現了我們現時所見到的那種富有特色的清代宮廷紀實繪畫。

清代宮廷繪畫中還有一部分作品，畫的是單獨的禽鳥、走獸和花草，從表面來看，它們與一般的、傳統的花卉翎毛畫並沒有很大的區別，但是在這些畫幅上，大都書寫有文字，説明圖中的鳥獸、花草是何年、何方、何人所進貢。它們的畫風還十分工細、寫實、具體，通過畫面，可以了解到清朝中央政府與國內其他民族，周邊藩屬、乃至世界別的國家之間相互交往的關係，同樣具有重要的歷史價值。從這部分畫幅的內容和功能來説，它們也應當屬於紀實繪畫的範疇。

當然，這些紀實繪畫的局限性也是顯而易見的，它們完全是為了皇權統治的需要繪製，很多畫幅都是圍繞皇帝為中心而展開的，所以這部分繪畫反映當時史實的廣泛性和深刻性都是有一定限度的。但是它們畢竟給後人留下了十分珍貴的形象資料，這就是清代宮廷紀實繪畫所具有的獨特的價值。

以上僅就清代宮廷繪畫題材及內容的特點略作分析，下面再從繪畫藝術的角度來分析一下它的特色。

清代的宮廷繪畫，藝術風格上最大的特點，可以概括為中西合璧四個字。如前所述，康熙、雍正、乾隆三朝的宮廷內，有若干名歐洲畫家在其中供職，他們在學習和掌握中國畫筆墨、技法的基礎上，不但自己繪製了很多的作品，而且還將歐洲繪畫的部分技法傳授給中國的宮廷畫家，這種情形見於內務府檔案中的多處記載。雍正元年 (1723) 的"各作成做活計清檔"中記載："斑達里沙、八十、孫威鳳、王玠、葛曙、永泰六人仍歸在郎世寧處學畫"；乾隆三年 (1738) 皇帝傳旨："雙鶴齋着郎世寧徒弟王幼學等畫油畫"；同年的檔案中還有"着郎世寧徒弟丁觀鵬等將海色初霞畫完時，往韶景軒畫去"的記載；乾隆四年 (1739) 皇帝傳旨"西洋人王致誠、畫畫人張為邦等着在啟祥宮行走，各自畫油畫幾張"；乾隆十六年 (1751) 根據皇帝的命令"着再將包衣下秀氣些小孩子挑六個跟隨郎世寧等學畫油畫"，隨後又叫王幼學的兄弟王儒學也跟着郎世寧學畫油畫；乾隆十年 (1745)，為繪製京城圖樣，皇帝命令"郎世寧將如何畫法指示沈源，着沈源轉外邊畫圖人畫"。另外在檔案中還可以見到王幼學、于世烈等中國畫家和歐洲畫家艾啟蒙一起繪製"綫法畫"的記載。

從以上所徵引的檔案中可以清楚地看出，歐洲流行的油畫這一畫種(5)以及焦點透視畫這一技法 (歐洲的焦點透視畫在清宮中被稱為"綫法畫")(6)，在清朝宮廷內也是相當盛行的。在清朝宮廷內，油畫是僅次於傳統中國畫的又一大畫種。過去有的文章中認為，中國的皇帝不喜歡油畫，而強令供奉內廷的歐洲畫家改以水彩作畫，這樣的說法似乎並不完全符合實際情況。事實上雍正、乾隆這兩位皇帝不但允許歐洲畫家以油彩作畫，而且還下令中國的宮廷畫家向他們學習油畫的技藝，檔案中的記述說明了這一點。不過要求是這些油畫作品要符合東方民族的欣賞習慣。十分可惜的是，二百餘年前清宮廷中所畫的油畫作品，由於當時製作技術較為粗糙，以及後來存放保管條件受到局限，再加所附着的建築物或拆毀或重新粉飾等等因素，存留至今的已如鳳毛麟角，十分罕見了。本圖錄特地從北京故宮博物院收藏品中選取若干幅，以窺當時宮廷油畫創作之一斑。這些油畫的作者中既有歐洲的宮廷畫家，也有中國的宮廷畫家。檔案中所示的斑達里沙、八十、孫威鳳、王玠、葛曙、永泰、丁觀鵬、王幼學、王儒學、張為邦、于世烈等人，大概可以算作中國最早的一批油畫家了吧。

在繪製這些油畫時，供奉內廷的歐洲畫家並沒有將他們觀察事物的方法全盤搬到了中國，而是適當作了變通，這反映在人物肖像畫上最為明顯。歐洲畫家所畫的人物肖像，喜歡採用側面的光照，造成人物臉部受光及背光部分的強烈對比。中國傳統的人物肖像畫則描繪的是人物在常態中的容貌，五官清晰，不受光綫變化的影響。在宮中的歐洲畫家在為皇帝、后妃、大臣等畫像時，既保留了歐洲畫法造型準確、注重解剖結構的長處，又一律取正面光綫，並減弱光照的亮度，使人物面部清晰柔和，更加符合東方民族的欣賞習慣。此特點是這些歐洲畫家融合中西畫法後的新的創造。

而"綫法畫"這一歐洲繪畫技法在宮廷繪畫中的運用，顯然也與供奉內廷的傳教士畫家密切相關。"綫法畫"即焦點透視畫，這是歐洲文藝復興以來，藝術家們將許多自然科學的成就引入繪畫藝術的結果。它力圖在平面的畫幅上體現出縱深立體的效果。雍正年間，出版了由年希堯編著的名為《視學》的書，該書初版於雍正七年(1729)，六年後公元1735年再版。根據此書作者在序言內自述："迨後獲與泰西郎學士(即指郎世寧)數相晤對，即能以西法作中土繪事。始以定點引綫之法貽余，能盡物類之變態。"此書還附有許多示意圖，刻印亦相當精美[7]。同時在清宮廷內，若干畫家亦以焦點透視法作畫，描繪中國的景色和建築物，雖然透視技法運用得還不十分精確與得當，這也是在引進外來技法的初期，不可避免出現的幼稚。但作品顯然有別於傳統中國界畫的面貌。

在清代宮廷中，還有一種歐洲的繪畫品種銅版畫，一度也頗為流行[8]。銅版畫在歐洲已經有近六百年的歷史了，經常被用來複製大幅的油畫作品，單純用黑白綫條來體現油畫原作的層次感、立體感和深遠感，表現力十分豐富。大約在康熙時期，由歐洲的傳教士將這一藝術品類帶到了中國，起初銅版畫是用來製作地圖的，到了乾隆時開始用銅版畫製作了一系列描繪征戰場面的組畫，以此來表現歷史事件，並且相當成功。

在這一系列銅版組畫當中，最為精緻的是《平定西域戰圖》(以下簡稱《戰圖》)。這套《戰圖》是據乾隆二十年(1755)平定厄魯特蒙古族準噶爾部達瓦齊，以及隨後平定天山南路回部波羅泥都、霍集占(又稱大小和卓木)叛亂的事件繪製的。組畫共有十六幅，描繪了戰場上的各次戰鬥。組畫的草圖是由供奉宮廷的歐洲畫家郎世寧、王致誠、艾啟蒙和安德義四人分別繪製的，畫完後經皇帝過目同意，由郎世寧將製作要求寫成拉丁文的信件，交由廣東粵海關及廣州的"十三行"代為聯繫，把圖稿分批送往歐洲的法蘭西刻製成銅版印刷，每幅畫各印了二百張，全部印製工作於乾隆三十八年(1773)完成，共耗資白銀四千八百兩，並將銅版送回了中國。由於這組《戰圖》是由歐洲畫家繪製圖稿並由歐洲刻工刻製銅版，故而西洋風味十分濃厚，精緻細膩，明暗立體感相當強烈[9]。

這套《戰圖》製成以後，清朝宮廷內府仿照這一形式，又相繼由中國的畫家製作了許多描繪乾隆皇帝武功的銅版畫，如《平定兩金川戰圖》(十六幅)、《平定台灣戰圖》(十二幅)、《平定苗疆戰圖》(十六幅) 等，共計有七組八十二幅之多。

從清代宮廷繪畫中似乎還能看到不同的皇帝對待歐洲藝術的不同態度。以郎世寧的作品為例，郎氏的早期作品全都是他一手所繪，受到中國繪畫的影響及中國皇帝的干預比較少，而到了乾隆時期他只畫主要部分即人物肖像，而其他人物的衣紋綫條、背景中的樹石，則是由中國畫家補繪的。從檔案資料中得知，這是因為乾隆皇帝除去肖像畫外，不甚喜歡歐洲人沒有綫條的畫法以及對樹石的描繪，這是他個人的意見和欣賞習慣的反映。這種畫風上前後細微的變化，顯然是滿族君主在入關之後受到中原文化影響深淺不同所致。但是這又代表了當時中國很多人對西方藝術的看法與意見，其中似乎又隱含了彼時東西方文化的不同以及它們之間的矛盾、衝突與融合、交流。

清朝宮廷內繪製的大量畫幅，在清王朝覆滅之前，大部分均儲於宮中及皇家園林行宮內。其中一部分於咸豐十年 (1860) 和光緒二十六年 (1900)，英法聯軍及八國聯軍侵華時遭到劫掠，或被毀壞，或流失海外，清亡後亦有少量散佚，而主要部分後來都成為在明、清皇宮基礎上建立起來的故宮博物院的藏品。現在，清代的宮廷繪畫，除了少量分藏於境內外其他一些博物館外，比較集中收藏於北京故宮博物院和台北故宮博物院。

本圖錄所收載的為北京故宮博物院的珍藏，其中包括了清代宮廷繪畫中的許多重要作品。如具有重要歷史價值的描繪康熙皇帝南巡盛舉的《康熙南巡圖》卷。該圖應有十二巨卷，但是目前已不復完整了，現在圖錄中刊印了第一、九、十、十一、十二卷，其餘的第二、三、四、七卷分別收藏在法國巴黎的吉美博物館、美國紐約的大都會美術館及加拿大某私人手中，其總長度在二百米以上。全圖描繪康熙二十八年 (1689) 第二次南巡的過程，將康熙皇帝一行從京師出發，沿途所經州縣城池、山川名勝一一畫出，場面浩大，人物眾多，描繪細緻，色彩鮮艷，每一卷中皇帝的形象都出現一次。此圖由內務府曹荃任"監畫"、御書處辦事刑部員外郎宋駿業出面邀請畫家，主筆者是清初著名山水畫家王翬，參加繪製的還有楊晉、冷枚、王雲、徐玫等人。全圖歷時六年方告完成[10]。此圖開創了清宮描繪重大事件巨幅大卷畫的先河。

圖錄中收入了多幅帝王的肖像畫，這也是宮廷繪畫中很大的一個門類。由於皇帝的喜好不同，因此其肖像畫也就各具特點，例如雍正皇帝並不像他父親康熙皇帝那樣，曾多次外出巡視。他的活動範圍主要在京師宮廷及皇家園囿圓明園內，故而有關描繪他的肖像畫大都局限在這個範圍，尤以各種裝扮的"行樂圖"為最多。在一套冊頁畫中，雍正皇帝的裝束非常奇特，他沒有穿戴滿族的服飾，而是分別穿着漢族的衣冠、和尚的袈裟、道士的道袍或其他少數民族的服裝，而其中一幅圖中，雍正皇帝身穿歐洲貴族的洋服，頭戴蜷曲的假髮，儼然一位歐洲紳士的形象。在野史及傳聞中，很多將雍正皇帝說成是一個陰沉、邪惡的人。看了這些圖畫之後，或許能夠對他的精神世界會增加更多的感性認識吧。那套畫幅眾多的《雍正耕織圖》冊 (五十二開) 也是這位皇帝重視農耕的一種寫照。

而圍繞着乾隆皇帝的活動，宮廷畫家創作的畫幅就更多了。其中包括了朝服像、戎裝像、古裝像、便裝像、佛裝像、典禮圖、出巡圖、狩獵圖、行樂圖等。對以上作品本圖錄中均有收載。《乾隆朝服像》軸，是這位皇帝系列朝服像中較早的一幅，它描繪了弘曆二十五歲 (1736年) 登極之初時的相貌，畫法細膩，臉面部分完全是歐洲繪畫技法，注重於解剖結構及立體感的表現，服飾的質感亦十分逼真，畫幅上雖然沒有作者的款印，但是從繪畫的風格及水平來分析，此圖無疑是意大利畫家郎世寧的手筆。《乾隆大閱圖》軸 (又稱《乾隆戎裝像》軸) 反映了這位君主尚武的一面。弘曆全身披挂，戴頭盔，穿鎧甲，腰間挎弓箭及腰刀，騎高頭駿馬，以顯示滿族君主不忘祖宗騎射打天下之功業。這件作品畫於乾隆四年 (1739) 弘曆首次前往南苑閱視八旗官兵騎射之後，曾懸掛在南苑行宮內很長時間。

狩獵也是清皇室成員的一項重要活動，它具有習武及娛樂的雙重功效。通過這項活動來保持和發揚滿族尚武的傳統。圖錄中所收的《哨鹿圖》軸、《圍獵聚餐圖》軸、《乾隆虎神槍圖》軸、《乾隆叢薄行圍圖》軸等作品，都屬於這類作品。這些作品或表現箭在弦上的一瞬間，或表現滿載獵物的歸途，或表現狩獵後的野餐，情狀不同，各具特點，但都極富生活氣息，有很強的歷史真實感。在乾隆皇帝的許多便裝像、行樂圖中，則又反映了帝王生活另外的一個方面。尤其是那些行樂圖，描繪乾隆皇帝與子女在一起享受天倫之樂的情景，雖然與普通百姓生活相比有天壤之別，但與朝服像、典禮圖等圖中所表現的氣氛卻有很大的不同。

本卷中的幾幅宗教題材的作品，也有鮮明的特色。它們具有西藏喇嘛教藝術的外觀樣式，與唐卡十分相似，但是仔細觀察圖中佛像的面容，卻分明是乾隆皇帝的肖像。它一方面說明了喇嘛教在清朝尊崇的地位，同時也說明了清朝最高統治者是如何通過宗教有效地控制着西藏。在這裏，乾隆皇帝不但是人間的帝王，而且還是神界的領袖。從畫面來看，佛的面相顯然是歐洲畫家的手筆，而其他部分則是西藏畫工所畫，合璧的繪畫手法，產生了奇妙的藝術效果。

《馬術圖》橫幅[11]和《萬樹園賜宴圖》橫幅[12]這兩件作品，描繪了清朝中央政權與西域少數民族之間的交往，是當時歷史事件的形象資料。《馬術圖》畫的是乾隆皇帝在乾隆十九年（1754），於熱河承德避暑山莊內的萬樹園中賜宴招待來歸順的蒙古族首領阿睦爾撒納、班珠爾、納默庫等人。《萬樹園賜宴圖》畫的是同一年清朝皇帝在承德的避暑山莊內，接見來歸降的蒙古族杜爾伯特部首領車凌、車凌烏巴什、車凌孟克（即三車凌）的場面。在構圖和人物比例上都有新的突破。

姚文瀚所畫的《紫光閣賜宴圖》卷，則描繪了清朝平定西域後在中南海的慶功場面，與慶功宴同時還舉行了盛大的冰嬉活動，當時的表演在張為邦、姚文瀚合畫的《冰嬉圖》卷[13]及金昆、程志道、福隆安合畫的《冰嬉圖》卷中得到了充分的展示。

巨大的《塞宴四事圖》橫幅，反映的是乾隆皇帝在塞外觀看蒙古族表演摔跤、賽馬、馴馬、奏樂的情景[14]，真實而生動，細節描繪極為具體，對於了解滿蒙之間的關係、蒙古民族的習俗乃至當時的樂器及演奏，都是十分珍貴的資料，具有文字記載無法替代的價值。

本卷所精選的清代宮廷繪畫作品，在題材內容上以紀實性繪畫為主，在繪畫樣式上以"中西合璧"的畫風為主，而在時間跨度上則以康熙、雍正、乾隆三代皇帝為主，在此之外的作品，較少選入。清代宮廷中的山水畫、花鳥畫，數量很多，但基本上繼承的是清初"四王"（王時敏、王鑑、王翬、王原祁）和惲壽平"常州派"的衣鉢，並沒有多少創新，主要用於裝飾宮殿牆面，本卷中沒有重點予以選載。

在圖版的編排上，本卷基本是按照時間先後為順序的。但是其中個別作品或個別地方，因無絕對年份，又為照顧門類的一致、題材的相近或主副圖之間的關係，適當作了靈活的變動。因為本卷從嚴格意義上講，不是清代宮廷繪畫的一部編年史。

註釋：

(1) 聶崇正：〈清代宮廷繪畫機構、制度及畫家〉，載《美術研究》，1984年第3期，北京。

(2) 清·乾隆九年 (1744) 內務府《各作成做活計清檔》："春兩舒和並如意館畫畫人，嗣後不可寫南匠，俱寫畫畫人。欽此。"

(3) 聶崇正：〈談清代"臣字款"繪畫〉，載《文物》，1984年第4期，北京。

(4) 聶崇正：〈郎世寧和他的歷史畫、油畫作品〉，載《故宮博物院院刊》，1979年第3期，北京；曾嘉寶：〈紀豐功、述偉績——清高宗十全武功的圖像記錄功臣像與戰圖〉，載《故宮文物月刊》，1990年第9期，台北。

(5) 聶崇正：〈清代宮廷油畫述略〉，載《故宮博物院院刊》，1995年特刊，北京。

(6) 聶崇正：〈綫法畫小考〉，載《故宮博物院院刊》，1982年第3期，北京。

(7) 向達：〈記牛津所藏的中文書〉，載《唐代長安與西域文明》，三聯書店，1957年，北京；劉汝醴：〈視學——中國最早的透視學著作〉，載《南藝學報》，1979年第1期，南京。

(8) 聶崇正：〈乾隆平定準部回部戰圖和清代的銅版畫〉，載《文物》，1980年第4期，北京。

(9) 向達：〈明清之際中國美術所受西洋之影響〉，載《唐代長安與西域文明》，三聯書店，1957年，北京；聶崇正：〈清朝宮廷銅版畫乾隆平定準部回部戰圖〉，載《故宮博物院院刊》，1989年第4期，北京。

(10) 聶崇正：〈談康熙南巡圖卷〉，載《美術研究》，1989年第4期，北京。

(11) 楊伯達：〈關於馬術圖題材的考訂〉，載《清代院畫》，紫禁城出版社，1993年，北京。

(12) 楊伯達：〈萬樹園賜宴圖考析〉，載《清代院畫》，紫禁城出版社，1993年，北京。

(13) 袁傑：〈張為邦、姚文瀚合繪的冰嬉圖〉，載《紫禁城》，1990年第3期，北京。

(14) 袁荃猷：〈一幅難得的清代蒙古族作樂圖〉，載《故宮博物院院刊》，1981年第3期，北京。

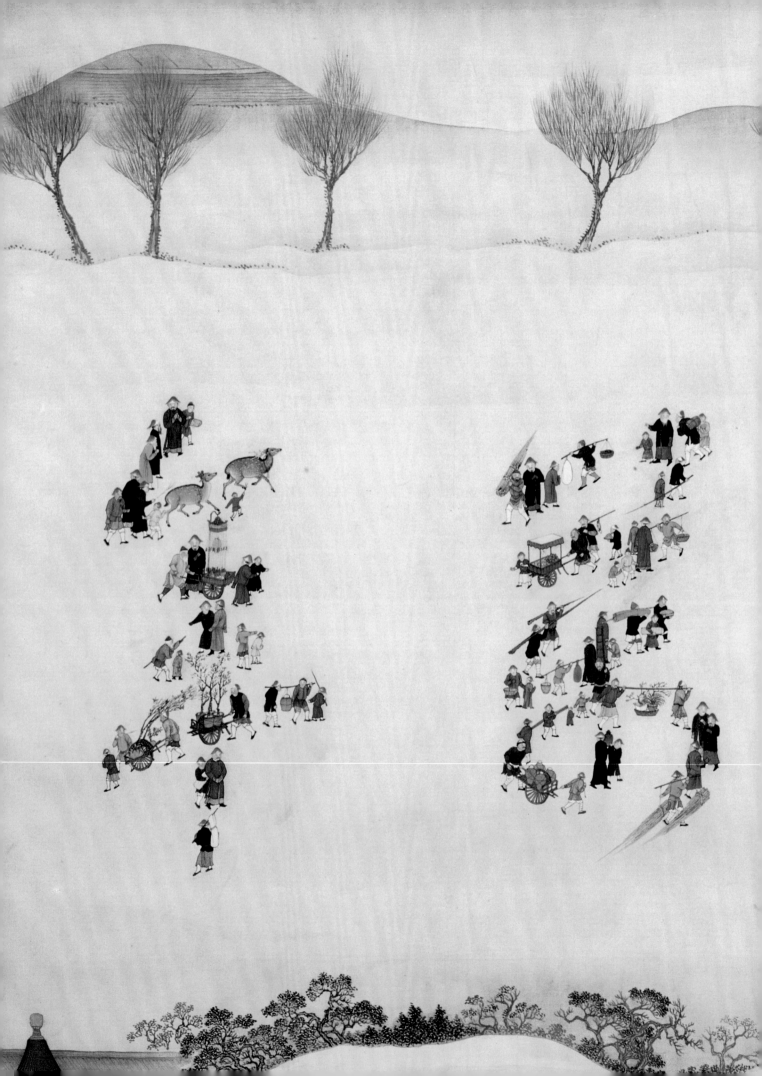

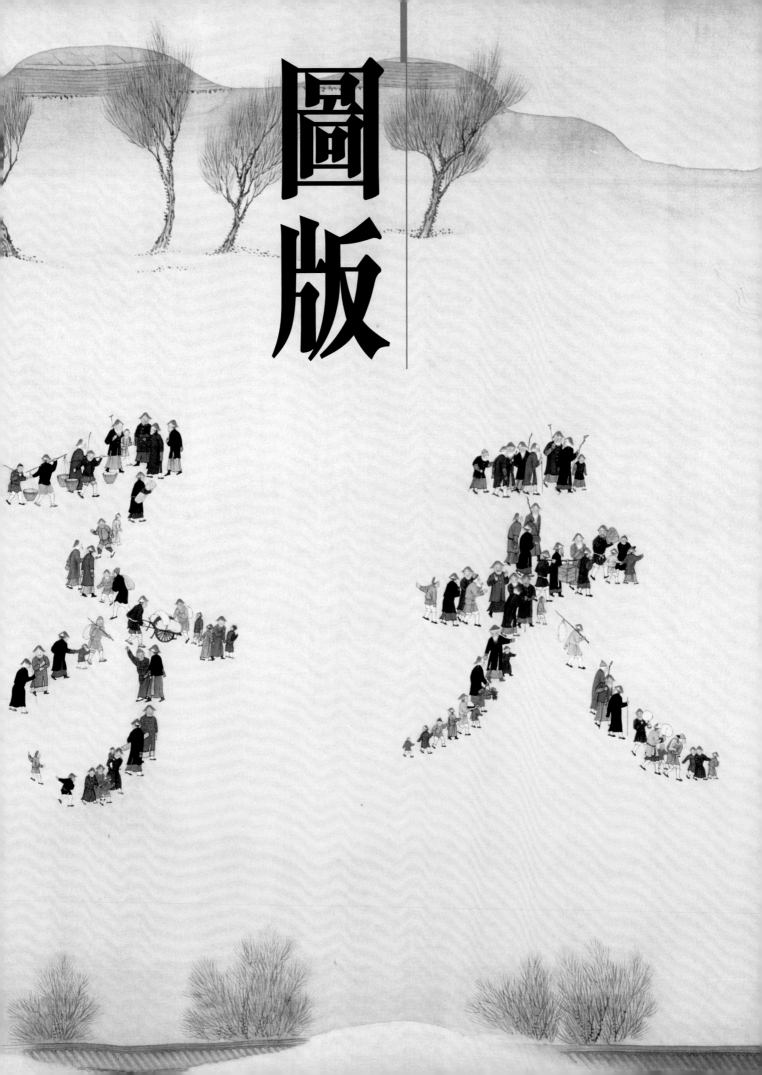

圖版

1

佚 名 康熙便服寫字像軸
絹本 設色 縱50.5厘米 橫31.9厘米

**Portrait of Emperor Kangxi in
Informal Dress at His Writing Table**
Anonymous
Hanging scroll, colour on silk
50.5 x 31.9cm

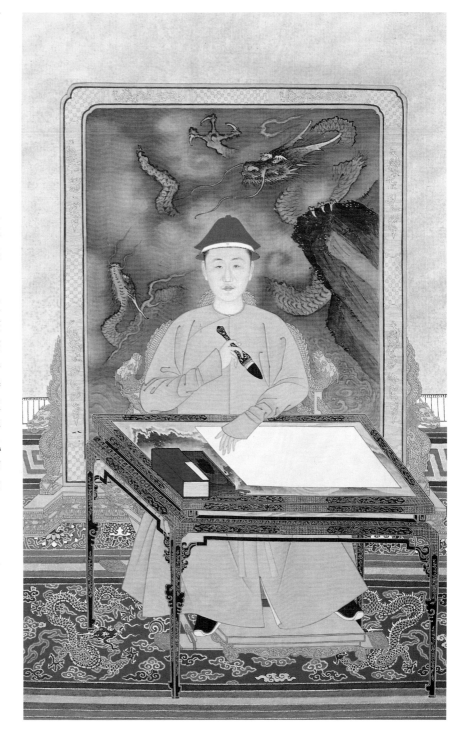

愛新覺羅·玄燁是清入關後的第二代皇帝，世祖福臨第三子，生於順治十一年(1654)，八歲即位，年號康熙，卒於康熙六十一年 (1722)。

圖中所畫康熙皇帝年紀約在三十歲左右。圖中的方桌採用中國傳統透視畫法，而屏風的足部則運用了歐洲的焦點透視法表現。二者集於同一畫面，顯得風格不統一。在中國傳統的肖像畫中特別重視人物的輪廓綫，而西洋肖像畫主要用顏色塊面的堆叠來表現人物的形象和質感。從中國與西洋畫的不同風格，可以看到西洋繪畫傳入中國的初期，與中國傳統繪畫相融合時不協調的現象。

2

佚 名 康熙戎裝像軸
絹本 設色 縱112.22厘米 橫71.5厘米

Portrait of Emperor Kangxi in
Formal Martil Attire
Anonymous
Hanging scroll, colour on silk
112.22 x 71.5cm

圖中的康熙皇帝年紀尚輕,甲冑頭盔全
身披掛,佩帶腰刀弓箭。康熙兩旁各立
二人,形象各具特點,應是真人肖像。

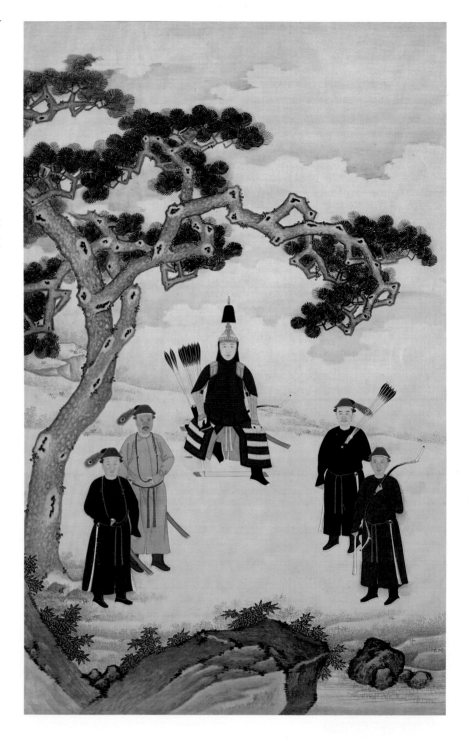

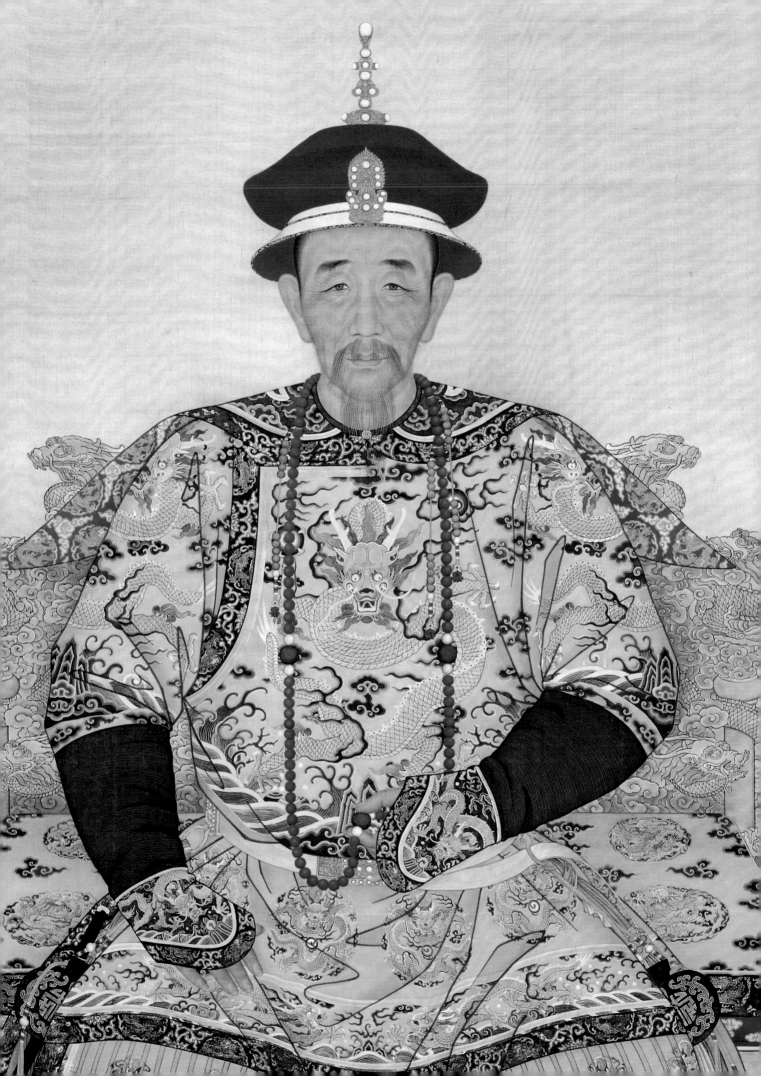

3

佚 名 康熙朝服像軸
絹本 設色 縱274.7厘米 橫125.6厘米

Portrait of Emperor Kangxi in Court Dress
Anonymous
Hanging scroll, colour on silk
274.7 x 125.6cm

此為康熙皇帝老年時肖像。康熙身穿朝
服,坐在龍椅上,此圖色彩華麗鮮艷。圖
中地毯及坐椅均有西洋透視畫法的明
顯影響。

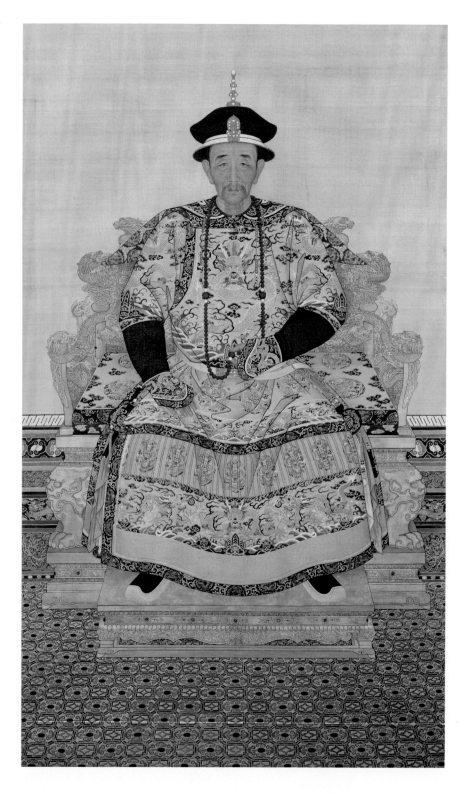

4

佚 名 康熙讀書圖軸
絹本 設色 縱138厘米 橫106.5厘米

Emperor Kangxi in Reading
Anonymous
Hanging scroll, colour on silk
138 x 106.5cm

此圖描繪康熙皇帝盤腿端坐讀書的情景。人物面部以渲染為
主,且多用色彩,幾乎不見綫條的痕迹;同樣在衣服的畫法上
也以色彩塑形,而不用綫條。康熙皇帝身後的書架,運用歐洲
焦點透視的手法,而且還畫出光綫照射下出現的陰影,全圖的
西洋風味十分濃厚。由此可以了解西風東漸之一斑。

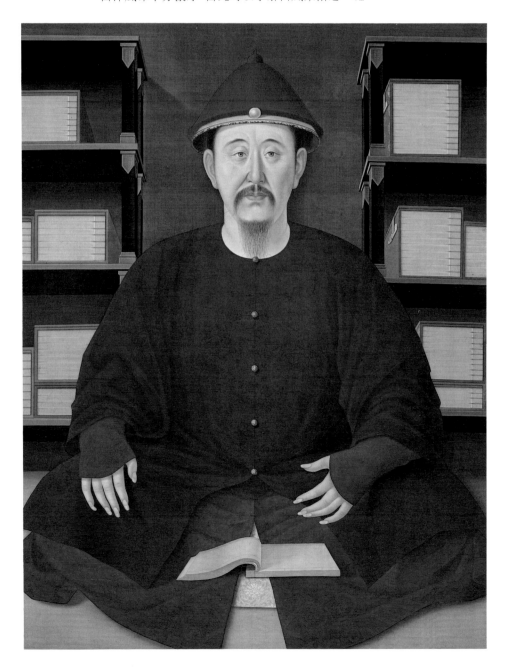

5

王翬等 康熙南巡圖卷

絹本 設色 縱67.8厘米 橫1555厘米至2612.5厘米不等

王翬（1632—1717年），江蘇常熟人，字石谷，號臞樵、耕煙散
人、烏目山中人、劍門樵客、清暉老人等，其祖上五代均擅繪
畫。王翬的啟蒙老師叫張珂，專仿元代黃公望的畫法，年輕時
王翬亦多臨摹黃氏之作。稍長王翬相繼拜著名山水畫家王鑑、
王時敏為師，眼界大開，畫藝精進，於清初獨步江南，名聞海
內。康熙三十年（1691）年已六十歲的王翬被聘至京師主繪
《康熙南巡圖》十二巨卷，歷時六年方告完成。王翬終年八十
六歲，葬在家鄉的虞山腳下。

本卷是中國清代宮廷繪畫中的巨作，康熙皇帝曾六次到南方
巡視，而每次南巡康熙都要去明孝陵拜祭。此圖描繪的即是他
第二次南巡的盛況。康熙二十八年（1689），康熙皇帝一行由
北京的永定門出發，經陸路南行至宿遷，然後乘舟沿運河而下
進入江南地區，在杭州登岸再到紹興，返回時從南京順長江拐
入運河，北上直駛天津，最後返抵京城。十二幅畫卷首尾相接，
將南巡過程中沿途經過的州縣城池、山川河流、名勝古迹一一
入畫，場面壯觀，人物眾多。康熙皇帝的形象在每一卷圖中都
出現一次，或騎馬，或乘舟，或巡視河防，或檢閱騎射，身軀一
般比其他人要大一點，畫幅以皇帝的活動為中心展開，反映了
南巡的各方面情況。這些畫卷大量反映了當時的山川狀貌、風
土人情以及經濟文化的繁榮景象，而且每畫一景點，即在其位
置寫上地方名字，具有重要的歷史價值。在繪畫的表現形式
上，長卷這一傳統形制突破了時間和空間的限制，既保持了巡
行的固定路綫，同時又加強了行程中情節的連續性。康熙南巡
圖十二卷的繪製由都察院左副都御使宋駿業主持，內務府曹
荃任"監畫"，組織王翬、楊晉以及宮廷畫家合力創作，歷時六
年完成。主要作者是當時江南的著名山水畫家王翬，特別受聘
進宮為此圖擔任主筆。這幅巨作目前已流散，其中第一、九、
十、十一、十二卷藏於北京故宮博物院；第二、四卷藏於法國巴
黎吉美博物館；第三卷藏於美國紐約大都會藝術博物館；第七
卷為加拿大某私人收藏，其餘幾卷尚下落不明。

康熙南巡圖 (第一卷)

縱67.8厘米 橫1555厘米

Emperor Kangxi Going on an Inspection Tour to the South (No.1)
By Wang Hui and others
Handscroll, colour on silk
67.8 x 1555cm

此卷描繪康熙皇帝一行從京城的南門永定門出發，抵達京郊
南苑行宮的行程。圖中儀仗整齊，色澤鮮明。

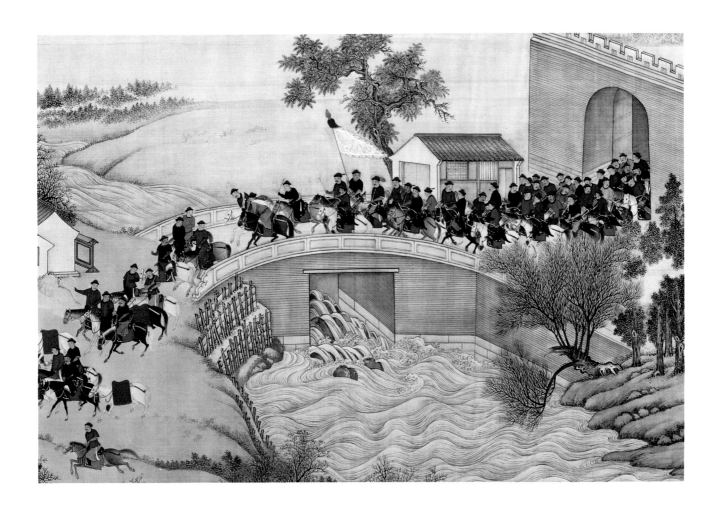

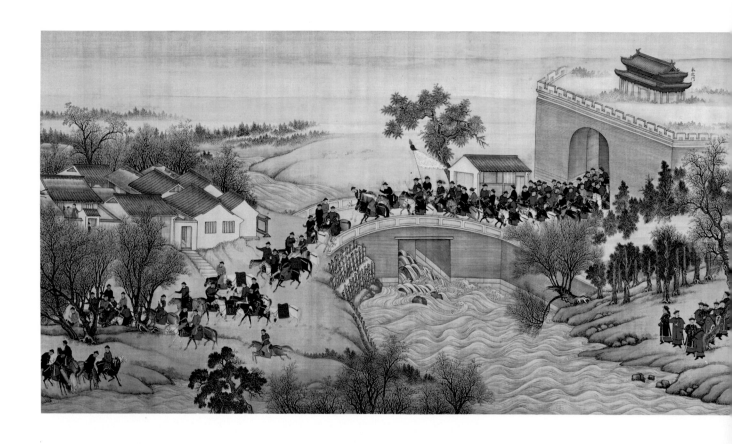

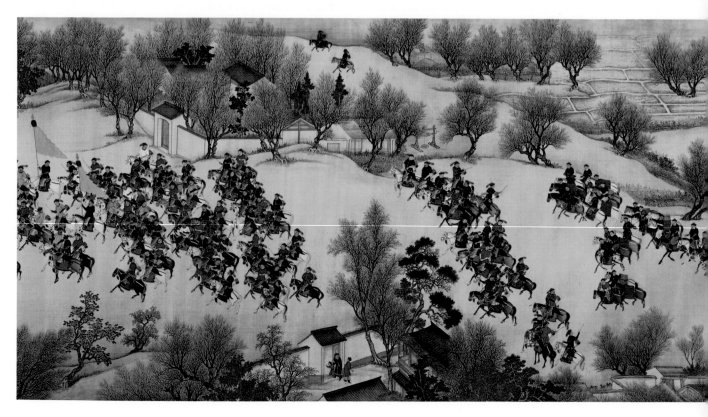

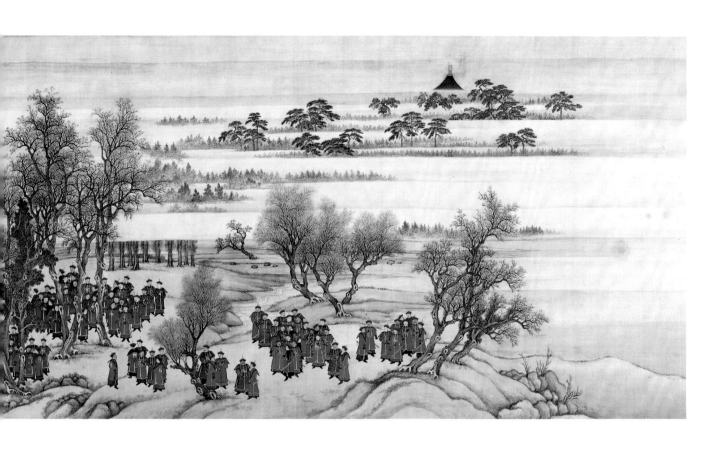

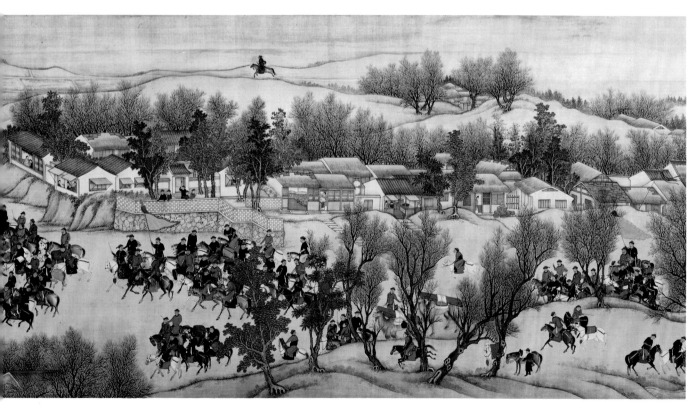

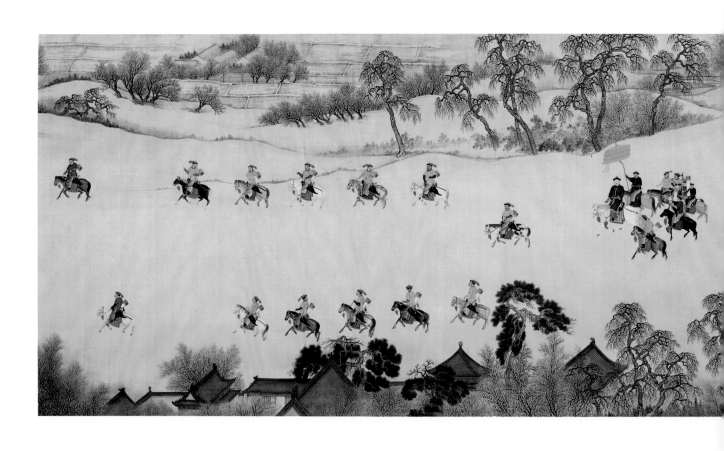

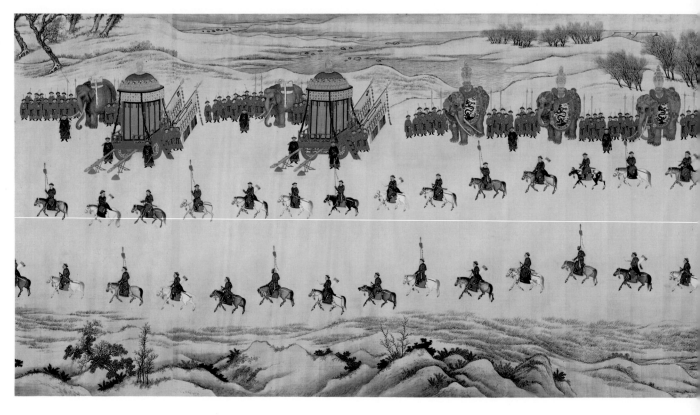

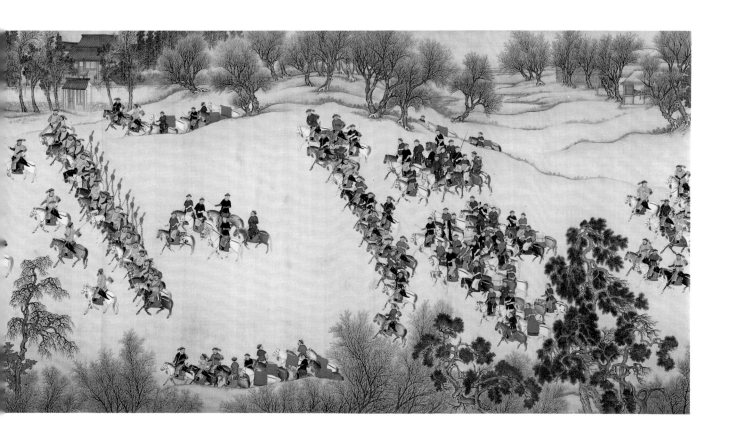

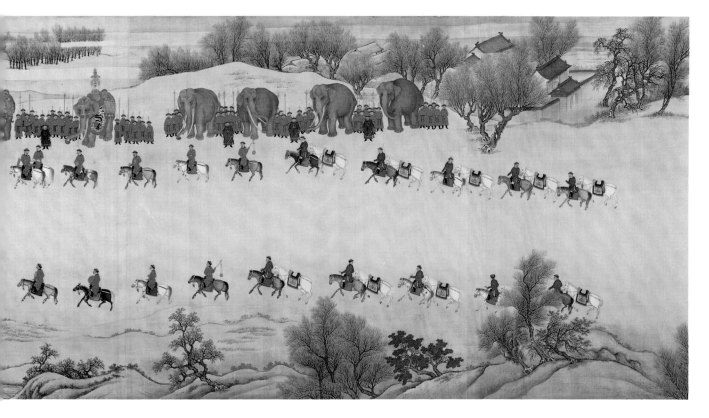

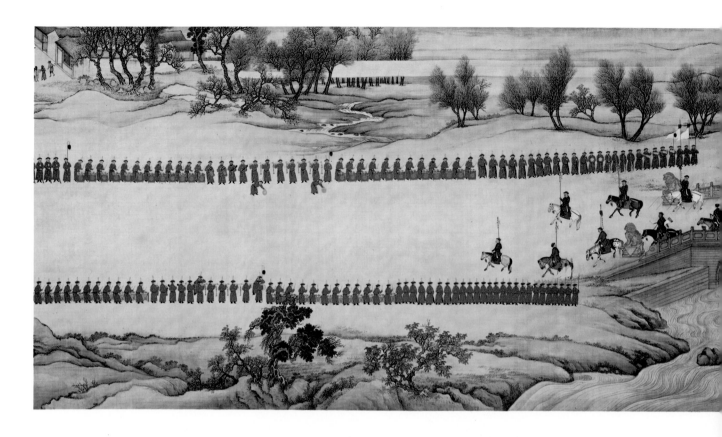

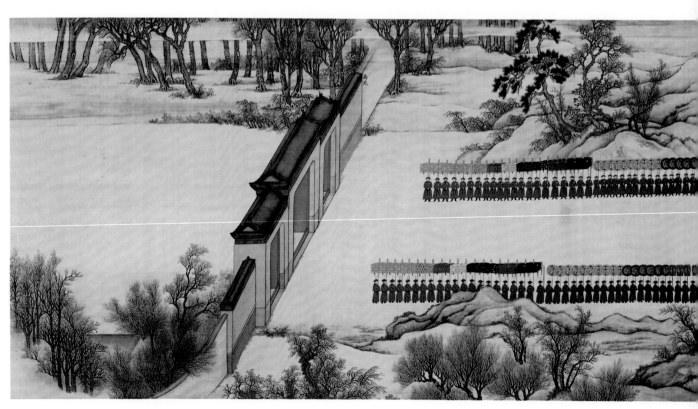

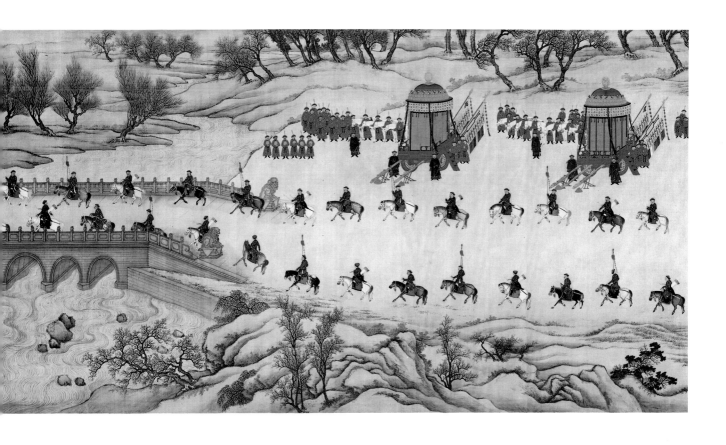

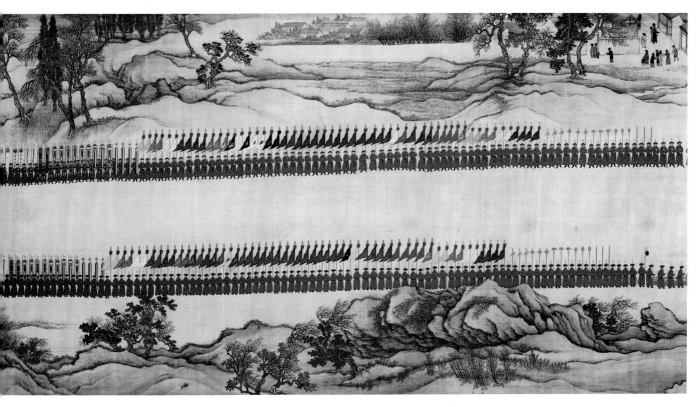

康熙南巡圖（第九卷）

縱67.8厘米　橫2227.5厘米

Emperor Kangxi Going on an Inspection Tour to the South (No.9)
By Wang Hui and others
Handscroll, colour on silk
67.8 x 2227.5cm

此卷描繪康熙皇帝的南巡隊伍離開杭州，渡過錢塘江，經蕭山縣、柯橋鎮，抵達紹興府，最後在大禹陵和大禹廟前接見地方官員和士紳，江南風光盡顯絹素。畫中人物形象概括。

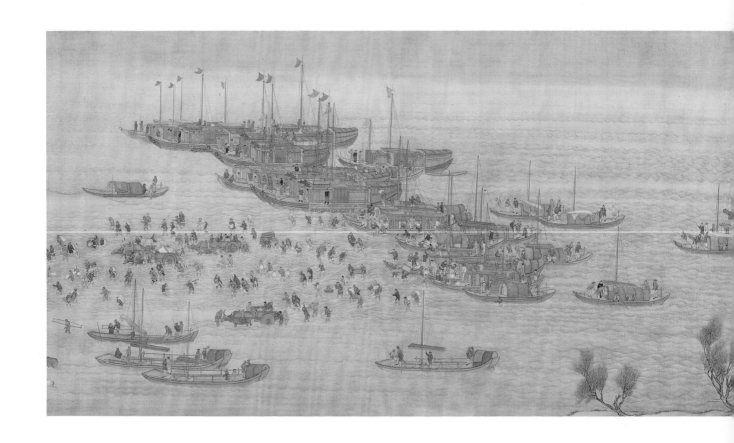

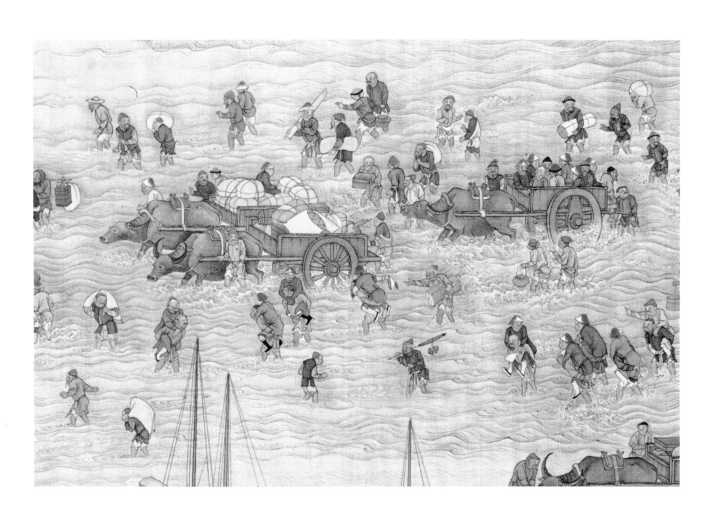

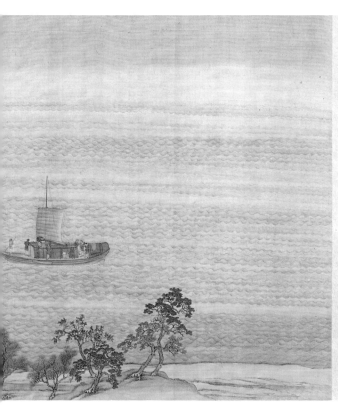

第九卷 敬圖

皇上渡錢唐江經蕭山縣途中水村漁舍麥壠桑

園遠近掩映遂抵紹興府

皇上於是備法駕肅羽衛恭詣禹陵敬脩祀事我

皇上軫念河堤安瀾奏績地平天成之功直追神

禹萬姓夾路歡抃咸仰戴我

皇上祀神勤民之至意允宜炳之丹青用垂盛典

云

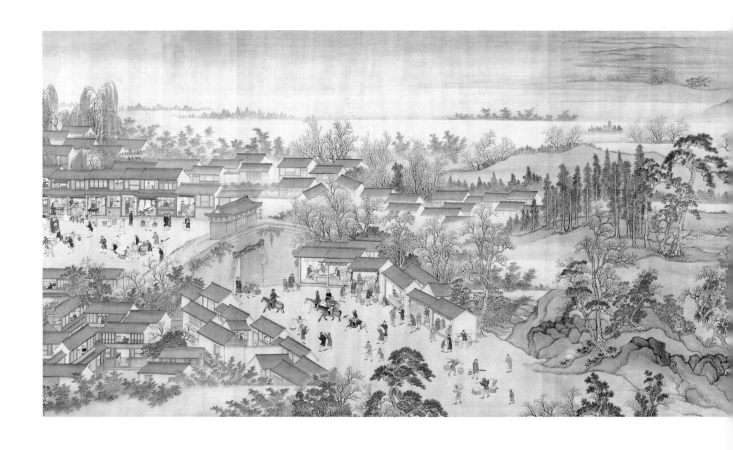

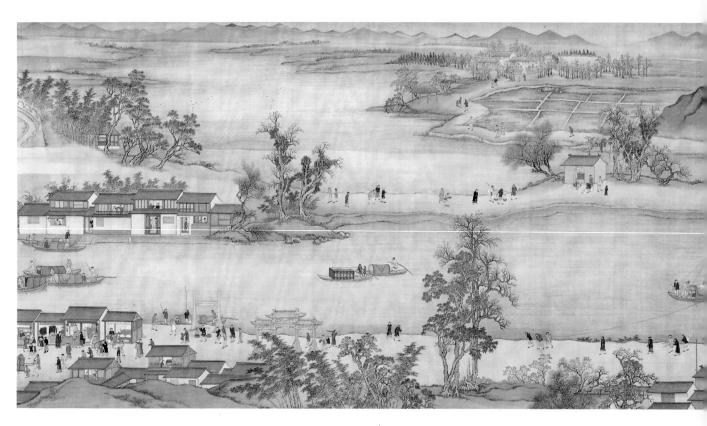

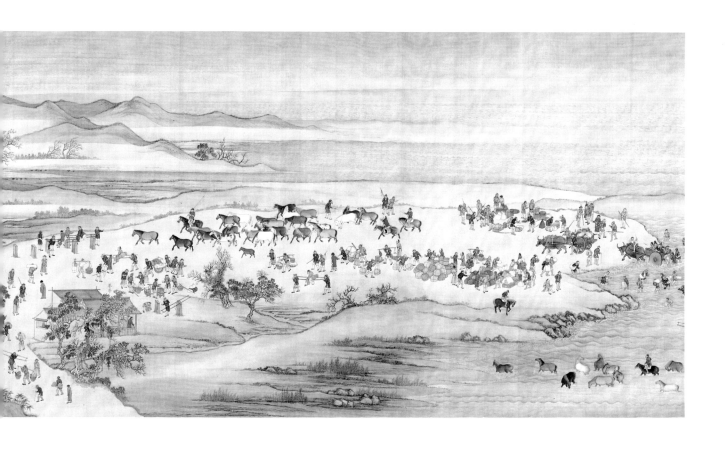

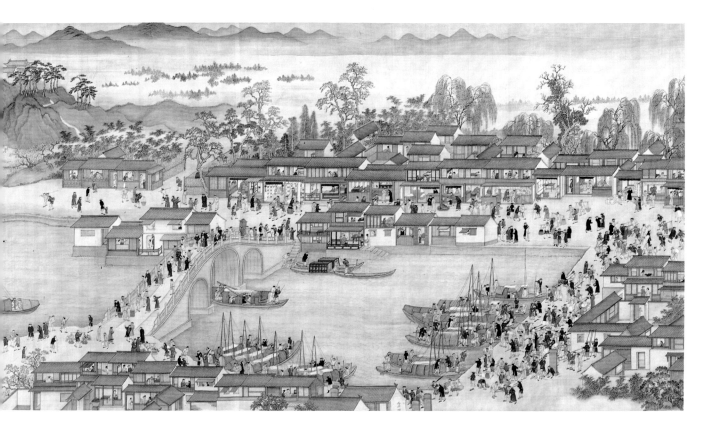

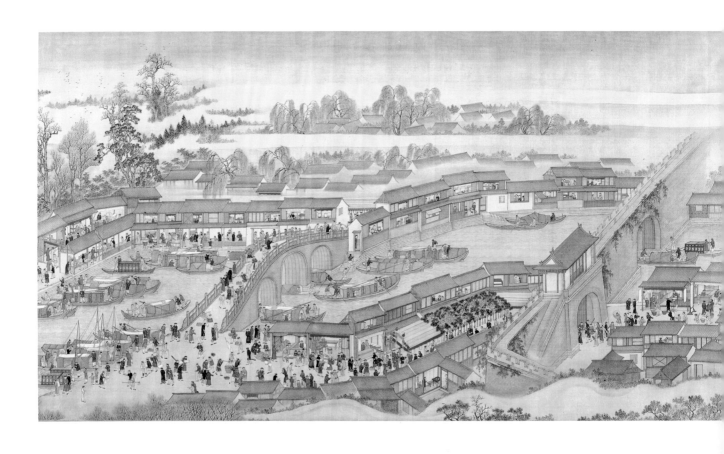

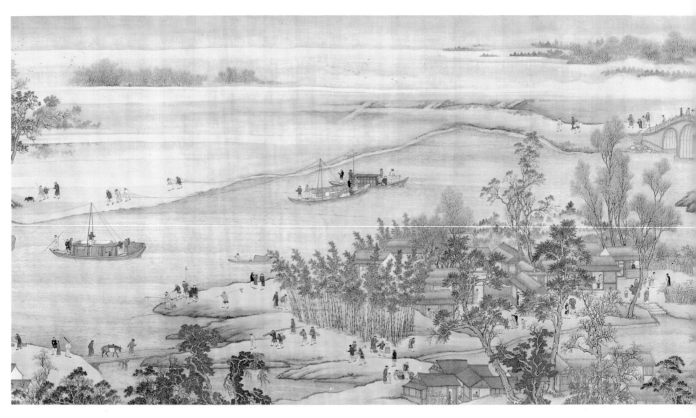

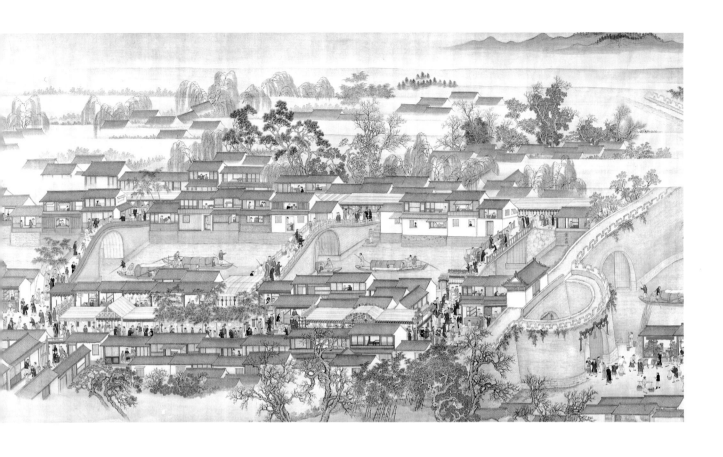

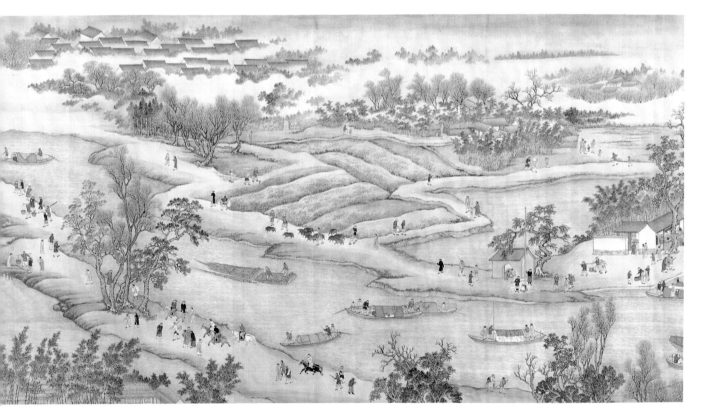

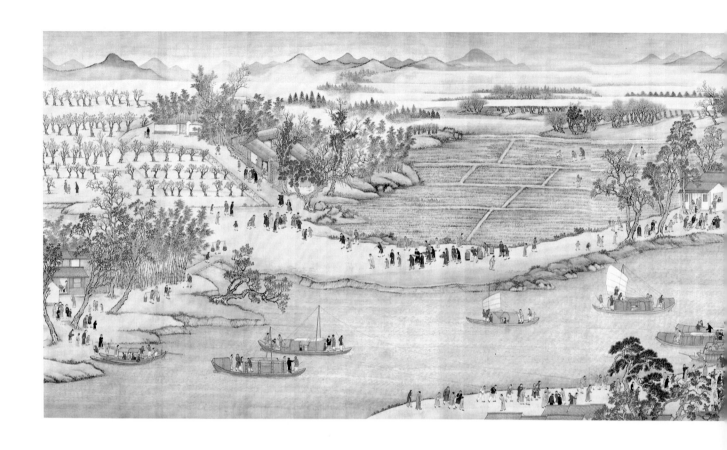

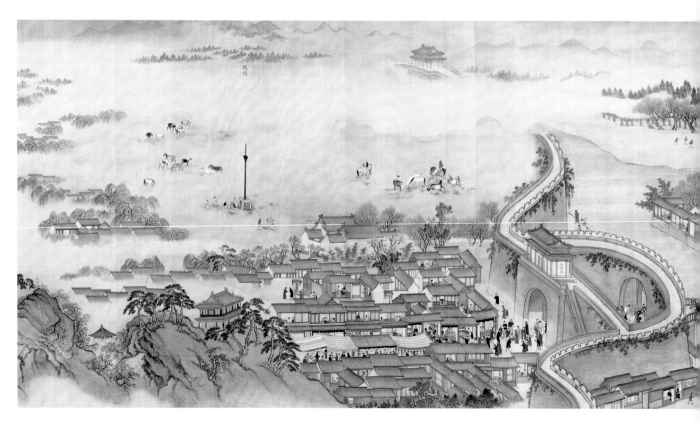

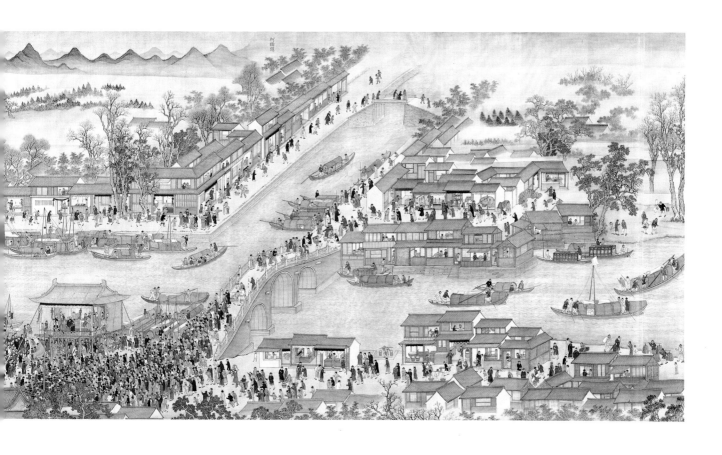

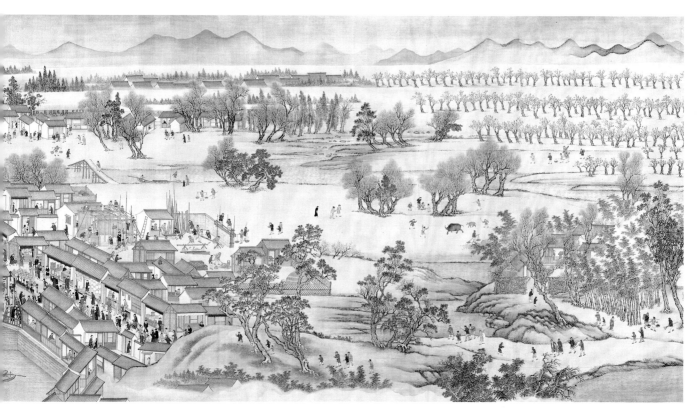

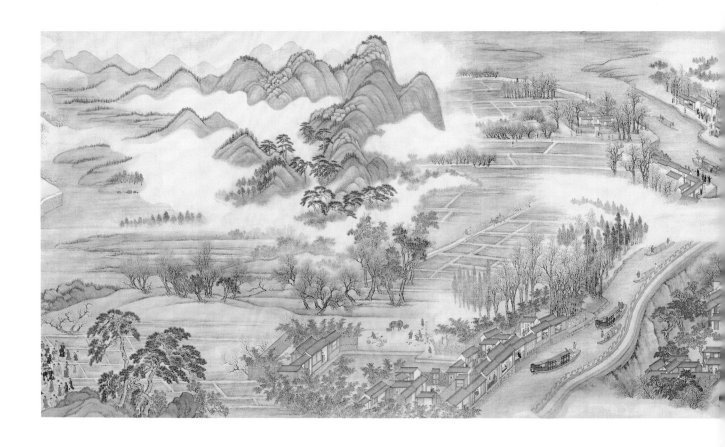

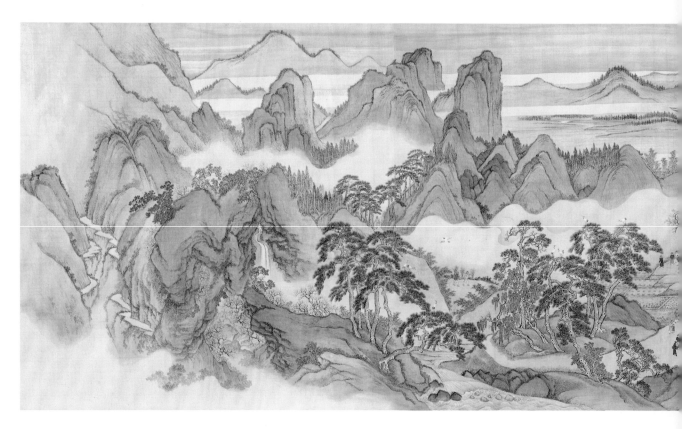

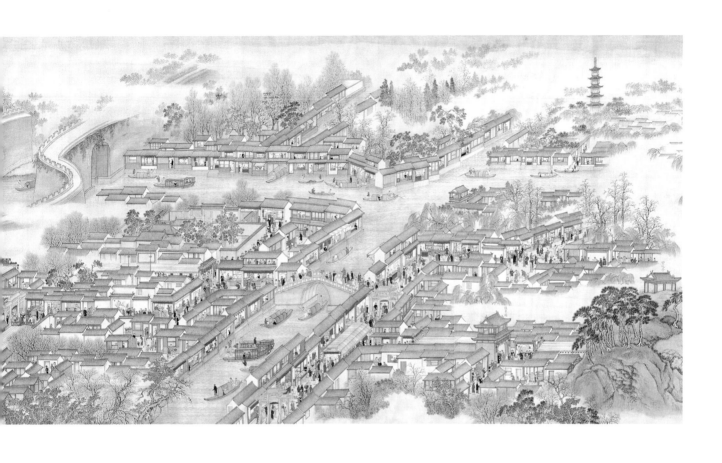

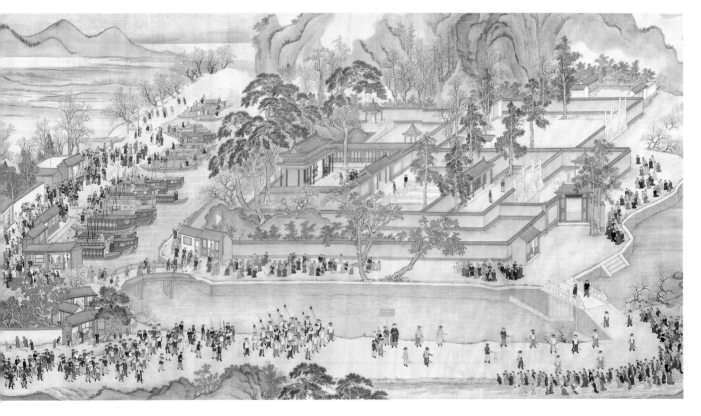

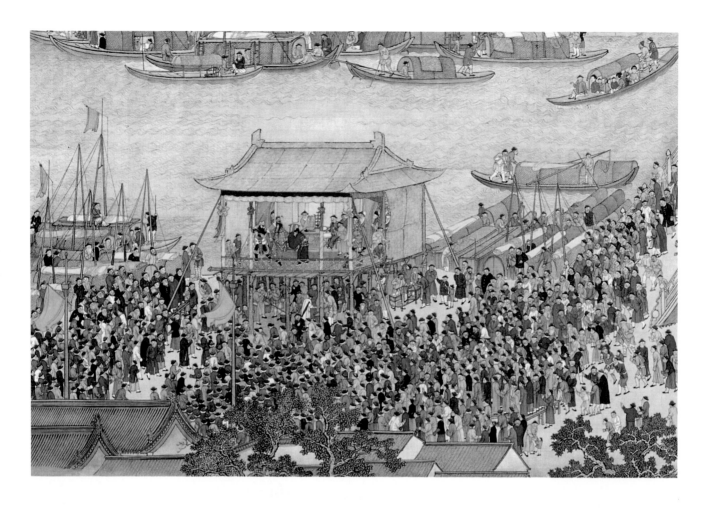

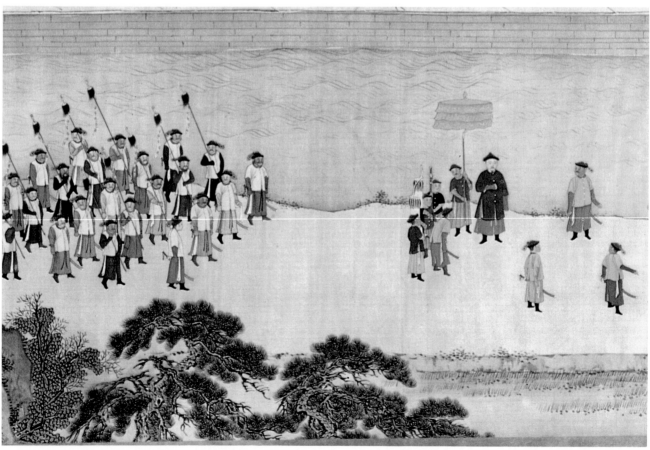

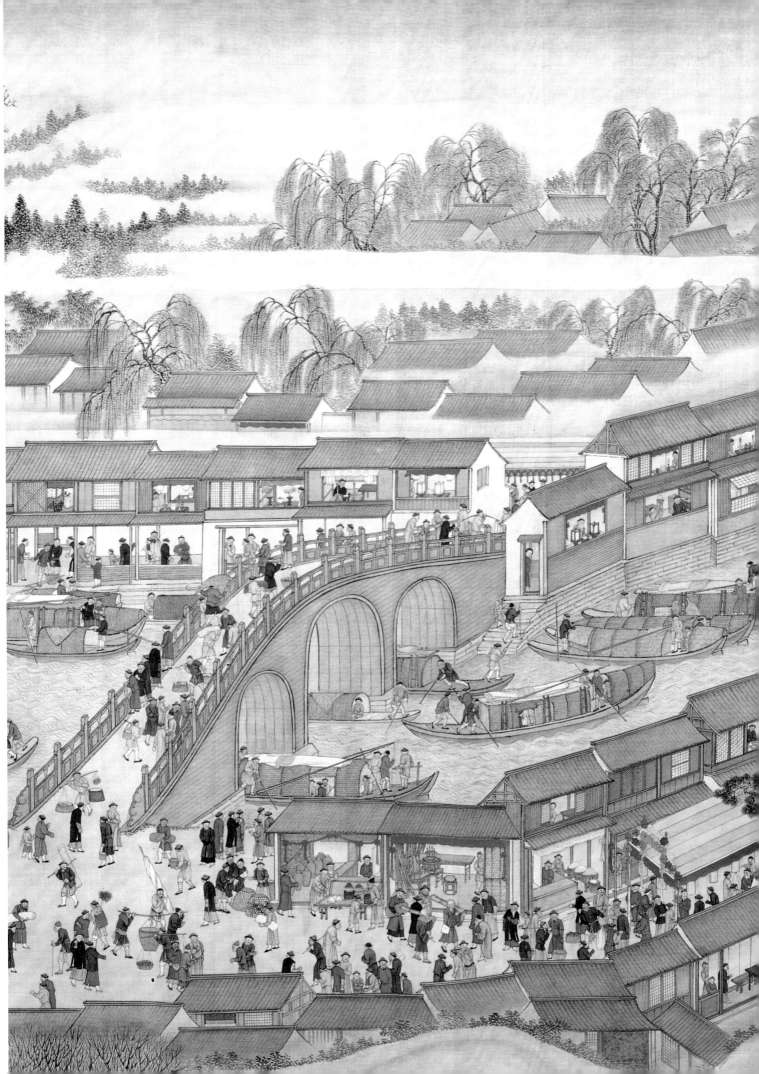

康熙南巡圖（第十卷）

縱67.8厘米　橫2559.5厘米

Emperor Kangxi Going on an Inspection Tour to the South (No.10)
By Wang Hui and others
Handscroll, colour on silk
67.8 x 2559.5cm

此卷圖中所畫為康熙皇帝一行自南方返回的行程，自江蘇句
容而入江寧府（今南京），沿途皇帝所經之處張燈結綵，熱鬧
異常，江寧府中更是繁華無比，展現了清初江寧的城市風貌。

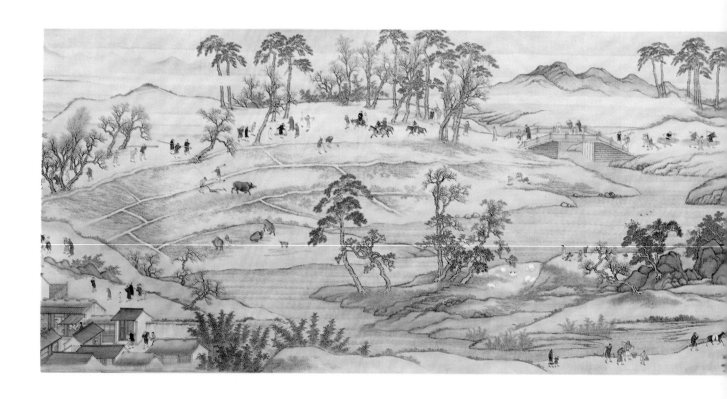

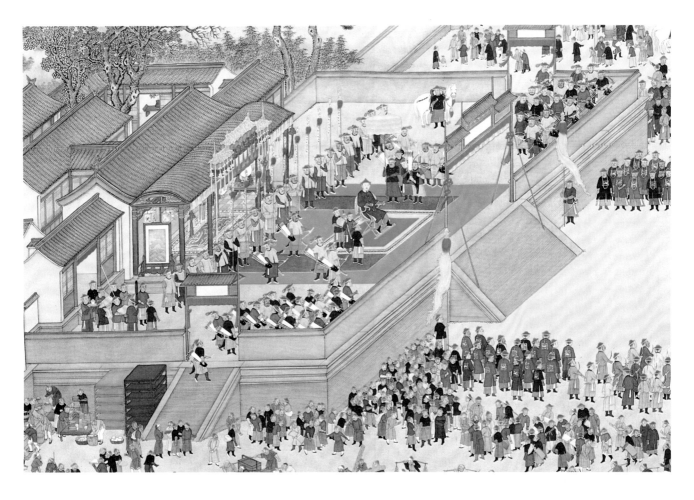

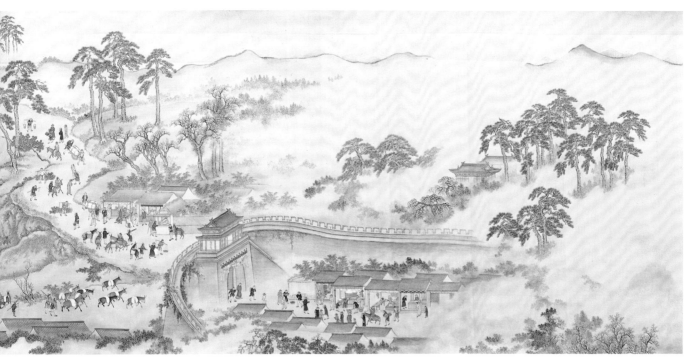

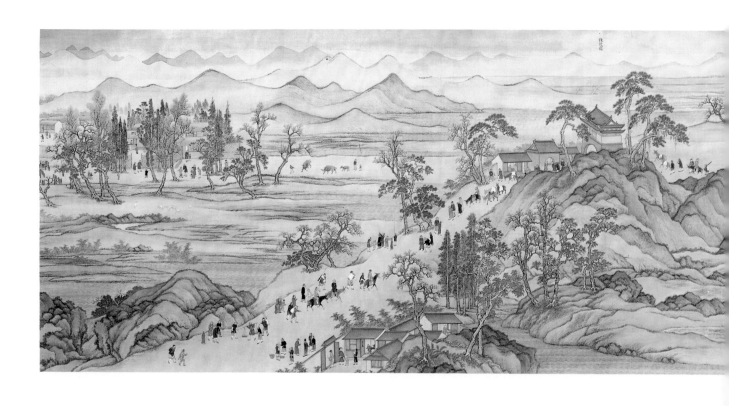

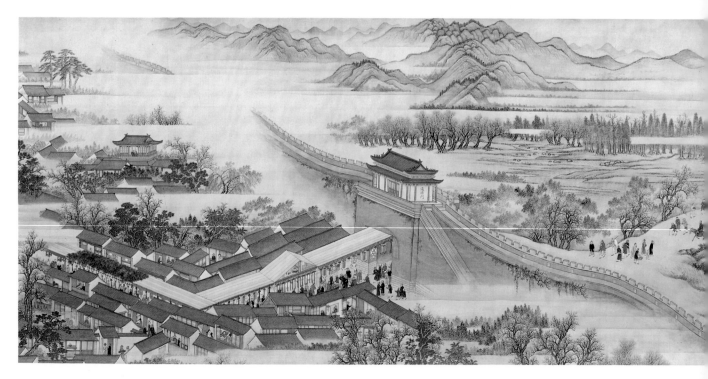

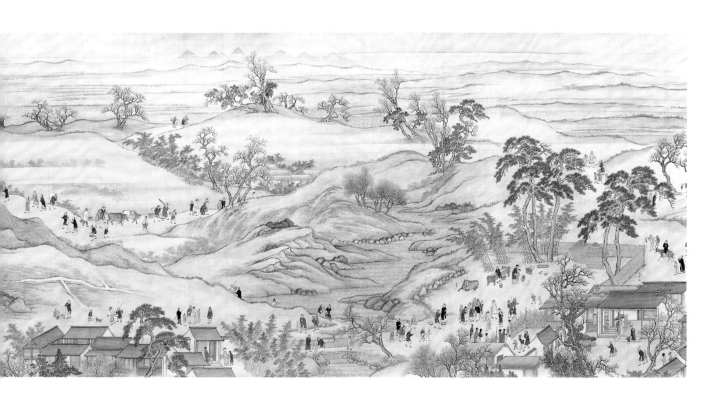

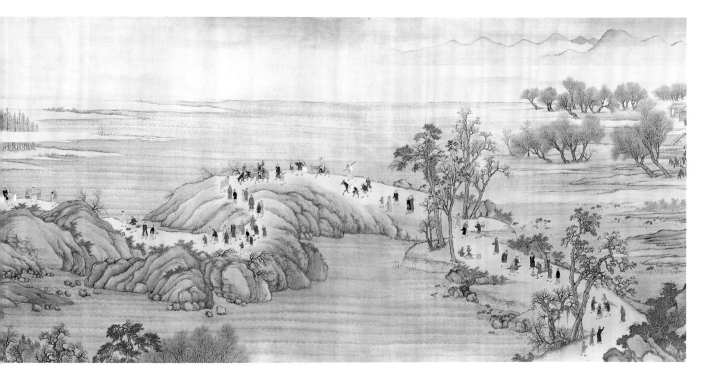

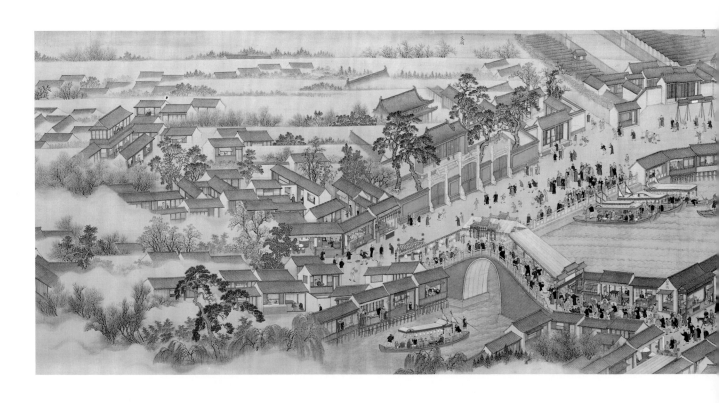

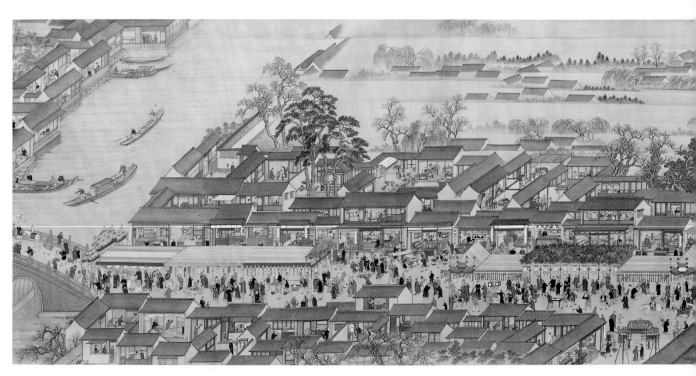

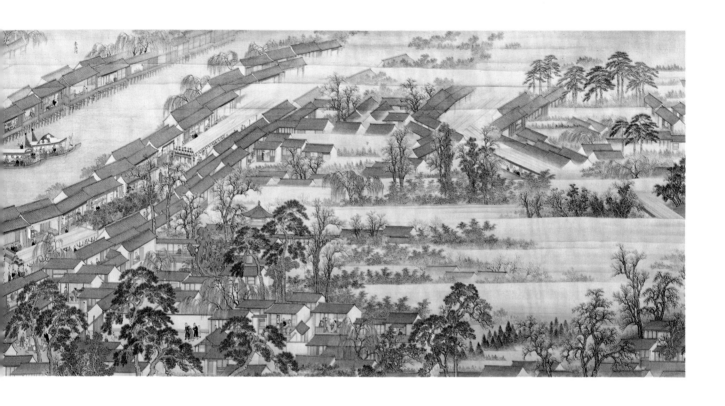

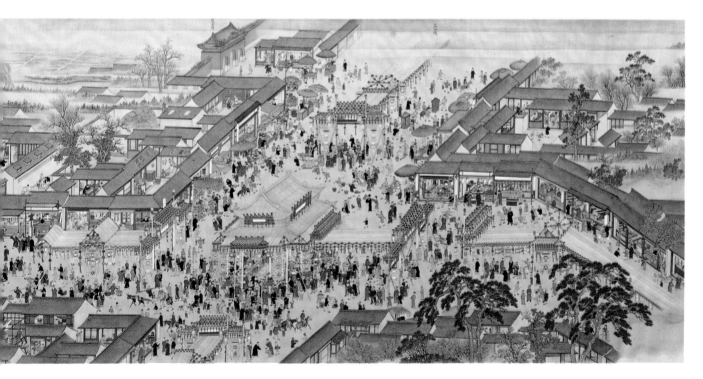

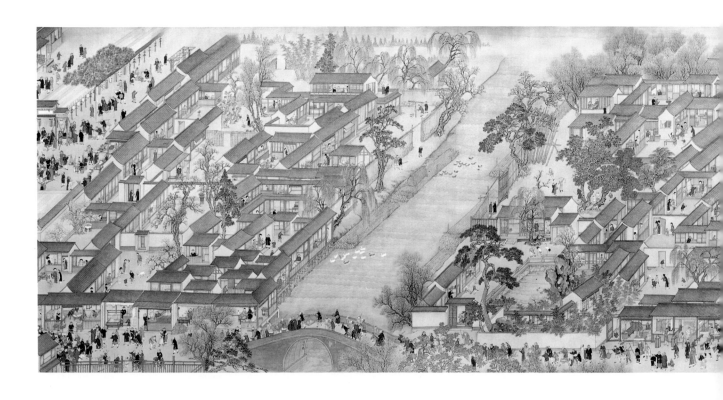

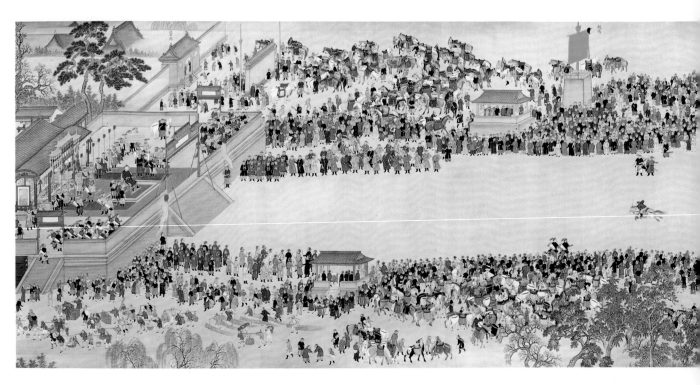

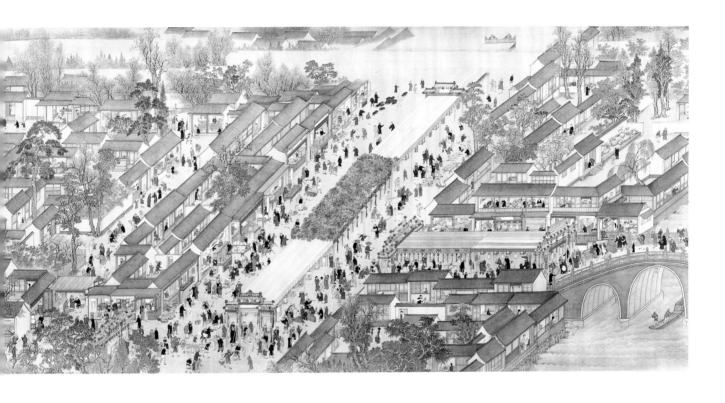

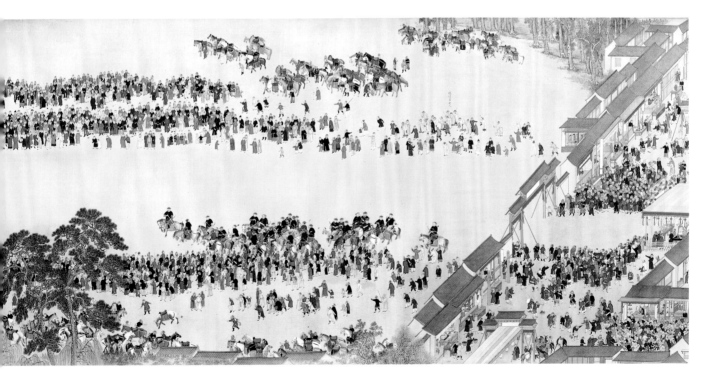

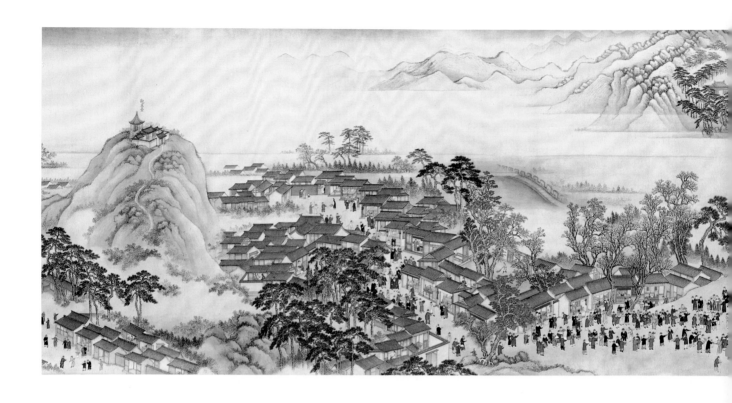

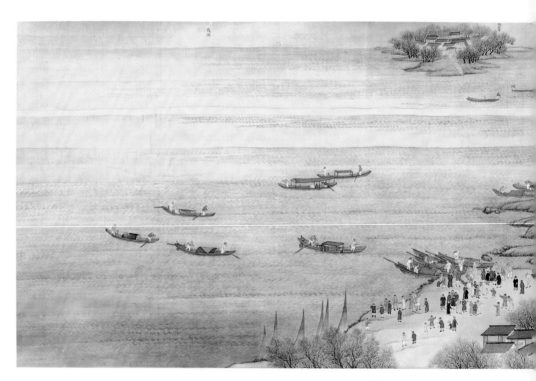

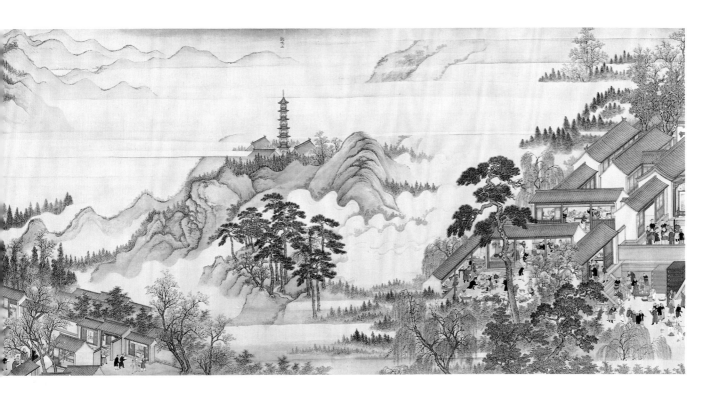

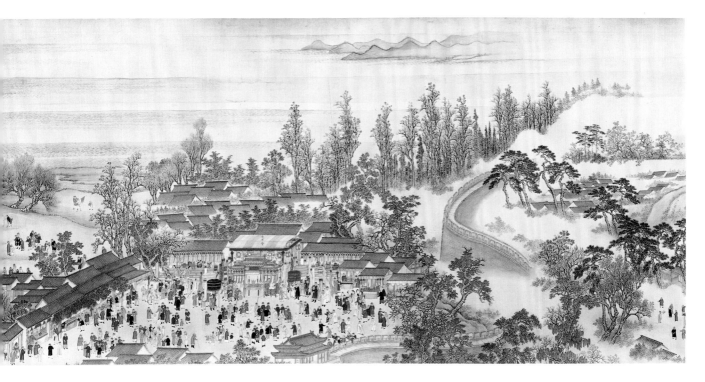

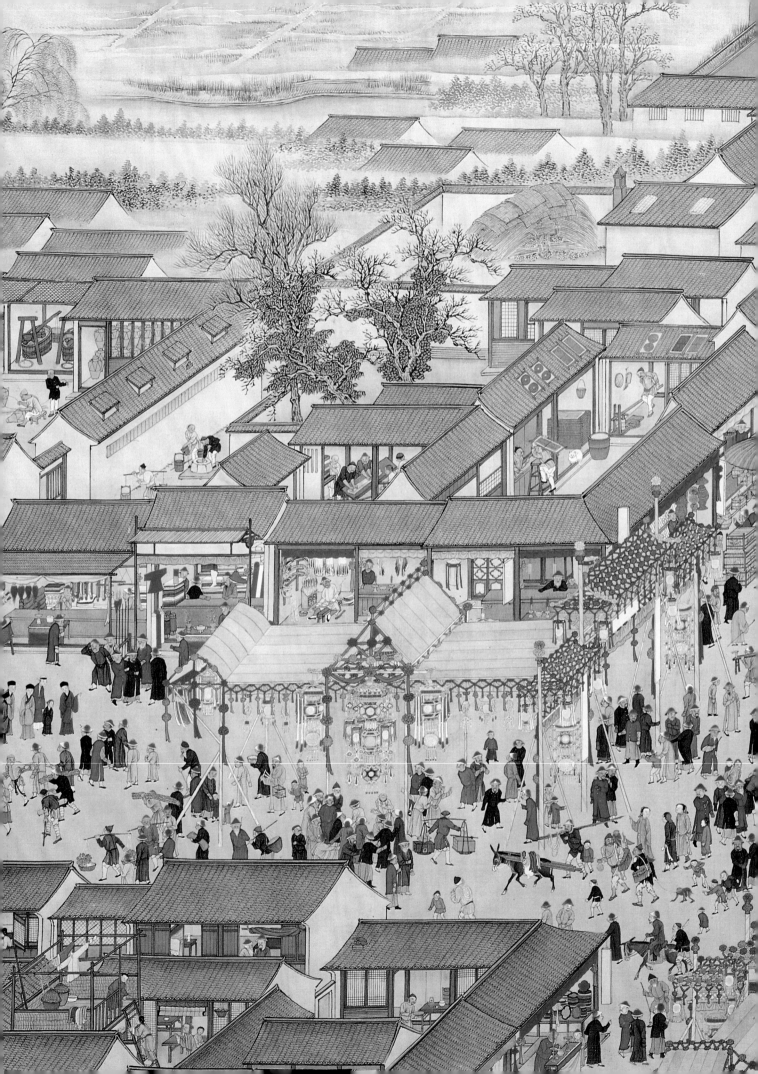

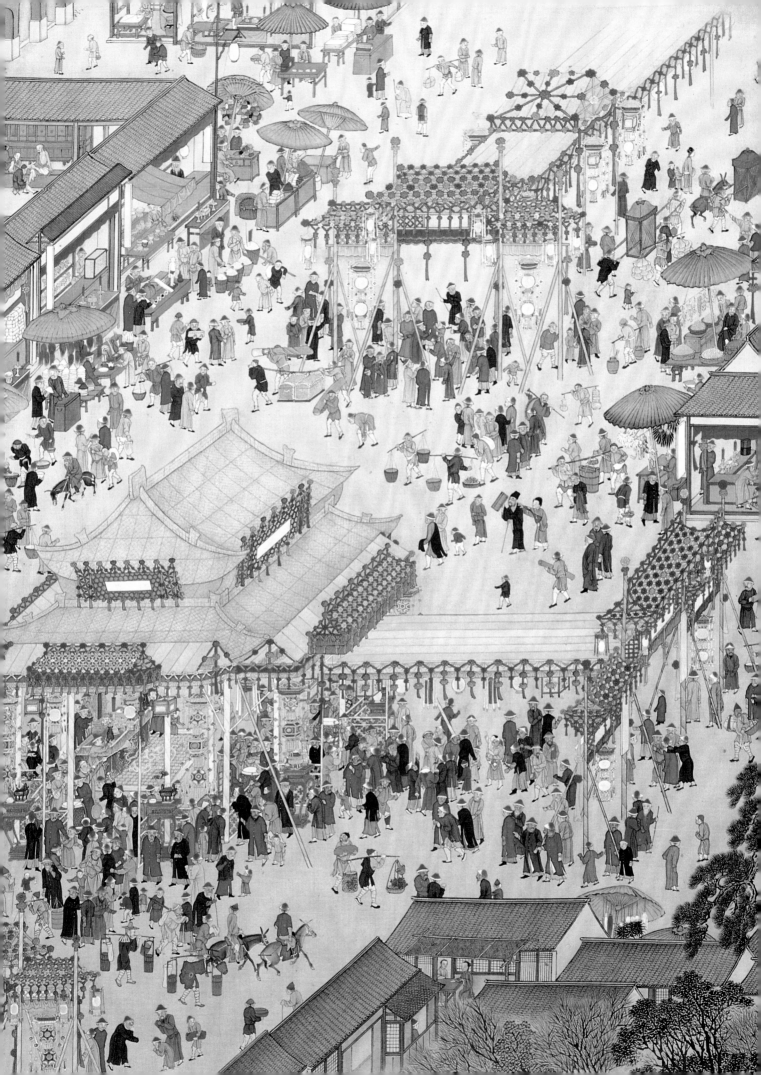

康熙南巡圖（第十一卷）

縱67.8厘米　橫2313.5厘米

Emperor Kangxi Going on an Inspection Tour to the South (No.11)
By Wang Hui and others
Handscroll, colour on silk
67.8 x 2313.5cm

此卷描繪康熙皇帝的南巡隊伍離開南京，登舟進入長江，龍舟
順流而下過儀真（今江蘇儀徵）、鎮江的金山及焦山。

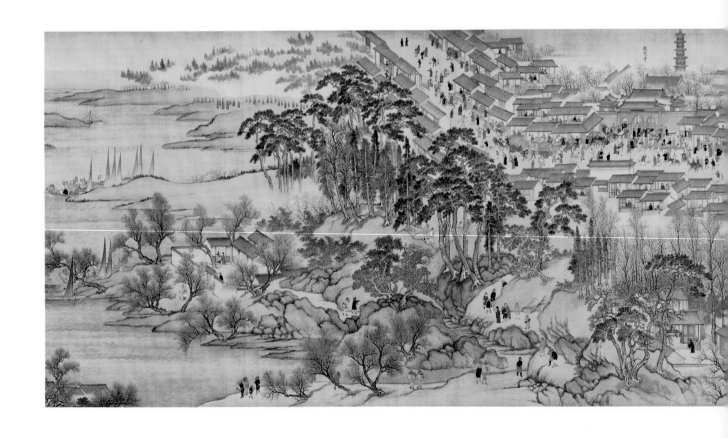

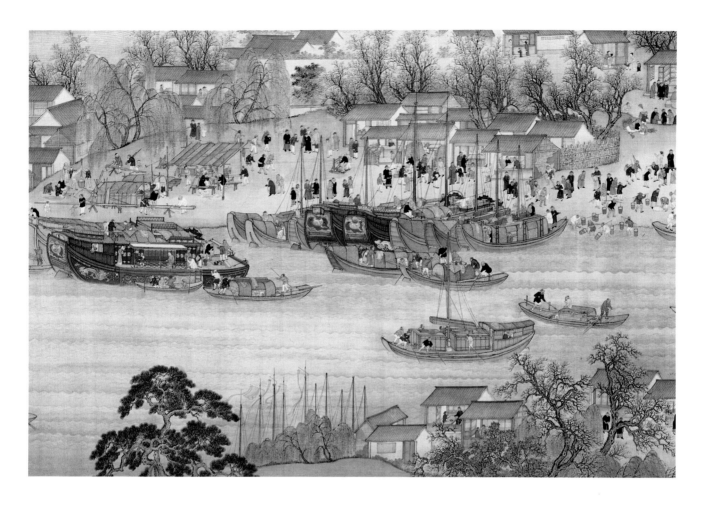

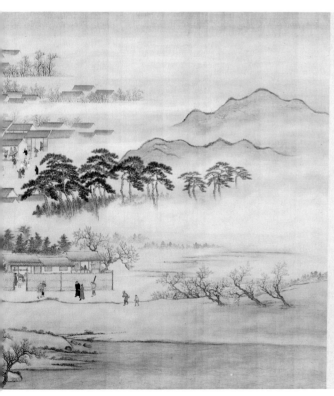

第十一卷敬圖

皇上癸自江寧水西門過石頭城途中樹木交陰

風物清美遂應觀音門至燕子磯

駕乘舟泛江羽纛燦江山彩仗耀雲日維時江神

獻祥風伯從令樓船畫艦順流而下銀薄碧

浪之中開帆挨舵操縱如飛水師之盛展卷

可覩因經儀真望金山沙淑縈迴漁舠出沒

皆供憑眺亦略施之繪素焉

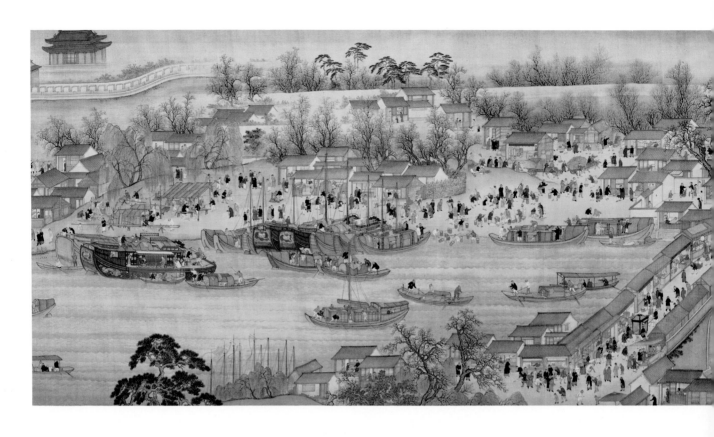

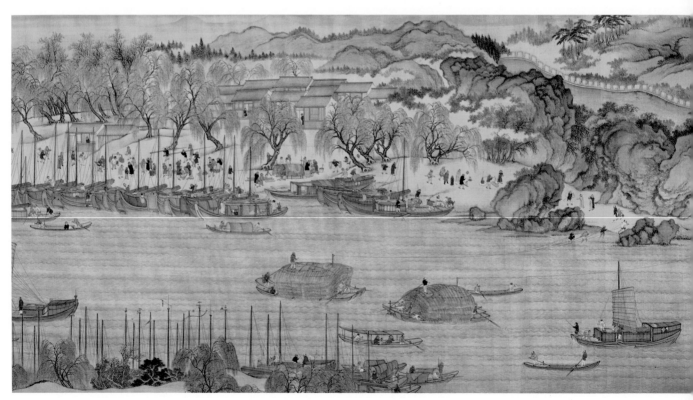

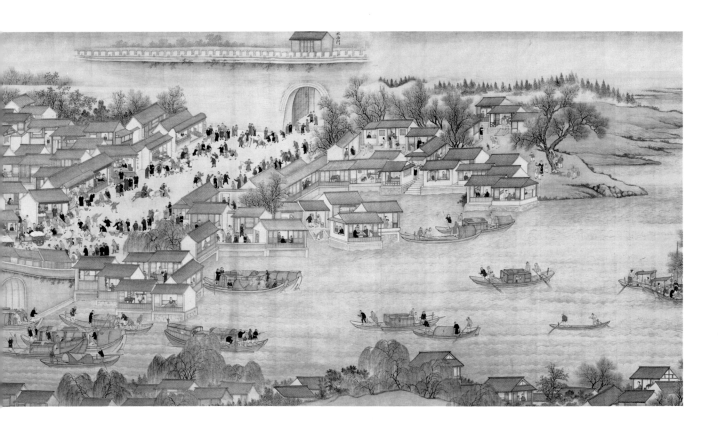

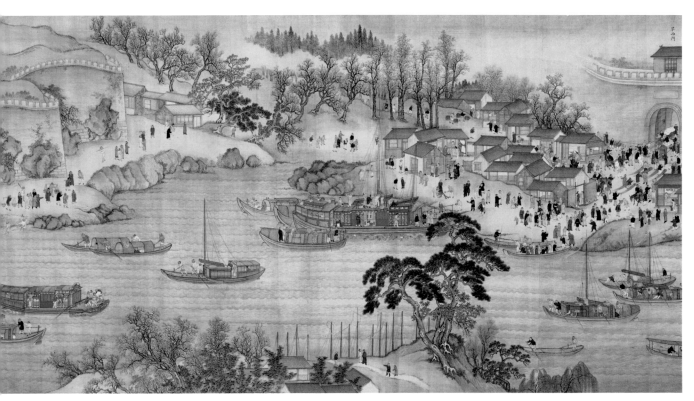

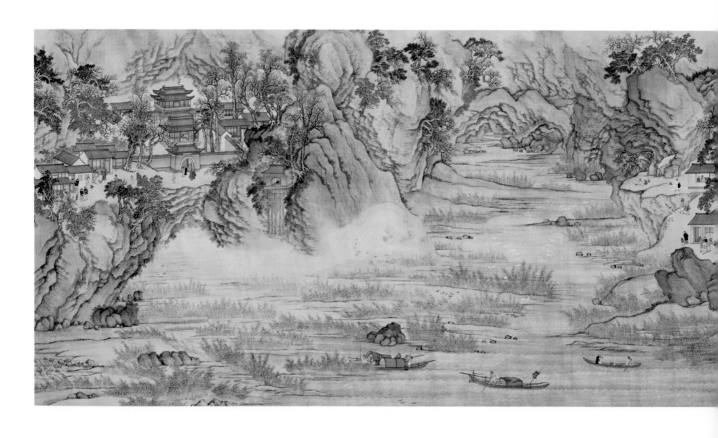

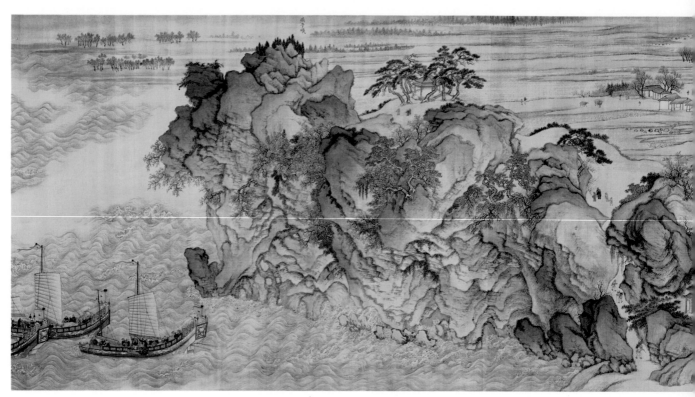

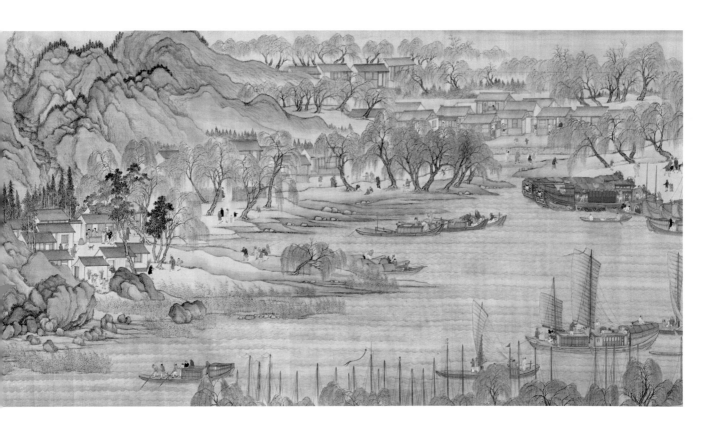

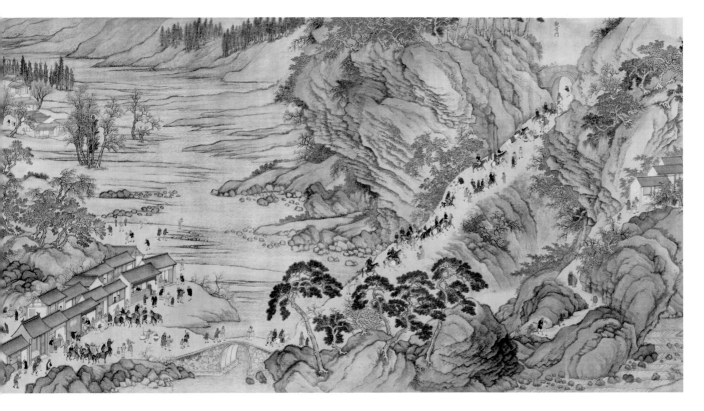

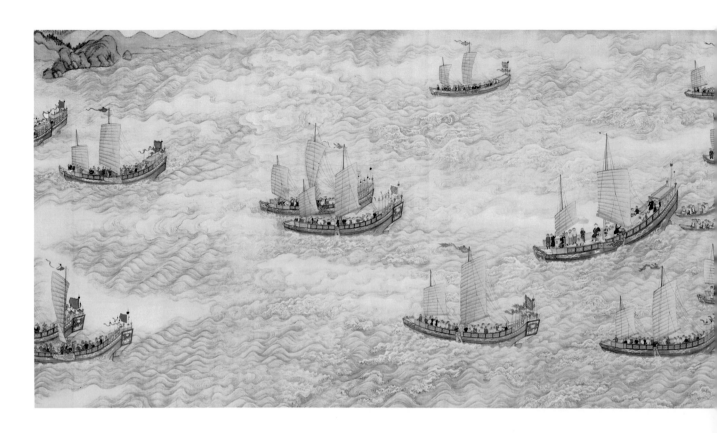

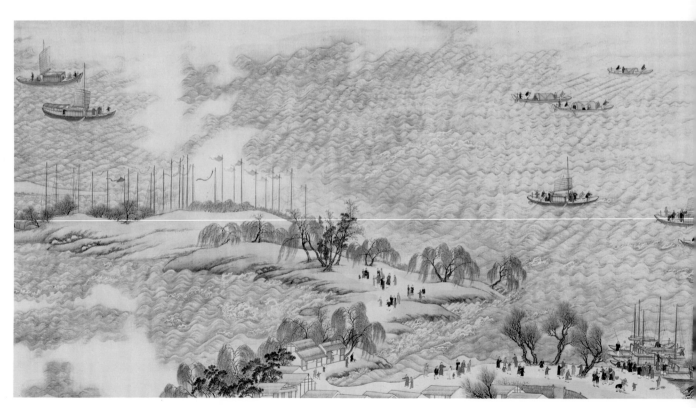

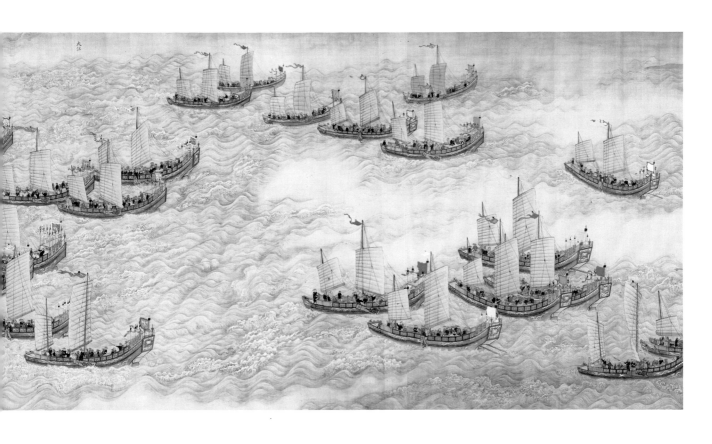

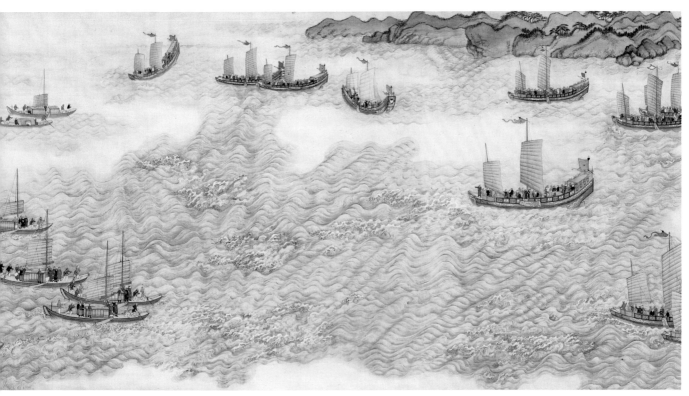

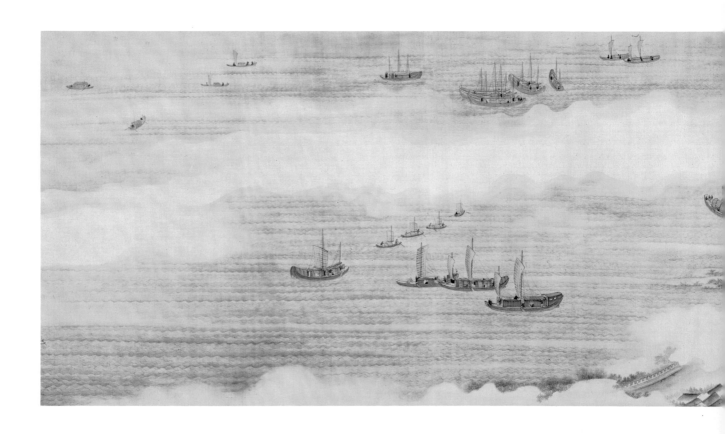

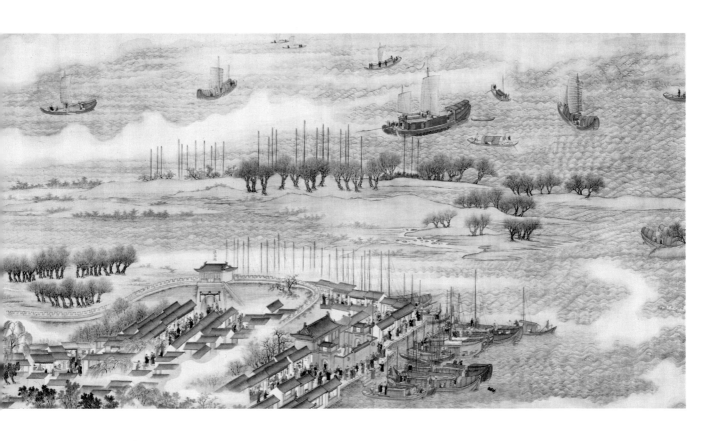

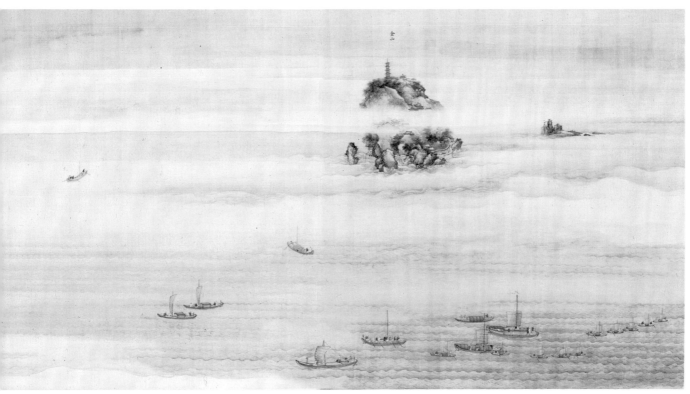

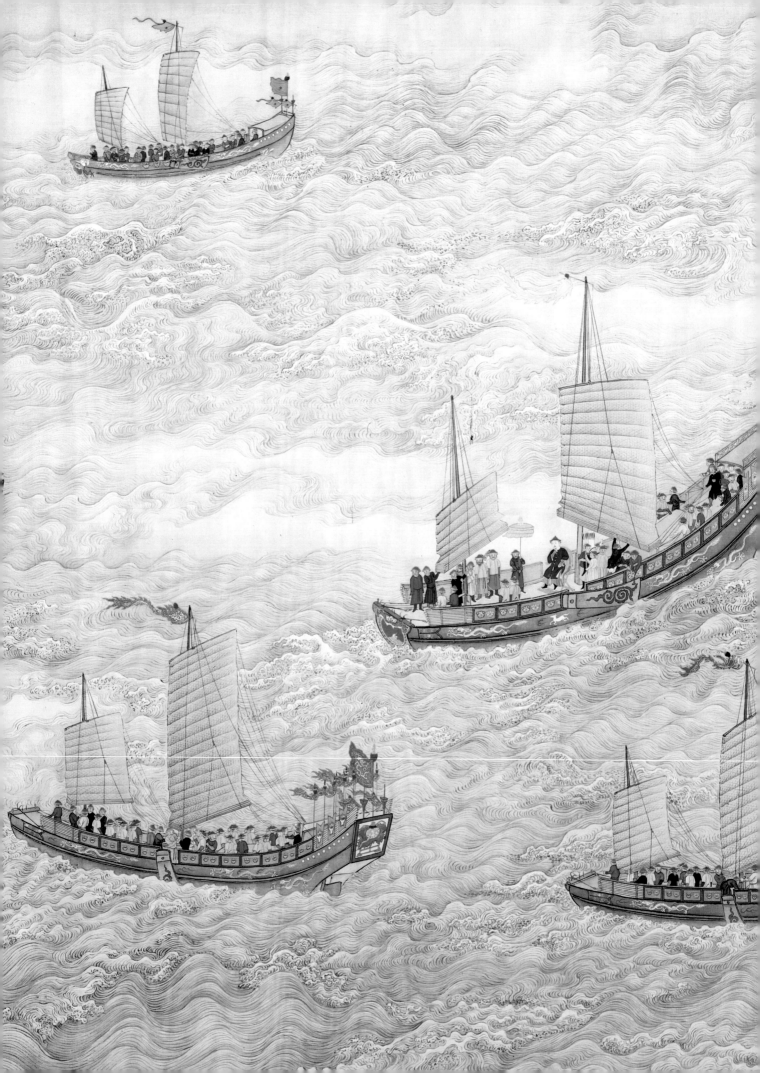

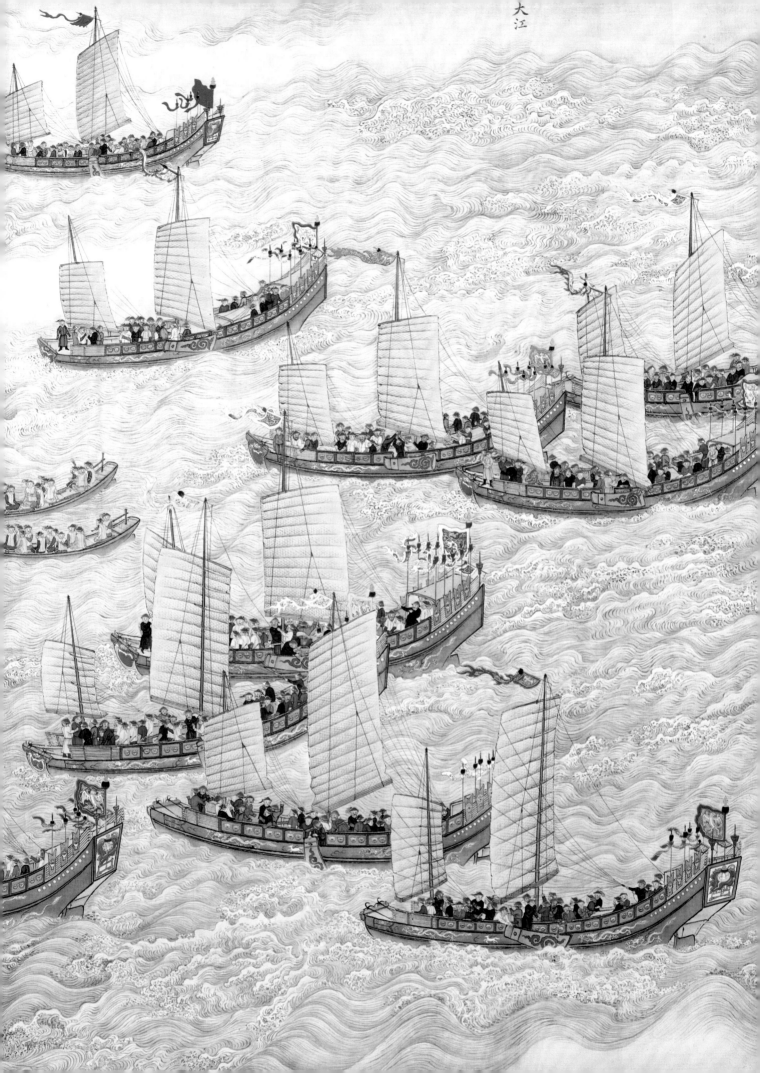

康熙南巡圖（第十二卷）

縱67.8厘米　橫2612.5厘米

Emperor Kangxi Going on an Inspection Tour to the South (No.12)
By Wang Hui and others
Handscroll, colour on silk
67.8 x 2612.5cm

此圖為康熙南巡圖的最後一卷，描繪康熙皇帝一行返回京師
的行程，隊伍從永定門北行，經正陽門進抵紫禁城大內。

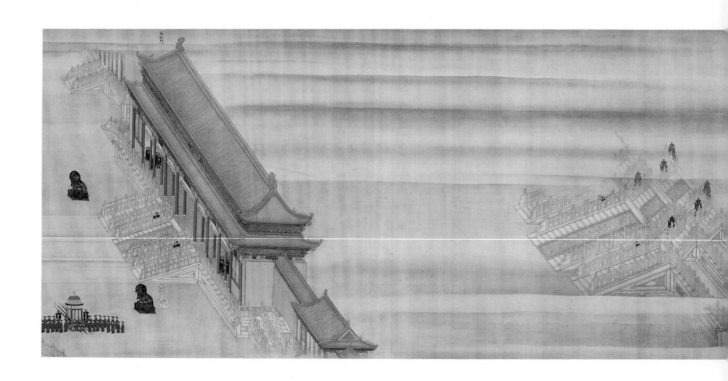

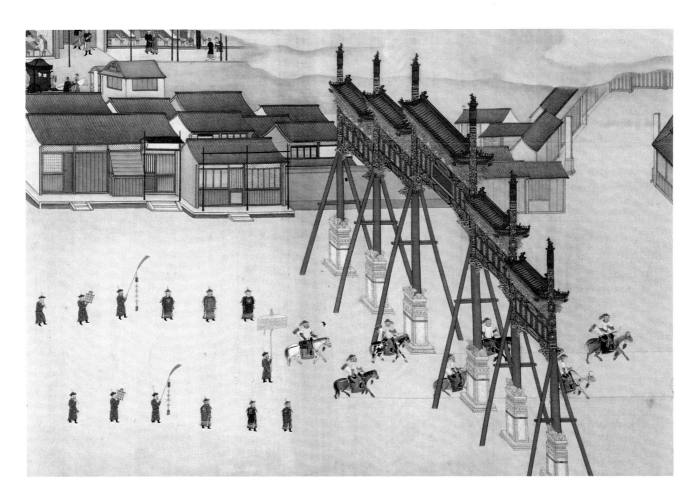

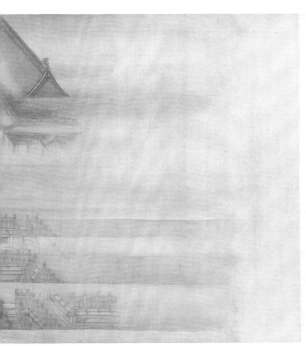

第十二卷敬圖

皇上南巡典禮告成於時黃流底績風俗成書我

皇上過化存神之德淪濡周浹因具入覲之儀言

旋京師

駕自永定門至於午門京師父老歌舞載途羣僚

庶司師師濟濟欣迎

法筵其邦畿之壯麗宮闕之巍峨瑞氣郁葱慶雲

四合用誌

聖天子萬年有道之象云

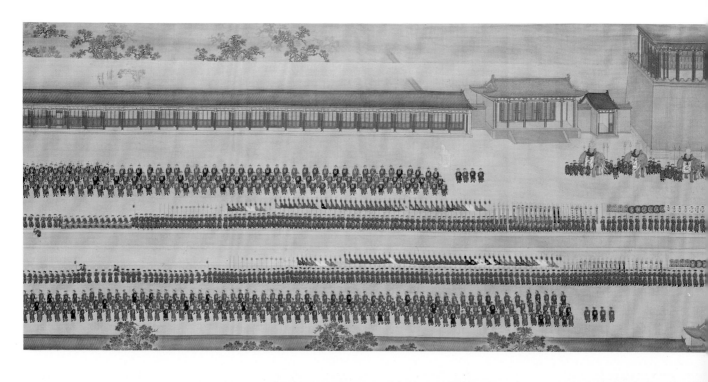

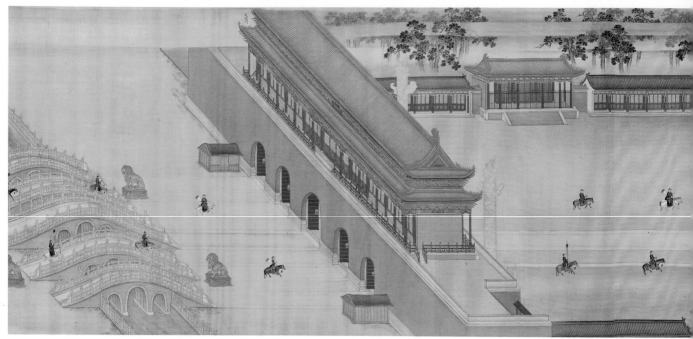

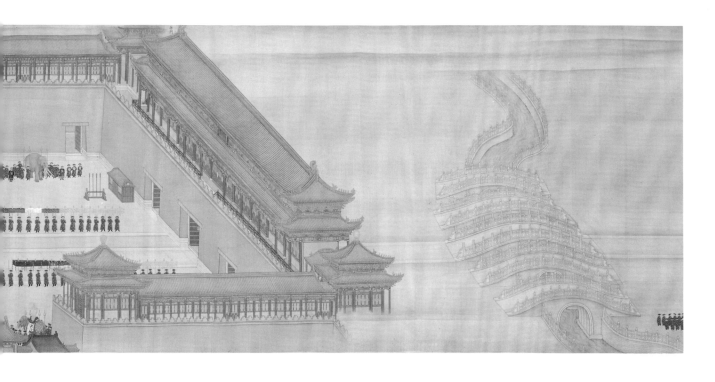

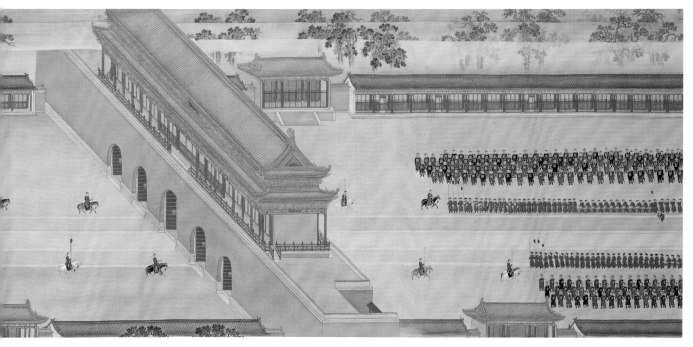

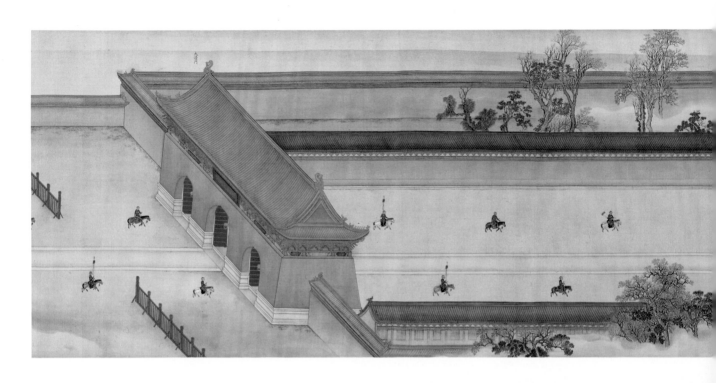

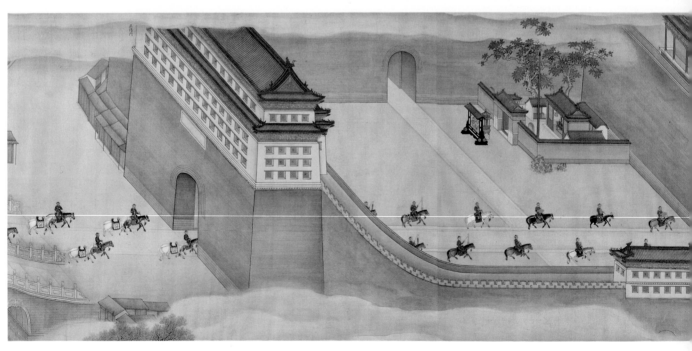

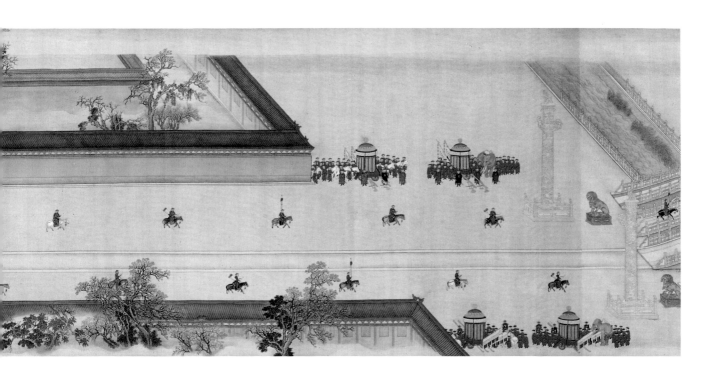

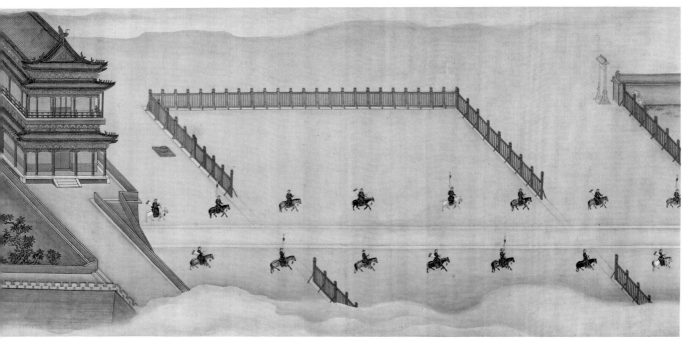

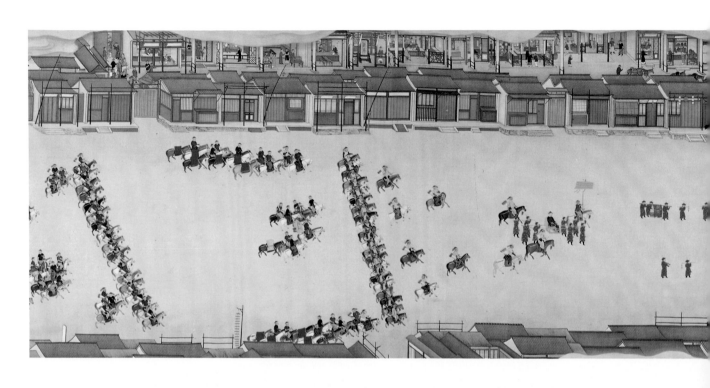

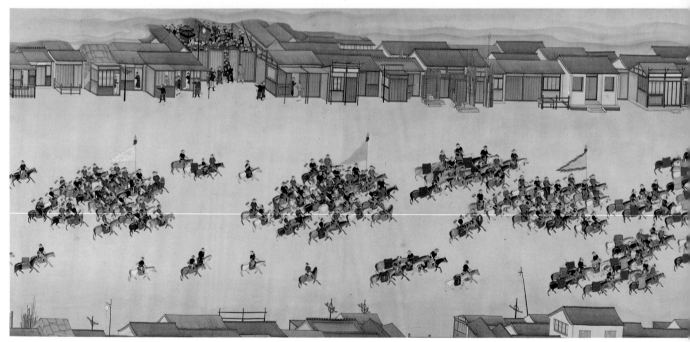

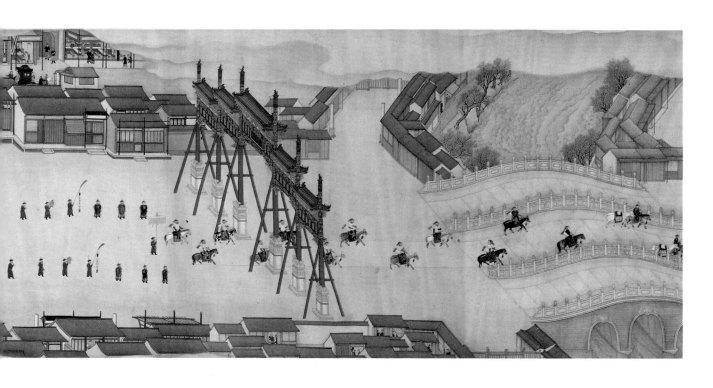

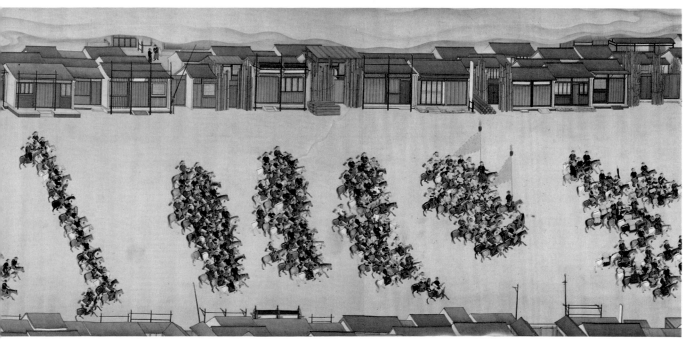

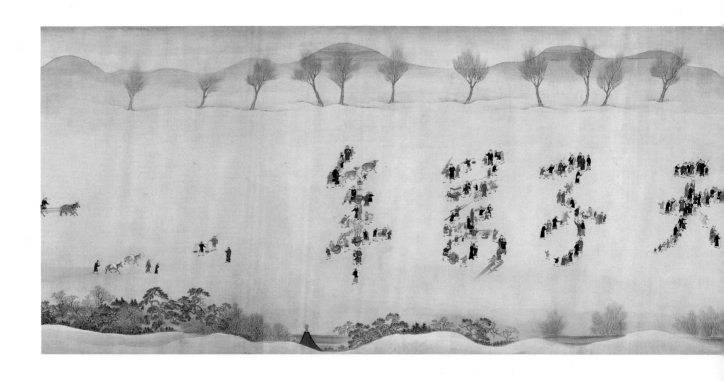

皇上
文武聖神
聰明睿知
備帝王之功以五極
體天地之德以迪中
摩敦說以取販裳裳懷柔
膏澤決於情帑假盡達
王澤或未均沾於己首春載衆
南迤或未均沾於越州儀衛簡而
雲漢戎本均漁文鴻河伯安瀾陰駕蒼
龍日咸膺供億除而關間不援水浮文
駐驛潮天整以
四鑒聲雕花戊申冰
特加隆禮嚴雞元深
湖游殿新布沿順閣巷萬年帝子之員深
沛吳民均農禾無一大禾覆其所倬萬物成藥其生喜
氣敦天歡舞匝坤鐘接望
仙伏以趙駝白髮黃童曝曖
草華而權列香袂之戶擁知與紫霄俱彩投交衡繡惟與
形雲蓋羅嵐顧作氣極雲待額而祝三多刻石而輝
萬壽竹素懷蘭本集廬事以寫溯豚餞而傳盡詩正侍列黃希久縈
學學懷蘭舊陪聽本陳廬念光正侍列黃希久縈
高摩而徹消決乃持
紫霄莫報消決乃持
共知勞育臂事勉恭子管見仍頂慕夫眾長才衆翠呈丹鉛
長匠中之草木白波青螺都芭市眾之跗岡廿而和風
可見原原尚句展舊卷知和光拜蔦呼衣冠之就
南迤圖十二卷表奉而
光彩舜暉歇佚觀光於外廷
龍頭凸角无能寫照於照於
天觀出警而卽
日響花歡來尊士辰之賜
皇居之壯嚴乗入罪而識
法從之嚴觀乗入罪而識
御覽用紀
慶延左歲瑤畫十五國之風謠如連楮上時披甲帳德為民之
主知勞育臂事勉恭
帝功元憋運遭遠路
皇極用歡延此嶸來川堂庶藝大剂天球之寶揚芳奕祺易幟
南迤圖十二卷奉表奉而書
閭正殿業不勝懷懼屏營之至
進以
勅裝潢
勅書
康熙四十七年歲在戊子□月奉
禮部侍郎仍管國子監祭酒事臣孫岳頒奉
勅書

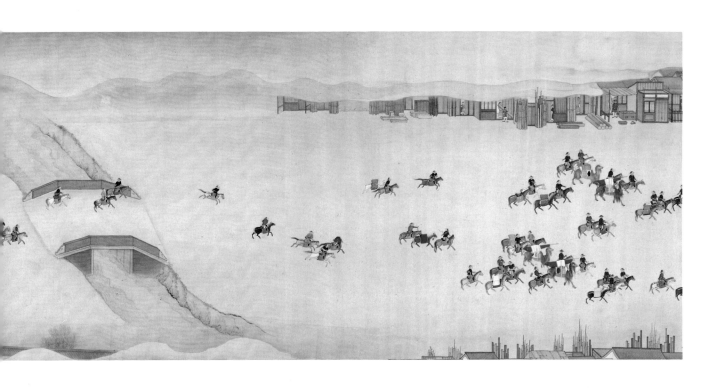

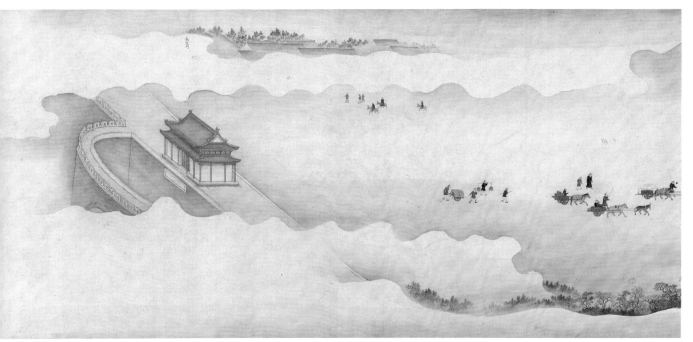

6

佚 名 回鑾圖卷（殘卷）

紙本 水墨淡設色 縱66.5厘米 橫1230厘米

Emperor Kangxi's Carriage Returning to the Capital from the Tour to the South (incomplete)
Anonymous
Handscroll, ink and light colour on paper
66.5 x 1230cm

圖幅上無作者款印，題名作回鑾圖，説明該圖是描繪皇帝出行回宮的畫幅。清代康熙及乾隆二帝均有多次出巡的記載，並都有多卷本康熙南巡圖和乾隆南巡圖存世，從這件作品看，應當是為創作康熙南巡圖十二巨卷所作的草圖，草圖且不止一稿。本圖畫出巡隊伍回到京師，從正陽門大街徐徐行進到午門這一段的行程。這幅畫卷對於了解康熙南巡圖十二卷的創作經過是十分有價值的。

若以此圖與完稿相比較，可見圖畫簡率些，草本在紙上，色調簡淡，正圖在絹上，色調則較鮮明。

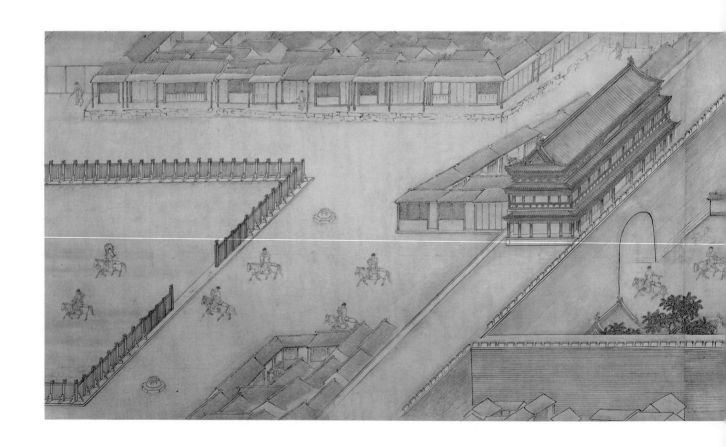

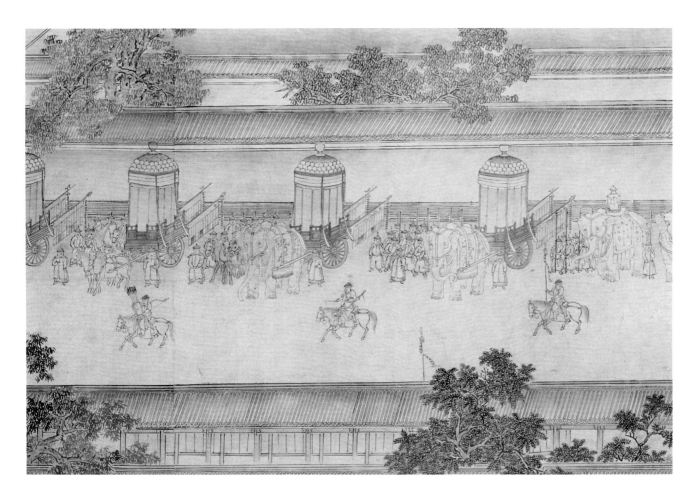

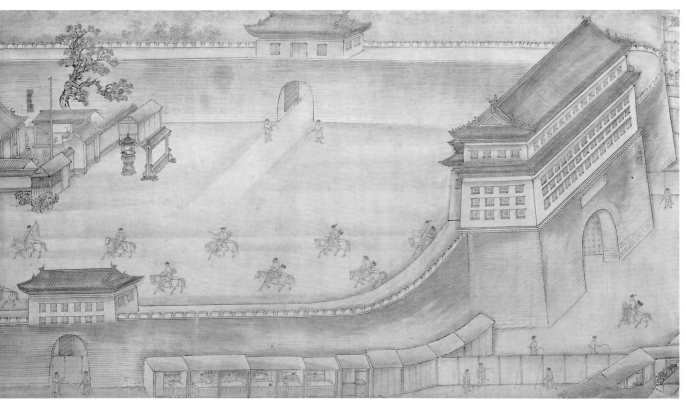

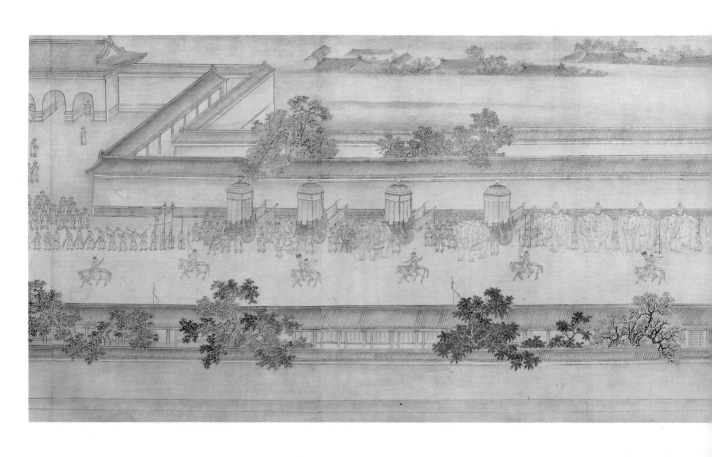

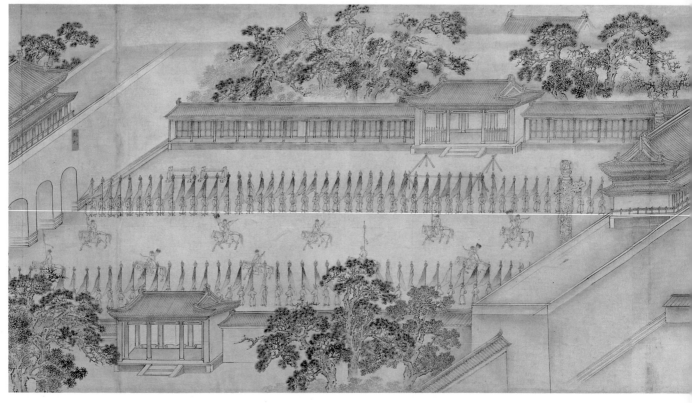

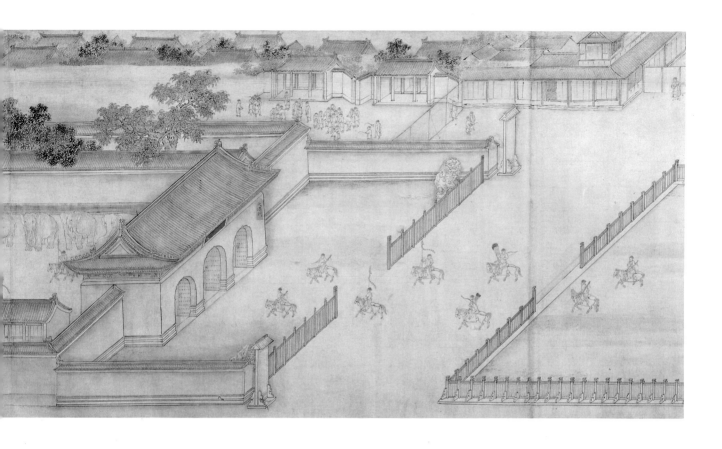

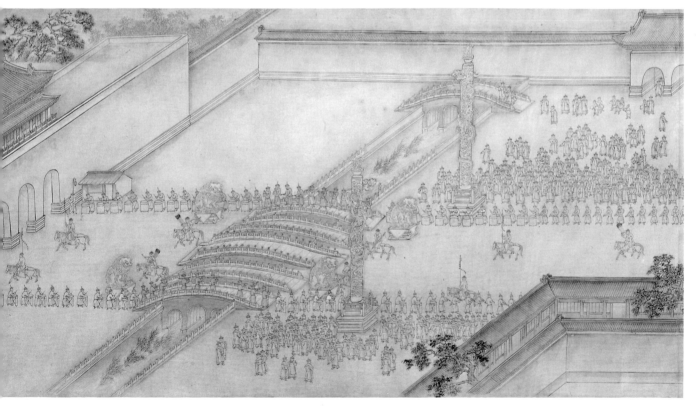

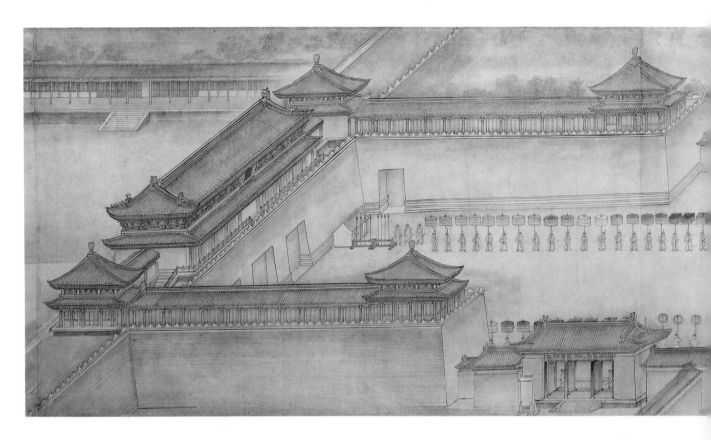

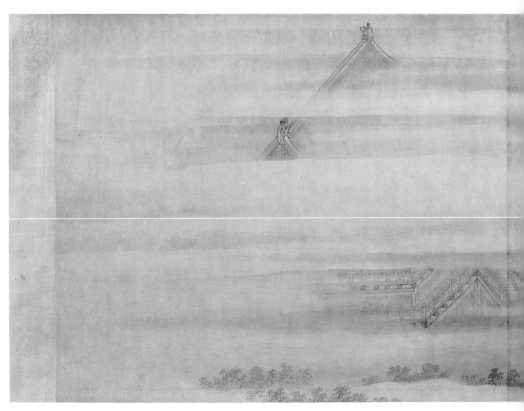

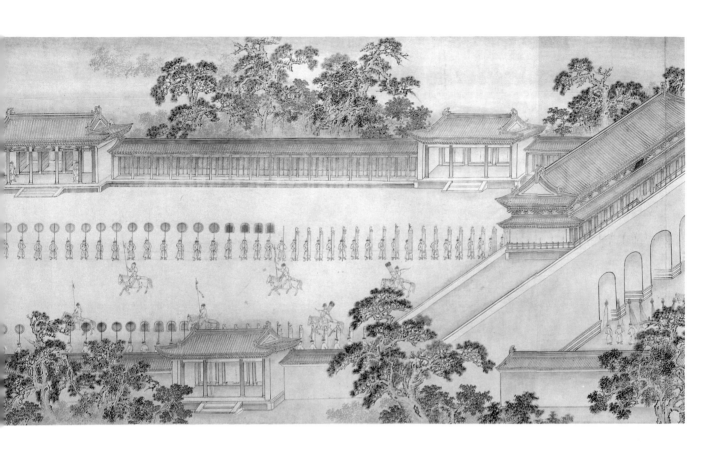

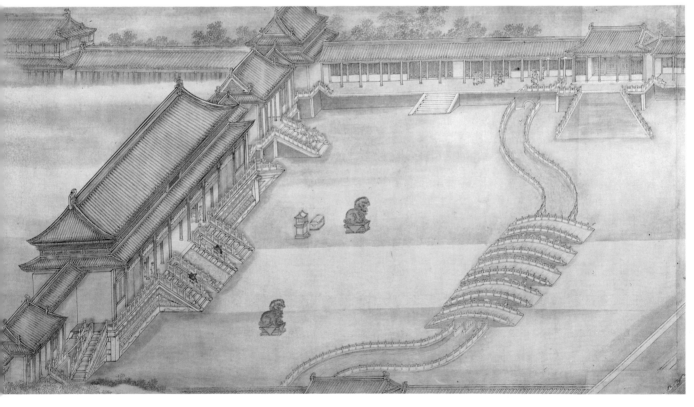

7

王翬等 康熙出巡圖屏

絹本 設色畫 縱32.9厘米 橫26.5厘米

Emperor Kangxi Making an Inspection Tour
By Wang Hui and others
Screen, colour on silk
32.9 x 26.5cm

此圖上無作者款印。畫面僅康熙皇帝及隨從數人,經與《康熙南巡圖》卷比較後,可以斷定這幅小畫是為創作巨卷的畫幅所作的稿本。《康熙南巡圖》繪製時,畫有不止一種的小稿,有詳有略,據這幅小屏畫,可知在繪巨卷的重要部分時,特地另外先畫了若干個局部圖,此圖即為其中之一。皇室作畫不惜工本,由此可見一斑。

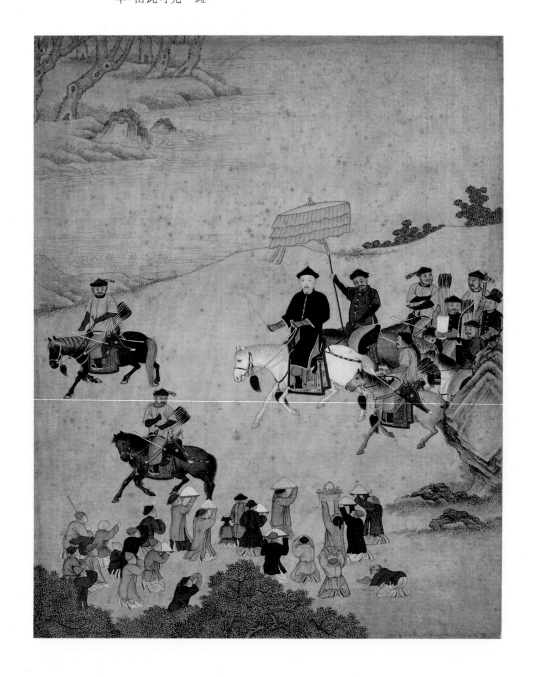

8

佚 名 桐蔭仕女圖屏風

絹本 油畫 縱128.5厘米 橫326厘米 (共八扇)

Beauties in Phoenix Tree Shade
Anonymous
8 leafs screen, oil painting on silk
128.5 x 326cm

此屏風畫面上無作者款印,但從繪畫風格看,技法稚嫩,當為中國畫家所作。在建築物的描繪上,畫家注重光綫照射下所產生的強烈的明暗效果,並運用了歐洲焦點透視的手法,使畫面出現很強的縱深感,說明了中國畫家在學習西洋繪畫的表現手法上已取得的成績。這件油畫屏風距今已有二百餘年,是目前所見最早的中國油畫作品之一。

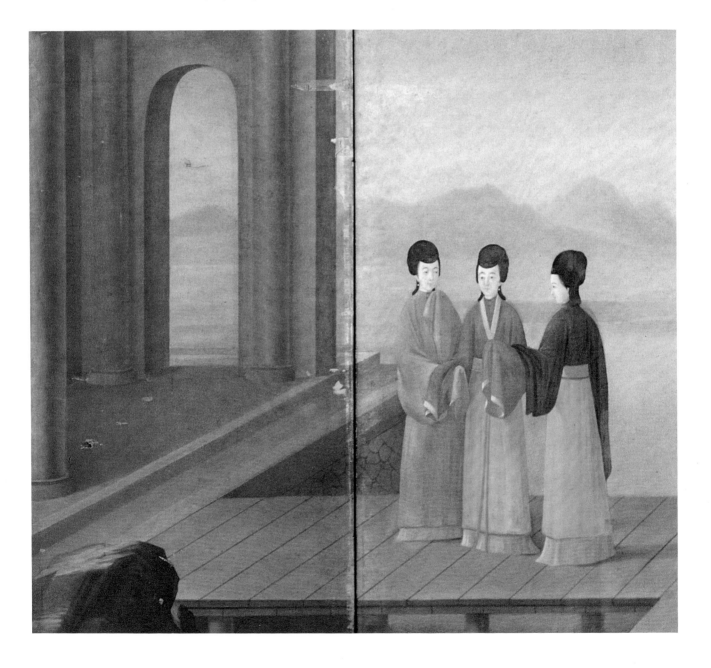

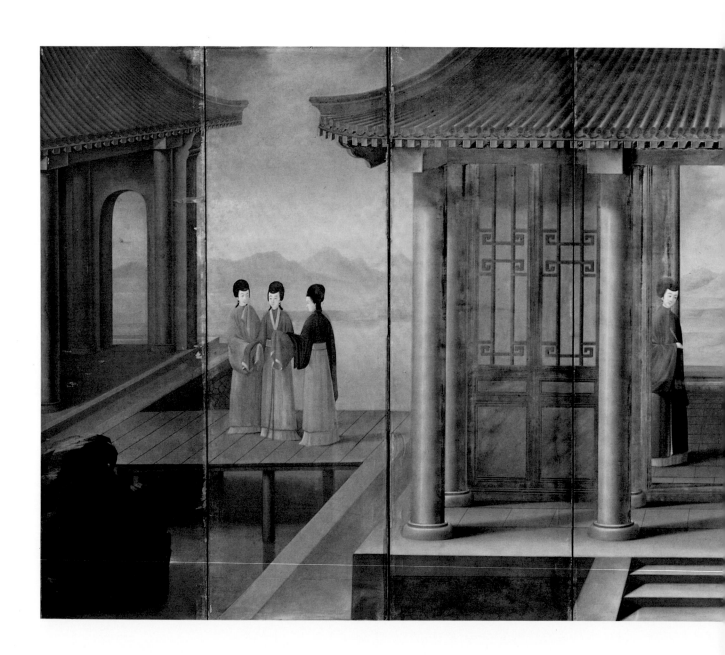

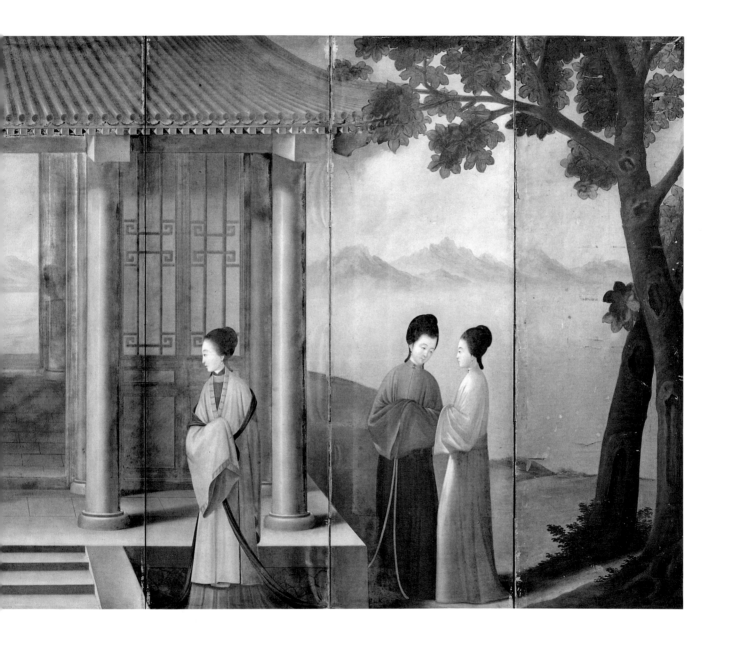

9

冷 枚 避暑山莊圖軸

絹本 設色 縱254.8厘米 橫172.5厘米

Summer Mountain Resort
By Leng Mei
Hanging scroll, colour on silk
254.8 x 172.5cm

冷枚（約1670—1742年後），山東膠州
人，字吉臣，別號金門畫史。其師為宮廷
畫家焦秉貞。冷枚約於康熙中期入宮供
職，至乾隆七年（1742）尚在世。冷枚擅
長畫人物、仕女、山水、花鳥，畫風工整
細緻，色彩濃鬱，受到西洋繪畫一定影
響，造型準確，頗重質感，某些地方還運
用高光。

避暑山莊在今河北承德，康熙四十二年
（1703）開始興建，以後又陸續擴建及增
建。山莊中既有北方雄偉的山壑林木，
又有南方秀麗的庭園湖泊，是一座著名
的皇家園林。皇帝每年都要到此地避
暑，或接見外國使臣和各少數民族首
領，或行圍狩獵。山莊分湖區、山區兩大
部分，景觀各異。冷枚的這幅畫採用鳥
瞰式畫法，將山莊的面貌一一展現。據
考查，此畫作於康熙後期，保留了乾隆
擴建之前山莊的形制，對於了解避暑山
莊的沿革也有重要的價值。

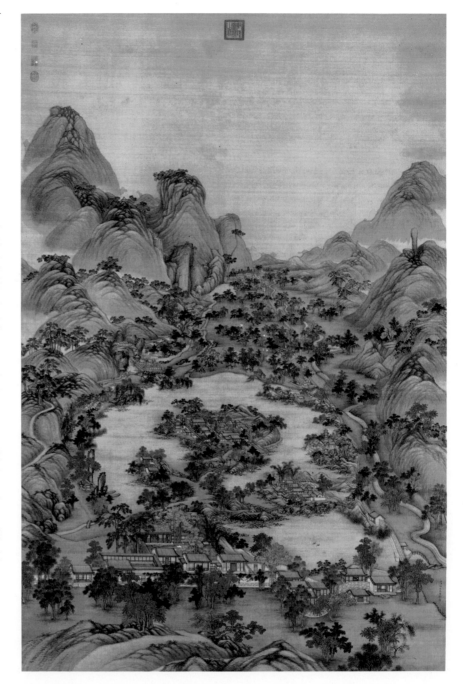

10

佚 名 雍正朗吟閣圖軸
絹本 設色畫 縱175.1厘米 橫95.8厘米

**Emperor Yongzheng Sitting in
Lang Yin Pavilion**
Anonymous
Hanging scroll, colour on silk
175.1 x 95.8cm

這也是雍正行樂圖的一種，描繪他與侍
從在"朗吟閣"內端坐的肖像，從畫中年
齡看，雍正此時似乎尚是皇子，還未登
極當皇帝。

全圖畫風細緻工整，色彩明麗，富有裝
飾性。

雍正皇帝不像他父親康熙皇帝那樣多
次到南方去巡視，而幾乎就一直在北京
居住，除了在紫禁城外，較長時間住在
京郊的圓明園內。所以眾多的行樂圖可
能都是描繪這位皇帝在皇家園林中的
生活。

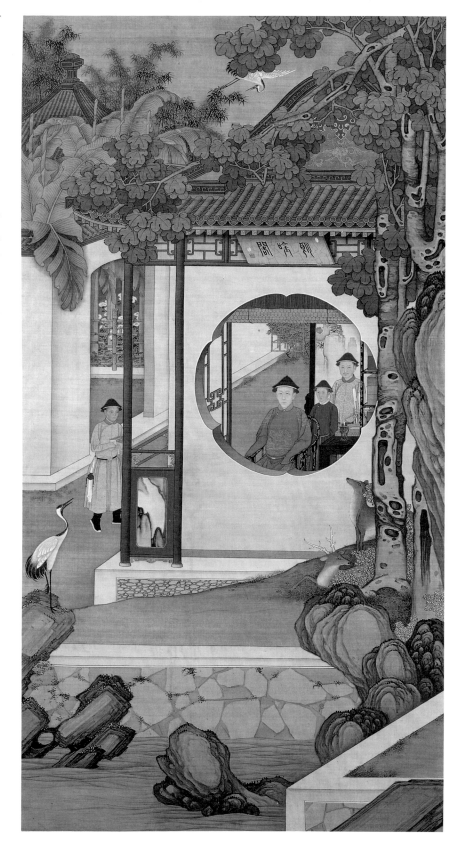

11

佚 名 雍正像耕織圖冊

絹本　設色　每開縱39.4厘米　橫32.7厘米

Portraits of Emperor Yongzheng in Ploughing and Weaving
Anonymous
Album of 52 leaves, colour on silk
Each leaf 39.4 x 32.7cm

"耕織圖"原為民間耕作題材，後作為宮廷畫的一個特定題材
始於南宋。爾後，歷朝歷代的帝王以皇室的名義摹繪或修訂
"耕織圖"成為慣例，以示重視農桑。清宮"耕織圖"的創製始
於康熙時期。康熙二十八年 (1689)，康熙帝命宮廷畫家焦秉
貞仿照南宋樓璹《耕織圖》刊本繪製《御製耕織全圖》。圖為冊
裝，共46頁，耕、織部分各23頁。《雍正像耕織圖》的內容和規
格完全仿照焦氏本，所不同的是圖中主要人物如農夫、蠶婦等
均為胤禛及其福晉等人的肖像。這在歷代的"耕織圖"中也是
僅見的。胤禛命工繪製此圖並將貴為皇子的自己及家人繪成
辛苦勞作的農夫、蠶婦狀，無疑是為了迎合其父康熙特重農桑
的心理。該圖現存52頁，其中有6頁為未定稿的衍頁，其餘46頁
上均有胤禛親筆題寫的五言律詩並鈐"雍親王寶"、"破塵居
士"二印。可知該圖繪於胤禛登極前的康熙時期。該圖畫法十
分精細，設色典雅。人物肖像逼真，摻有西洋畫技法。從畫風上
推斷，該圖似應出自當時宮廷畫家陳枚之手。

百叡遠嘉種
先榮姜懋功
春聲二月入
香浸一泓中
種穋伋時矣
笛笥此日同
為去農又喜
占穠博年豐

浸種

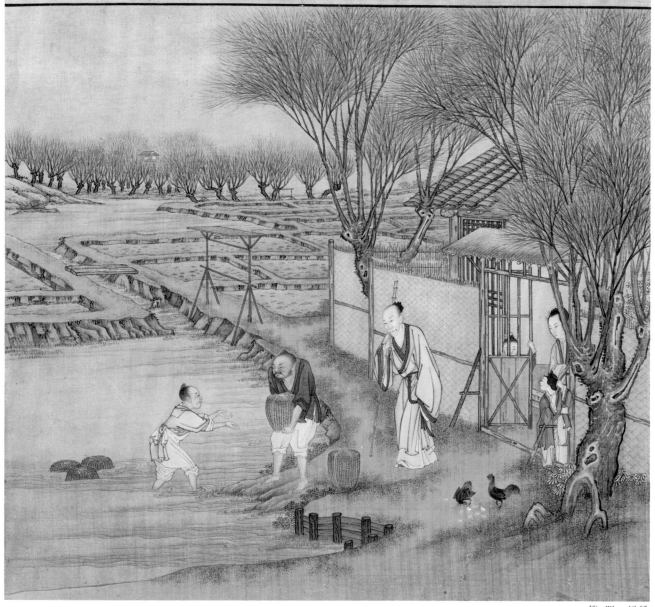

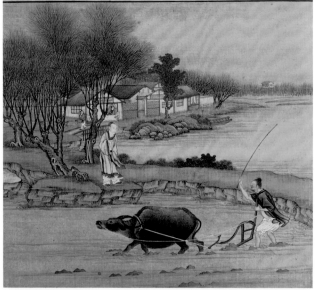

第2開　耕

原隰春先辟
芳甸暖景舒
青鳩呼雨急
黃犢駕犁初
曉起人無逸
耕耘事莫疏
關心課東作
按策歷林塍
耕

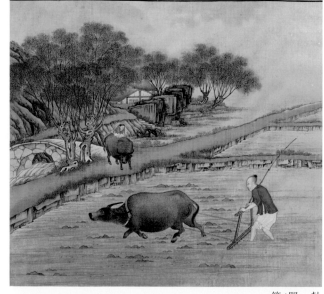

第4開　耖

昨日耕初畢
今朝耖復始
田疇多沃活
百畝坐如是
蝶亂望空晚
燕歸芳草春
春風不負人
祖有三田人
耖

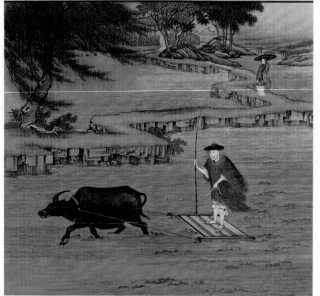

第3開　耙耨

農務村看急
春畦水正乎
煙籠高柳暗
風入短蓑輕
涇渡帶雲影
田疇兆有年
耙眼舡芒短
科立比牛鳴
耙耨

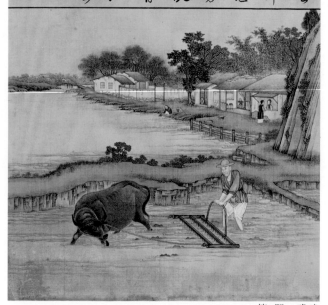

第5開　碌碡

當當轉巧里
仔仔復東皋
萊牛忘困急
四苦莫告勞
春塍淨如鏡
香壤織於膏
水挨枯偃餉
帆籠守碧濤
碌碡

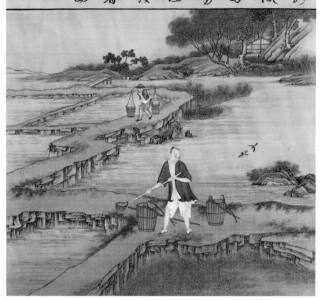

種包敩坼甲
秧咊堯蓂莢
湃々和煙流
玢々蕍朧香
寄飫籙壹程
熙禱穮豐穰
春氣令年子
行香刺水秧
布秧

鳥鳴邨路靜
春泮聖橋侹
已見彩棚高
意欲酒隴畜
游時爭子住
諜保取书棲
傷和麾屑者
山忙日冬西
淤蔭

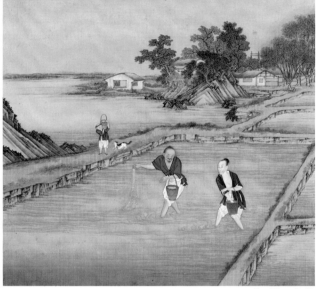

第6開　布秧

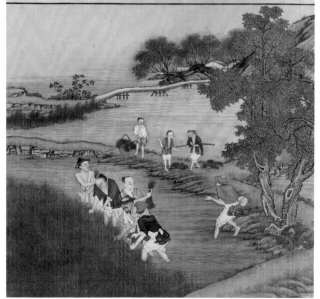

第8開　淤蔭

屋雲田间種
攜兒傍上來
一溪珳百破
吾亩喜秬開
露事深扣裏
陶炅暖復佯
盼々牧叟拾
嫦明印埭载
初秧

秧田卉吉日
莂韋芳秀農
要抱分专壤
和根淫孫瀞
爭攜查稚芒
侁揷伥伖靴
自滑篙晃楽
辛呉捄不玄
拔秧

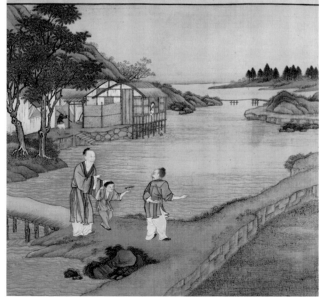

第7開　初秧

第9開　拔秧

77

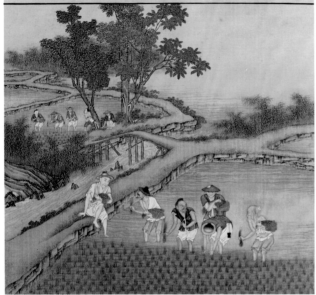

第10開 插秧

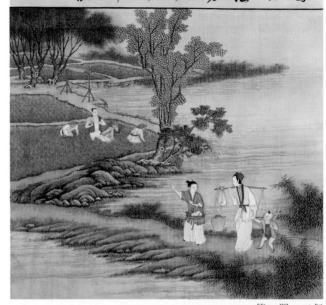

第12開 二耘

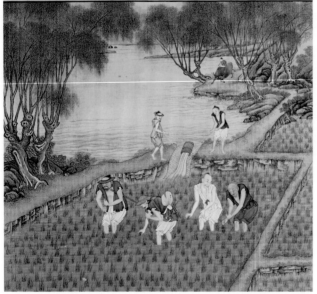

第11開 一耘

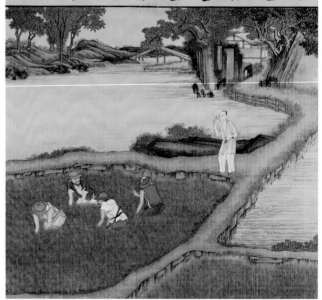

第13開 三耘

物候書芒種
農人戒插田
候莢川整～
入塱蒙茅、
名柳玄牽日
貴楊子熟了
一郭子吟庵
長日愛如年
插秧

攜々南東子
芳々一再耘
理苗課鳥征
挑程士求蒭
輕笠蓁烟霧
牧祻浸九雲
行々忙餉婦
稚子牧李祀
二耘

餘雨新々長
雪風蓁々柔
荽羮養童夢
泡注引新泳
陰倩怔溪橋
涼生陽曉謳
炊懷荔杭石
牧豎誇歸牛
一耘

逃陌日當午
孱陶昬氣煙
戒農泛芳力
耘事只今坓
好嫁風哥呈
蛙聲水庝繁
佻徊般里秉
茀垞綠翮翔
三耘

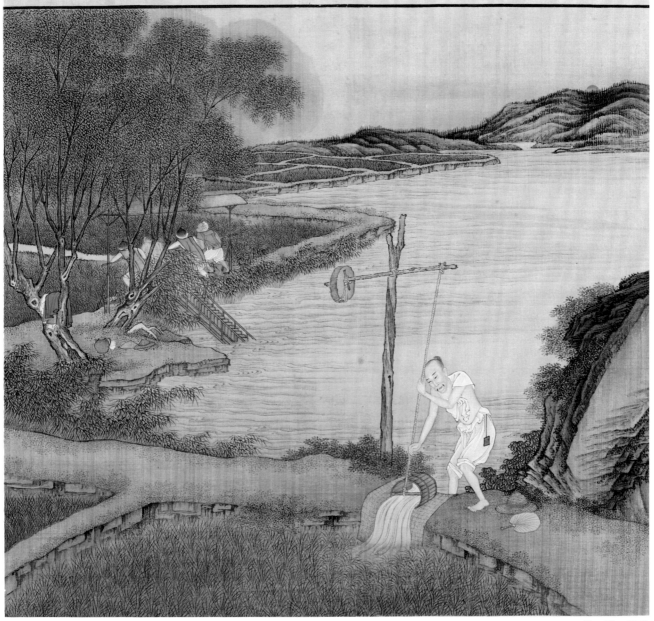

孔為天工補
唯恩莫力加
桔槔聲變乡
屏斗勞家、
溉活看畦區
呼哘轉日斜
連朝風露子
那不要揚華
溉灌

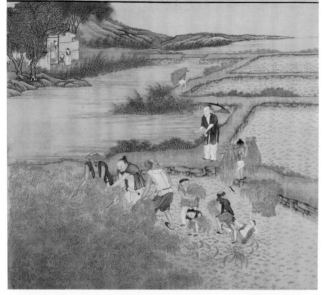

第15開　收刈

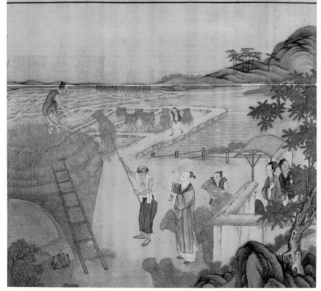

第16開　登場

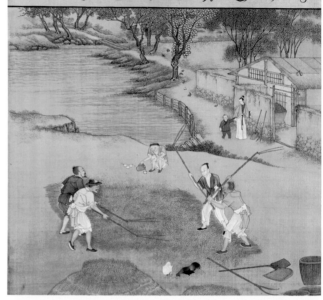

第17開　持穗

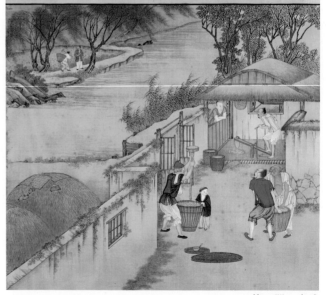

第18開　春碓

80

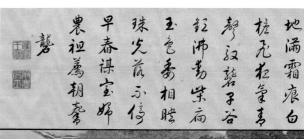

江米牲米潔
田家点苦心
篩風芒場北
春日更檐陰
饡饏收粘傯
妻孥欣布裛
魚杭秀玉粒
膏土緑貢金

籭

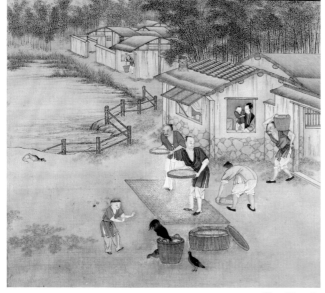

第19開　籭

地滿霜痕白
樁尼粒青青
劈叔諳子谷
釭沸易棠房
玉色爭相睟
珠光薾不停
早春謀室婦
農祖萬朝齏

齏

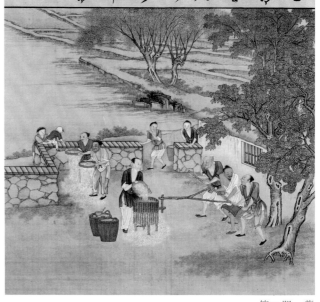

第21開　礱

鄰來風色好
笠斗入場南
叔憤簸揚再
不教糠粃糝
殘雲百家室
狼藉或火男
不忌農家媍
濃州小弗詰

簸揚

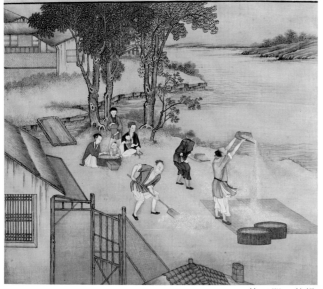

第20開　簸揚

勤勞已周歲
蔣善日々殷
千萬鼓奮望
象箱辛已倦
杼庼芒有晙
門石吏無頹
苦念牢牛力
謀傷自雪瀘

入倉

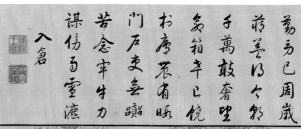

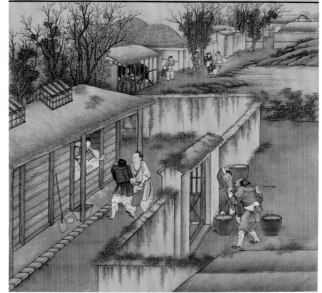

第22開　入倉

81

兩暘蒸帝佑
豐穰生農丞
枝實邶村社
神迎石之巫
酒漿湾罌缶
肴核薦鑾毛
叟兒年之車
禳之慰承需
祭神

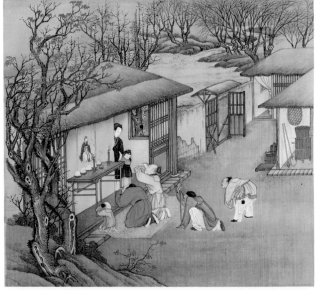

第23開　祭神

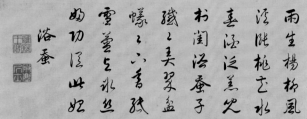

雨生楊柳風
溪泚桃花水
妻浚泛美哭
村潤浴蠶子
殘之美哭盞
嫀之六香殘
雲鬘乞冰絲
妒功湮此妃
浴蠶

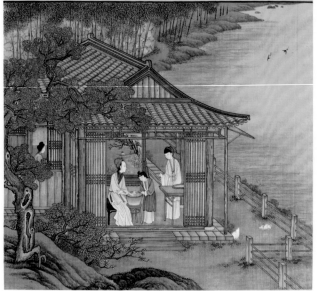

第24開　浴蠶

百舌鳴袴襠
再喂蠶左箔
佰栗責已袖
悀芋孫粒揚
只宜箋日和
阿長妻之圮
婦忙汓小玄
搖摧摝扪索
二眠

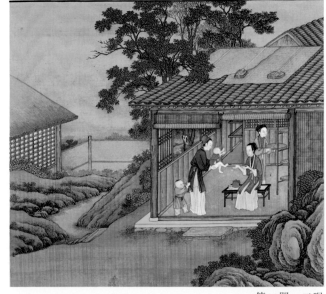

第25開　二眠

喜風靜箋椀
春霎繁桑栿
者箔理三眠
悅惶熙互朱
大姑夢正濃
小姑梳弗眠
餉雛唱曉煙
農事僅東舍
三眠

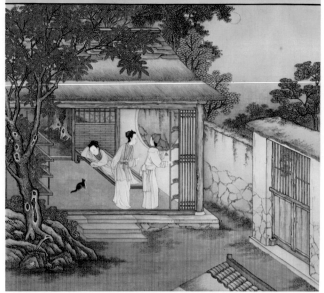

第26開　三眠

夕春空暖句
花下蚕朵朵
笛上叶丛稀
枝头探戒子
不去春蚕你
但觉蛋怎么
谁家红粉娘
昂芳谁青箏

大起

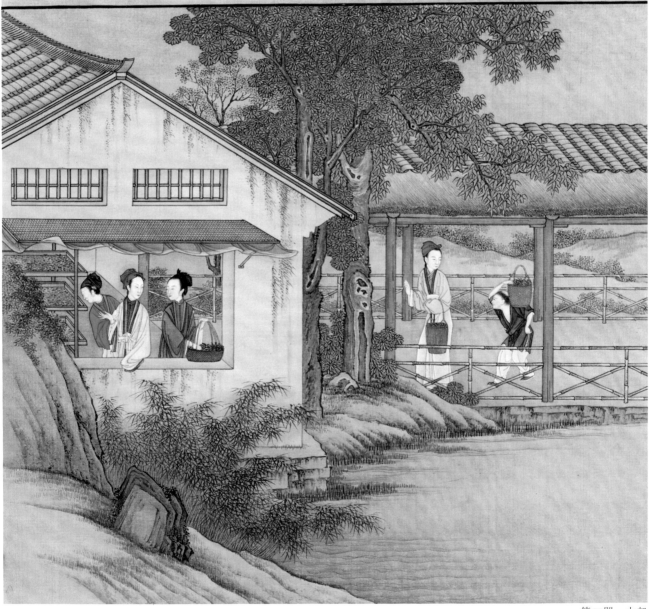

生熟乃有時
老嫩不使糅
同子姑與婦
挹芳夜雄雌
火香夜瓦盆
星苣入箦雪
注弟了柴莊
怊怊砭童幼
捉績

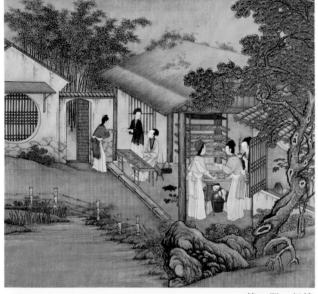

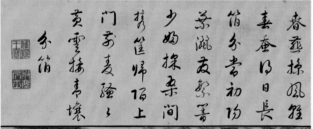

第28開　捉績

清和天氣佳
戶戶採桑急
出霜梨花殘
孫倍漆可汲
枝高學猱升
芸葭蕺尖拉
咿搖滿筐餉
婦粗填不輟
採桑

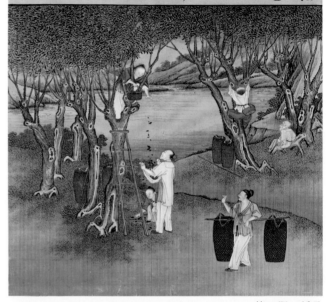

第30開　採桑

春燕掠風斜
喜蠶日日長
筒分書初肠
葉瀨友黎薯
少婦採柔間
攜筐歸陌上
門寄麥隴了
貰雲搖高壤
分箔

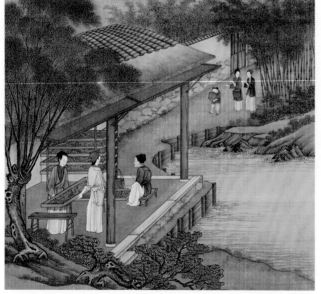

第29開　分箔

東鄰已催畊
西舍初浸穀
月高蜀字煇
妻拏堂釐熟
柔、而雪揉
吾之兒絲投
勇筆架蠶筐
如卿云公簇
公簇

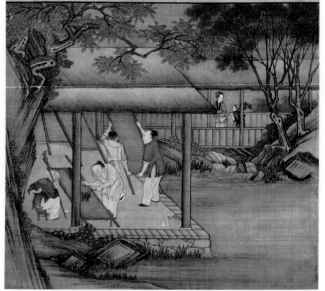

第31開　公簇

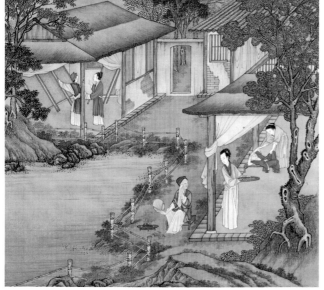

第32開　炙箔

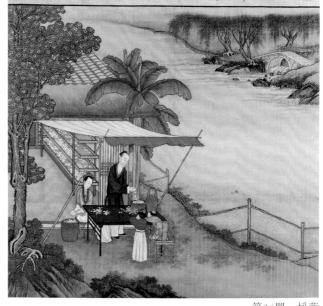

第34開　採繭

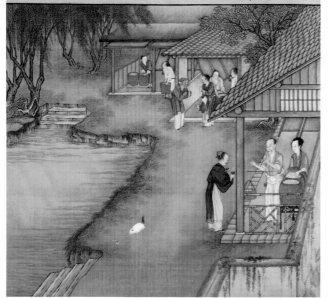

第33開　下蔟

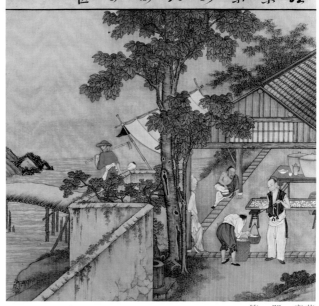

第35開　窖繭

85

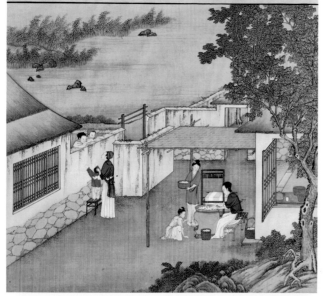

第36開　練絲

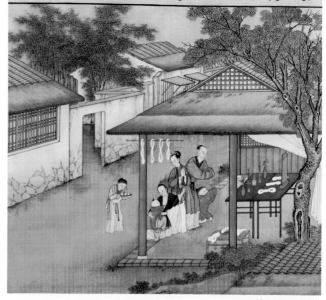

第38開　祀神

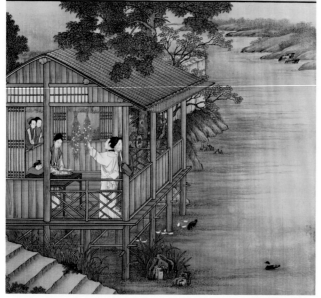

第37開　蠶蛾

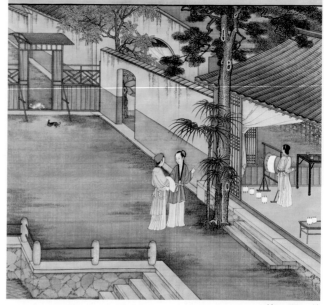

第39開　緯

一梭復一梭
尋尋春溶溶
明明樓上蠶
雜雜盆中繭
嫗如傍姑吹
秋更寒風吼
檐際月已高
無總雲曉色
孫

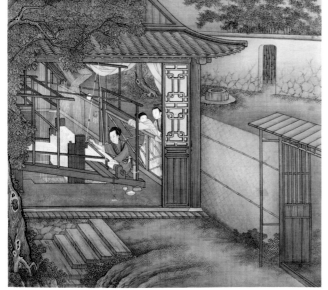

第40開　織

昨為籃上絲
今作軸中經
均自細分理
珍重相丁寧
試看丈人繪
好採綵絣次
市埭統綌次
辛苦日由見
經

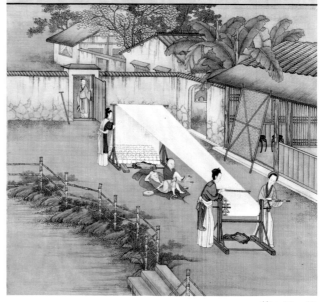

第42開　經

如紅忘歎芳
急惜事宵旰
熀球孫束絲
覆重苦柔挽
瀝之定輕甚
沉之粒氣味
壽山旺不忙
心忙絲枚究
絡絲

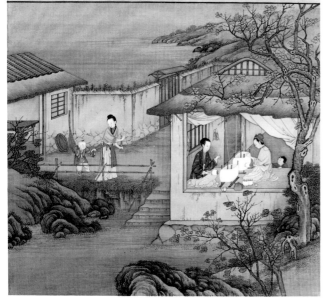

第41開　絡絲

何來五色光
詎運百巧智
抱絲忝托樋
忙風深染次第
色然紅崇紆
深葉雲霧香
盈寸搦之久
梭拈朱錦字
淬色

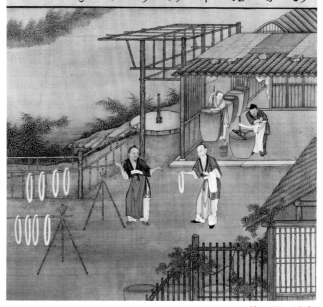

第43開　淬色

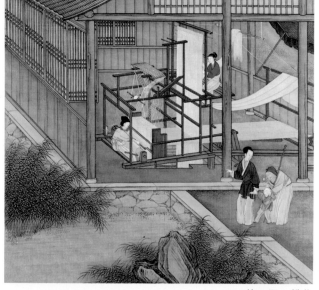

第44開　攀花

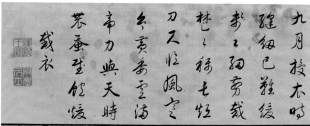
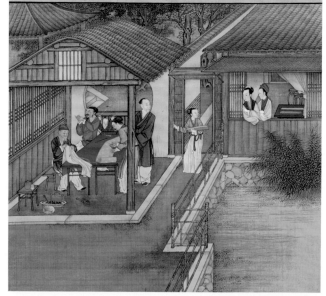

第46開　裁衣

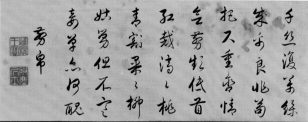
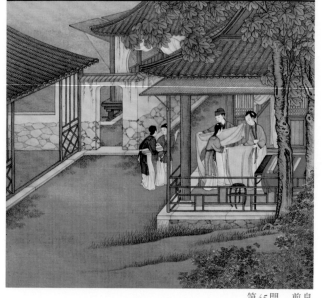

第45開　剪帛

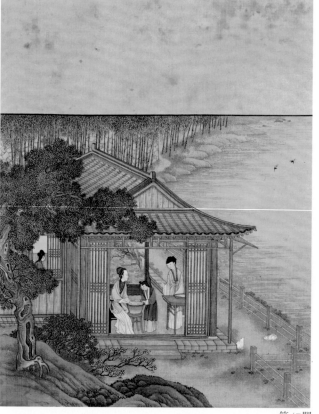

第47開

88

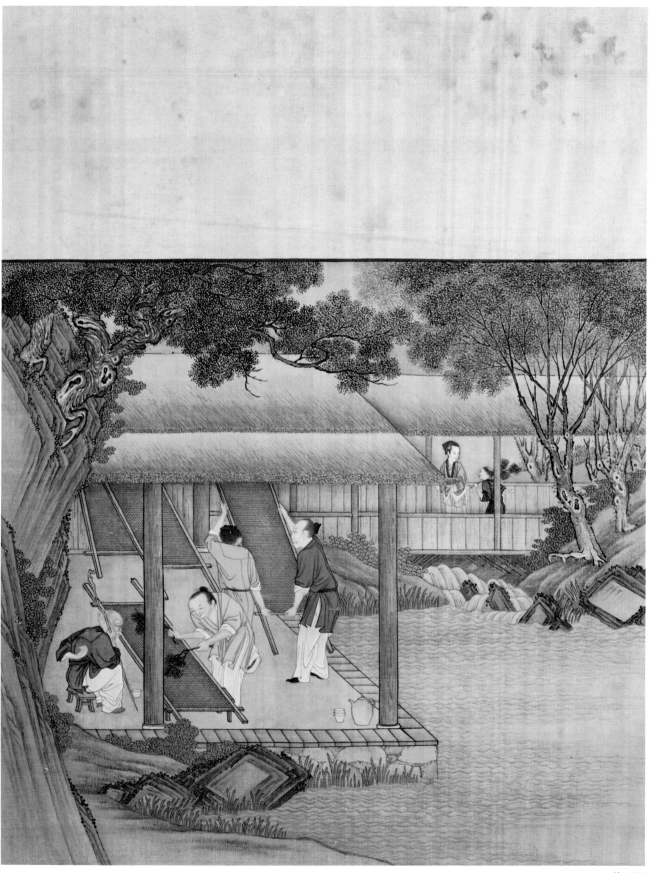

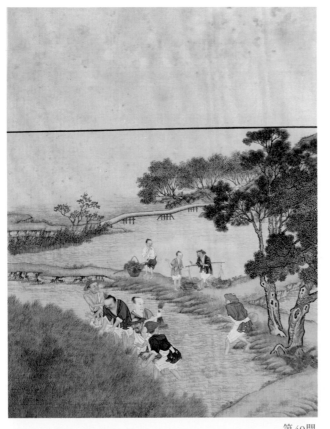

第49開

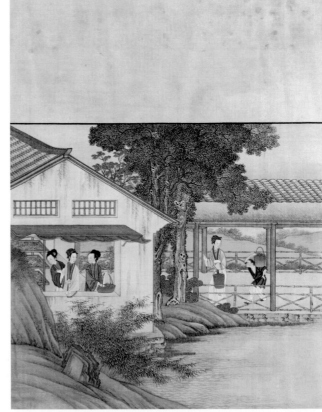

第51開

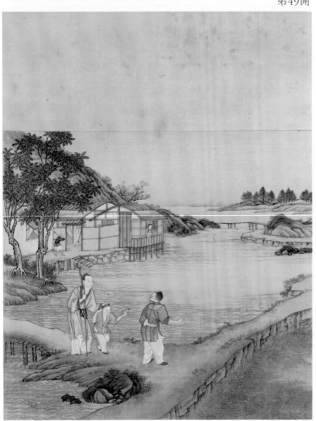

第50開

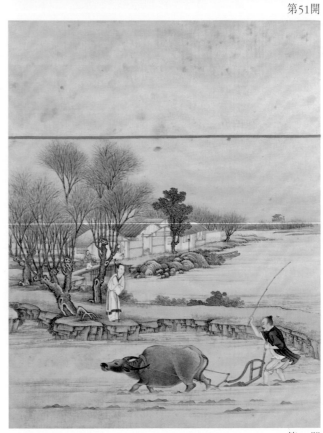

第52開

12

佚 名 胤禛行樂圖軸（五幅）

絹本 設色

1 縱165.5厘米 橫95.5厘米

2 縱165.5厘米 橫95.5厘米

3 縱186厘米 橫97.5厘米

4 縱199厘米 橫106.5厘米

5 縱157厘米 橫71厘米

A Life Portrait of Emperor Yongzheng (5 pieces)
Anonymous
Hanging scroll, colour on silk
1) 165.5 x 95.5cm
2) 165.5 x 95.5cm
3) 186 x 97.5cm
4) 199 x 106.5cm
5) 157 x 71cm

這是一組表現胤禛日常生活的畫幅。畫中的胤禛均着便服，年紀約近三十，面孔白淨，其餘人物也均具有肖像的特徵。全圖畫法工整，色彩漂亮。從樹石及建築物的造型來看，有可能出自焦秉貞或陳枚的手筆。

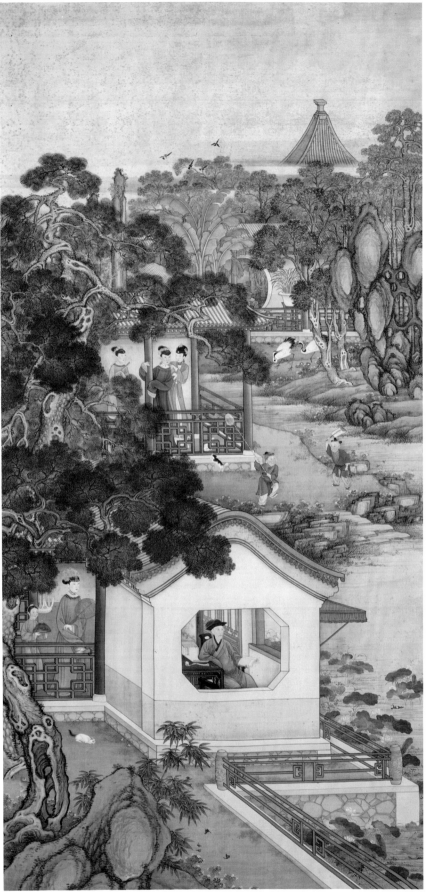

12.1

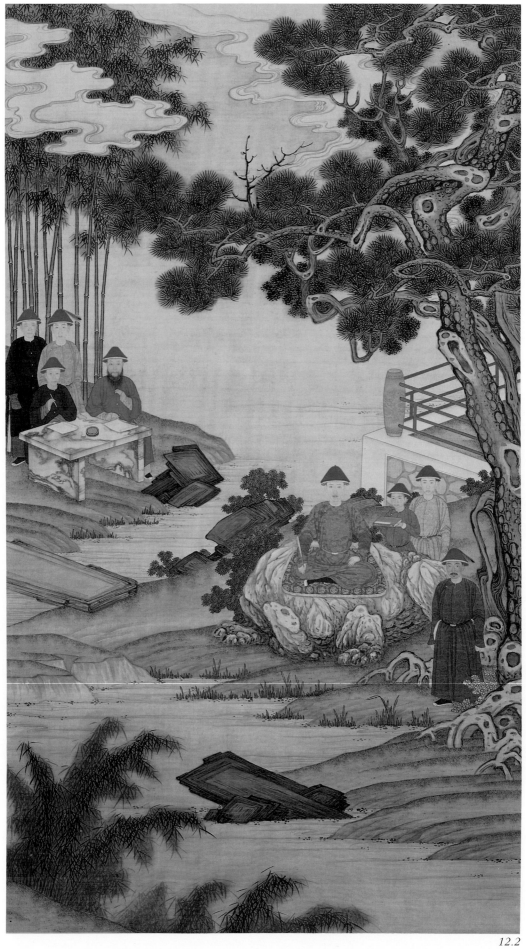

12.2

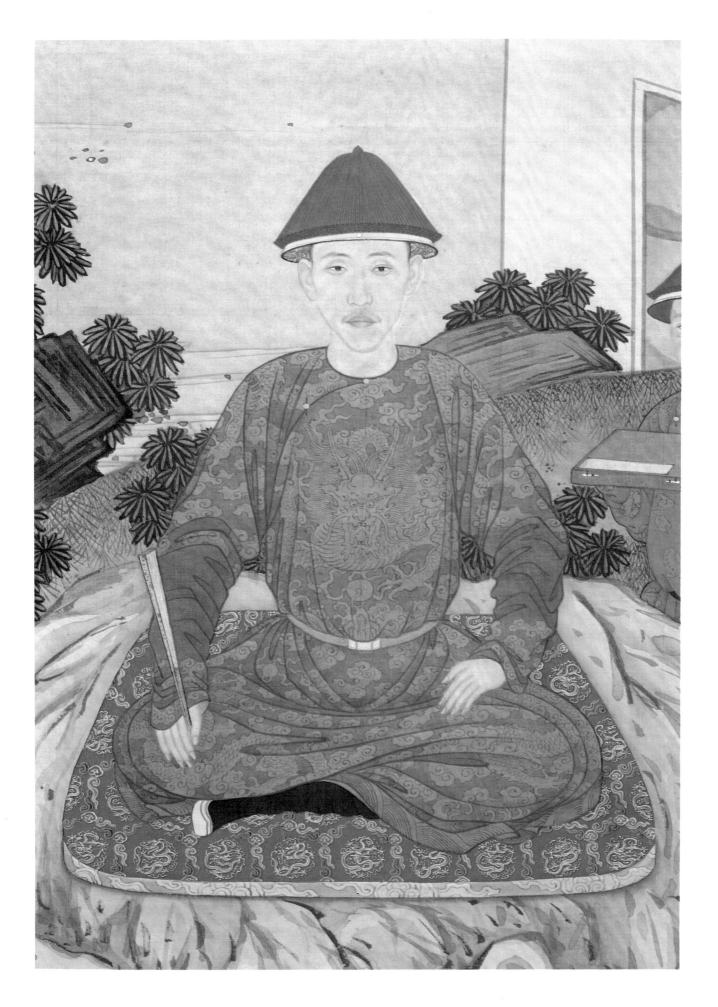

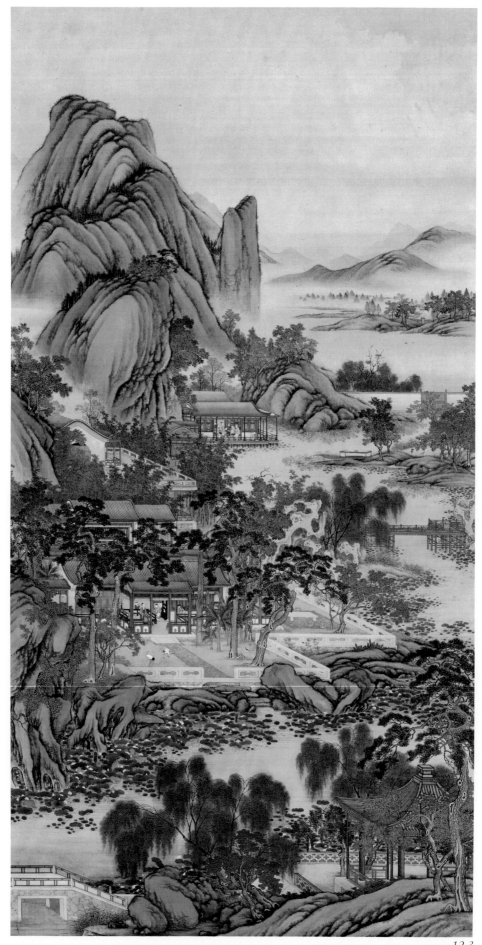

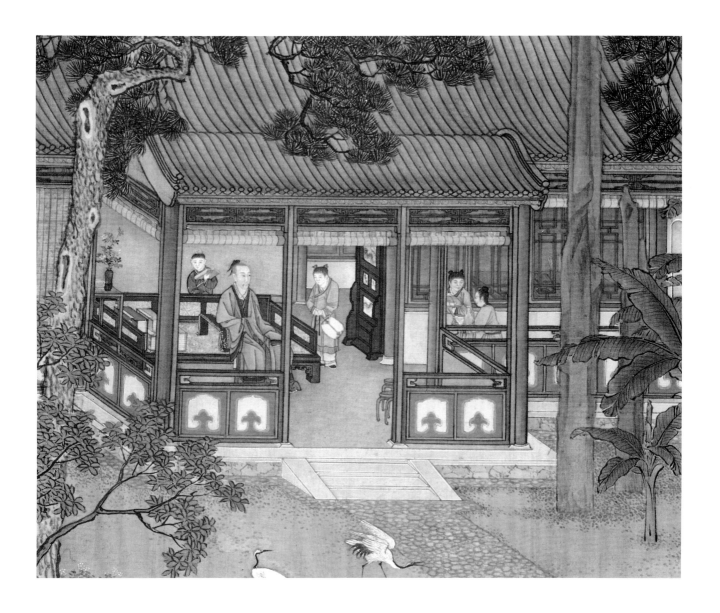

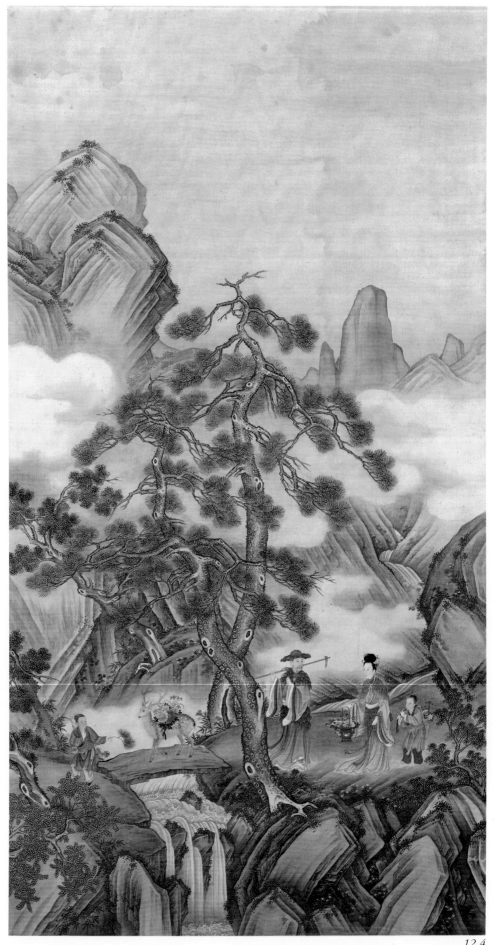

12.4

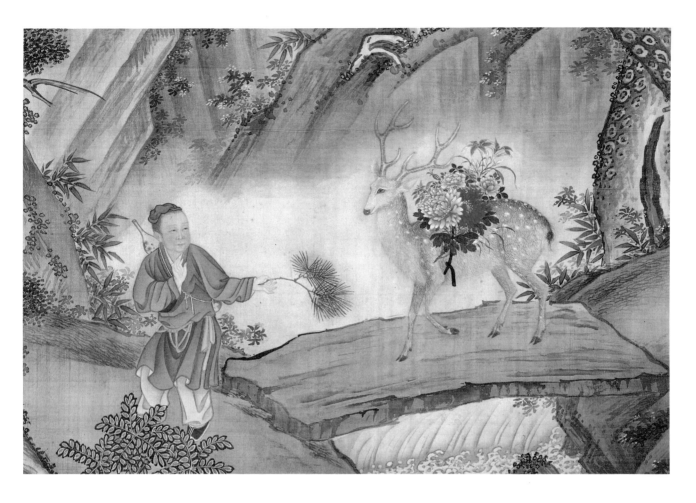

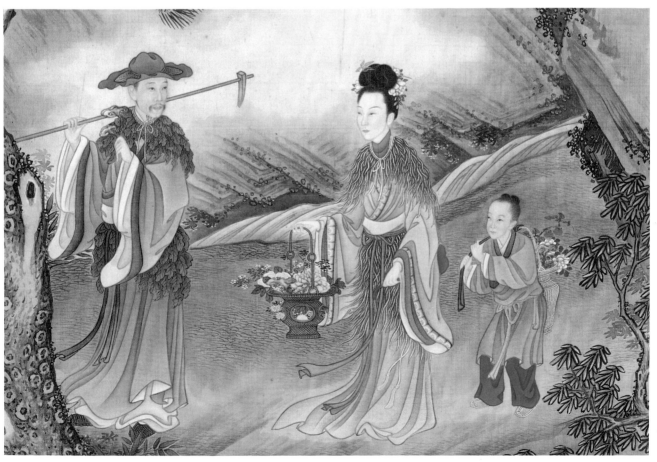

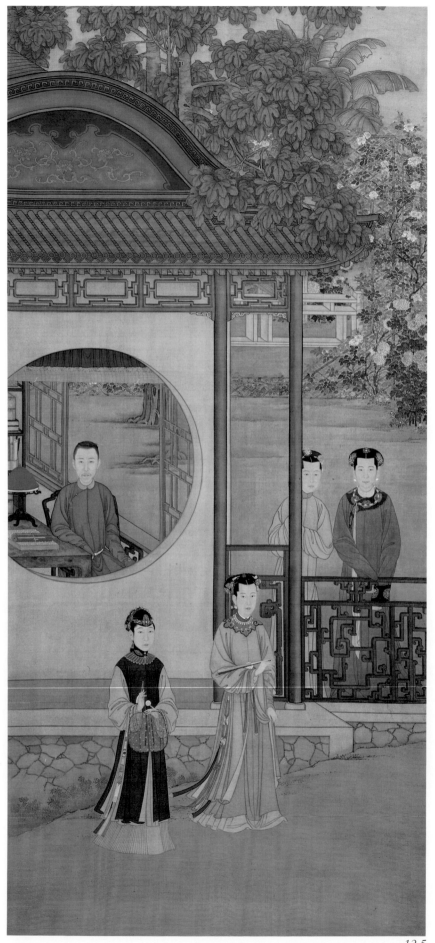

12.5

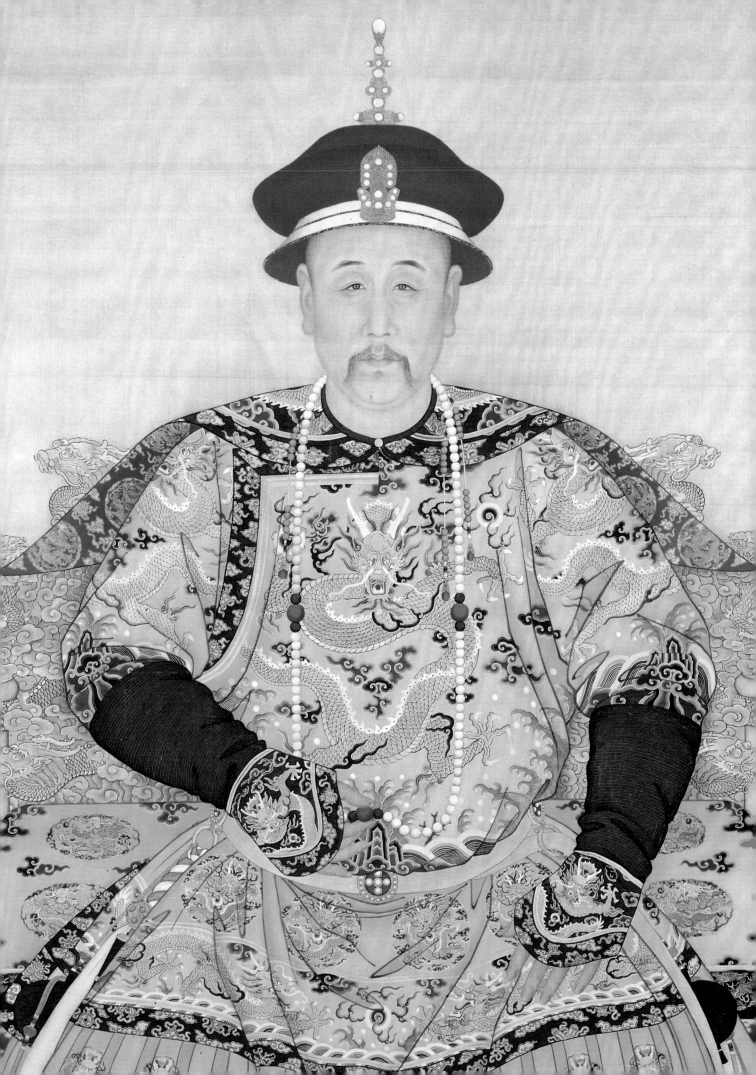

13

佚 名 雍正朝服像軸

絹本 設色 縱273.4厘米 橫143.2厘米

Portrait of Emperor Yongzheng in Court Dress
Anonymous
Hanging scroll, colour on silk
273.4 x 143.2cm

愛新覺羅·胤禛為康熙皇帝第四子,生於康熙十七年(1678),雍正元年(1723)即皇帝位,在位十三年。

這幅畫像胤禛穿朝服端坐於龍椅上,是參加重大典禮時的標準肖像。此圖畫法與康熙時的繪畫風格分別不大,工整精微,一絲不苟,色彩華麗,有皇家氣派。

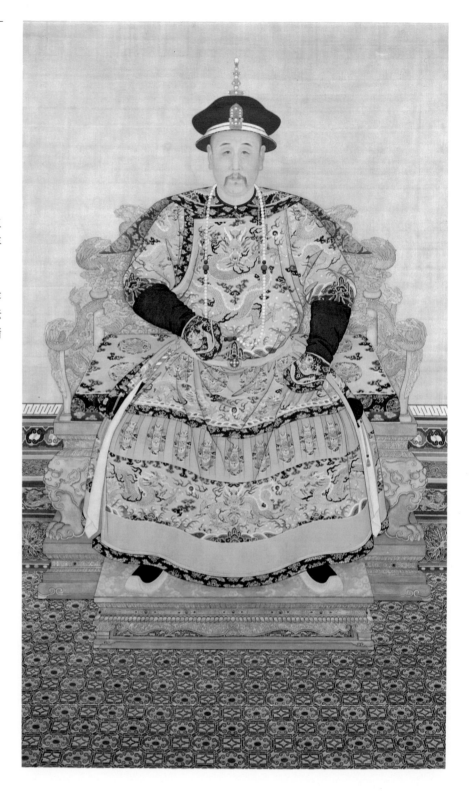

14

佚 名 雍正臨雍圖卷（第二卷）

絹本 設色 縱62.8厘米 橫619.5厘米

Emperor Yongzheng Being Present at the Imperial College (No.2)
Anonymous
Handscroll, colour on silk
62.8 x 619.5cm.

此圖描繪雍正皇帝前往北京國子監講學的場面，"臨雍"即蒞
臨"辟雍"之意，"辟雍"是古時國家為貴族讀書而設立的場
所。雍正皇帝在位時，曾多次前往清代專設的學府國子監講
學。此圖對講學場面及經過描繪得仔細具體，具有紀實的價
值。國子監在今北京安定門內，建築尚保存完好。

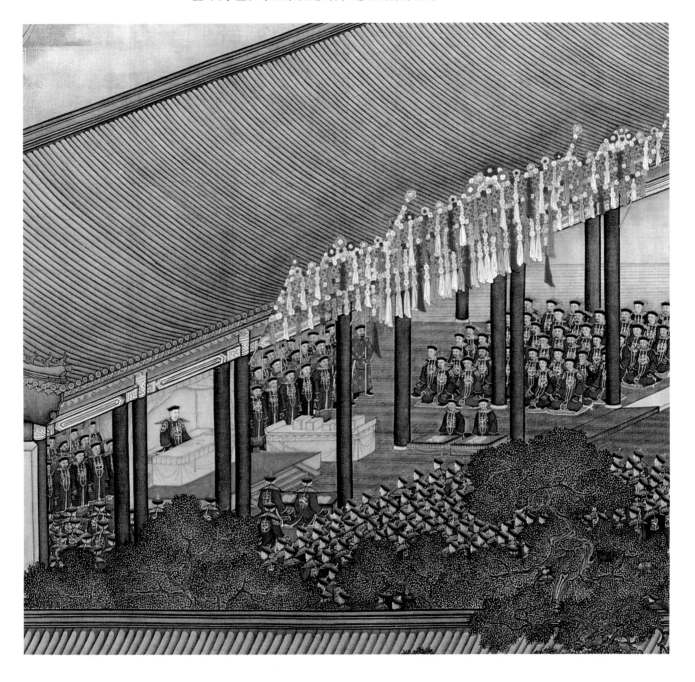

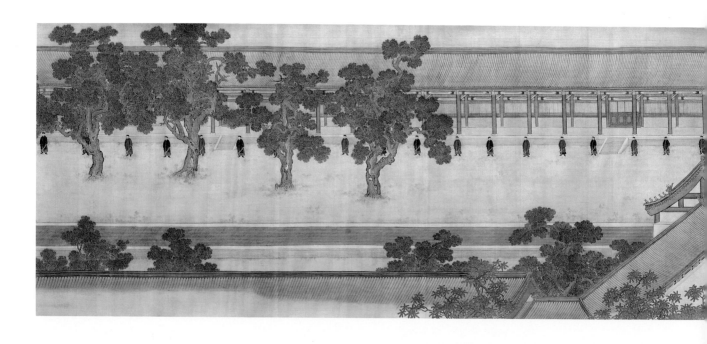

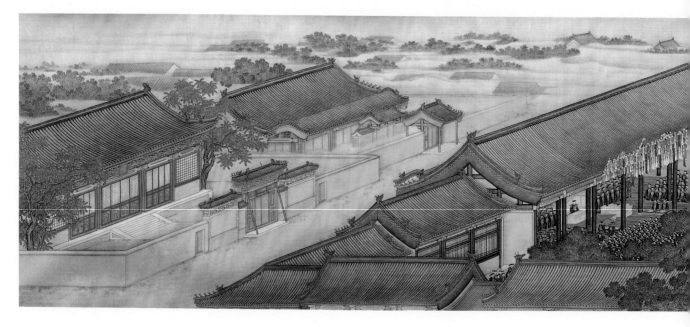

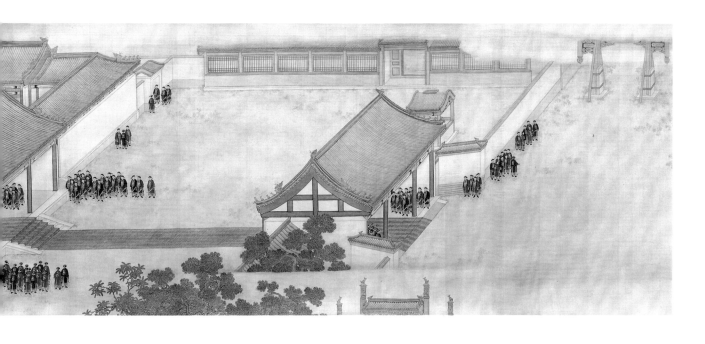

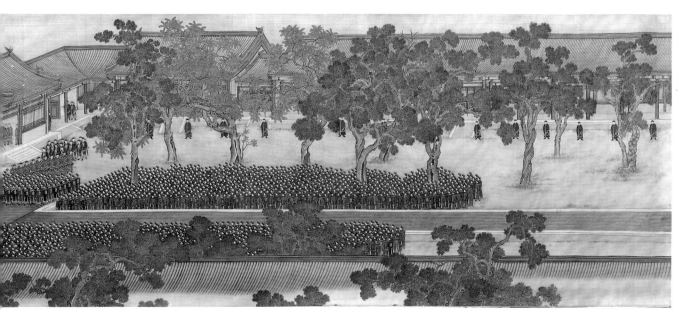

15

佚 名 雍正祭先農壇圖卷（第一卷）

絹本 設色 縱61.8厘米 橫467.8厘米

Emperor Yongzheng Offering Sacrifices at Xiannong Altar (No.1)
Anonymous
Handscroll, colour on silk
61.8 x 467.8cm

先農壇又名山川壇，位於北京永定門內，始建於明永樂十八年
(1420)，嘉靖年間擴建為先農壇，是明清兩代皇帝祭祀農神，
祈求豐收的地方。

這幅畫卷描繪雍正皇帝率領王公大臣前後呼擁往先農壇祭祀
的過程。祭祀的時間是每年農曆二月當中的一天。畫面描繪真
實細緻，色彩濃厚豐麗，是宮廷畫中比較典型的風格。

此圖共兩卷，第二卷現藏於法國巴黎吉美博物館。

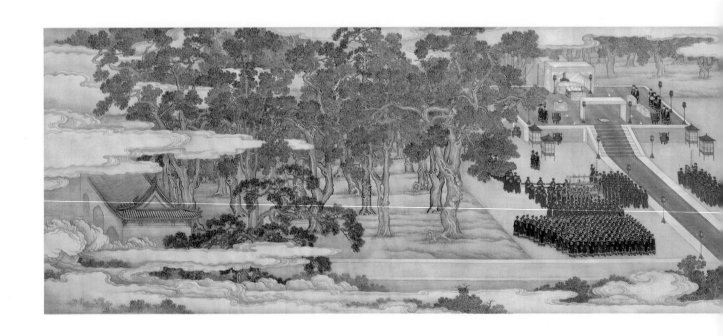

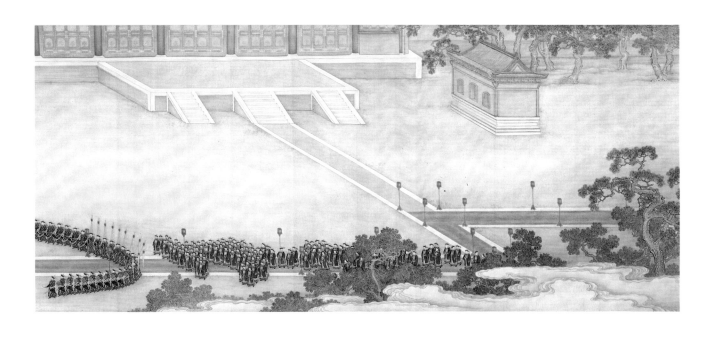

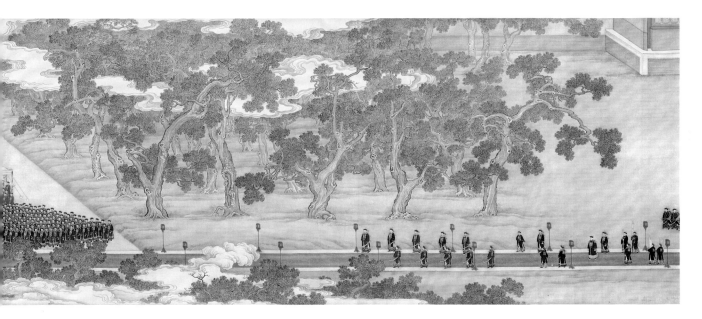

16

佚 名 雍正行樂圖冊（十六頁）

絹本 設色 每開縱37.5厘米 橫30.5厘米

A Life Portrait of Emperor Yongzheng
Anonymous
Album of 16 leaves, colour on silk
Each leaf: 37.5 × 30.5cm

這套冊頁描繪雍正皇帝身穿各式各樣的衣服，裝扮成各種身
分人的畫像，立意十分別致。全圖工整細膩，色澤明麗，雖然畫
中都着野逸村夫衣冠，卻仍具有皇家的氣派。

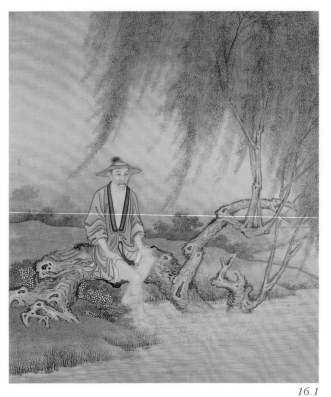

16.1

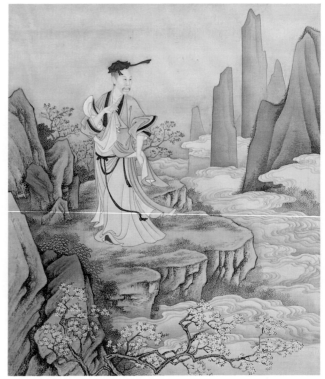

16.2

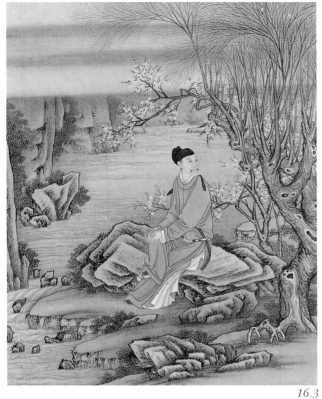

16.3

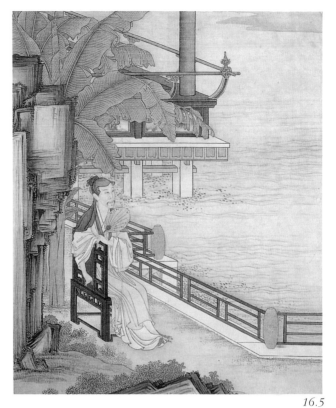

16.5

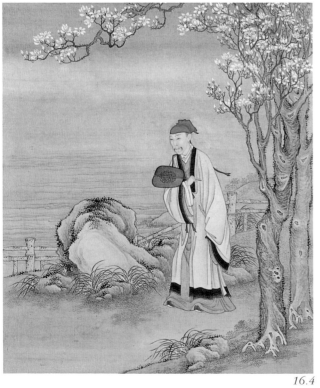

16.4

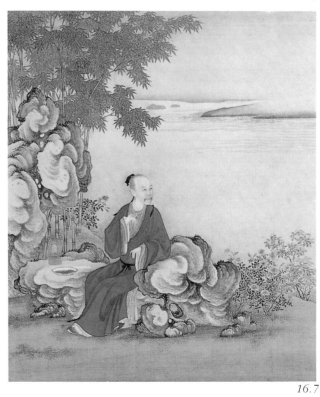

16.7

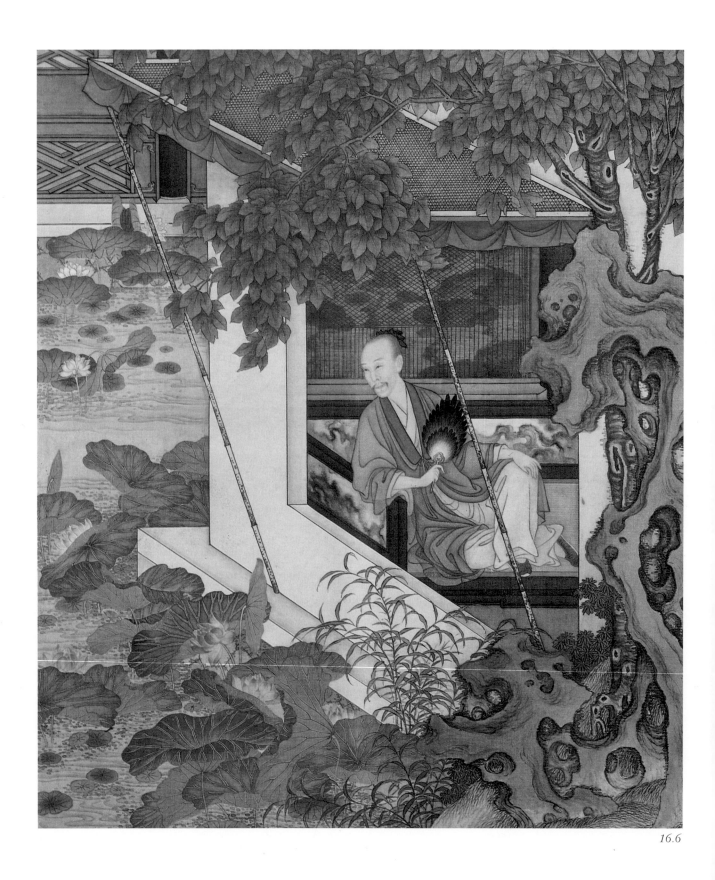

16.6

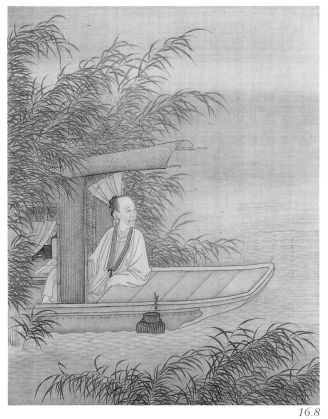

16.8

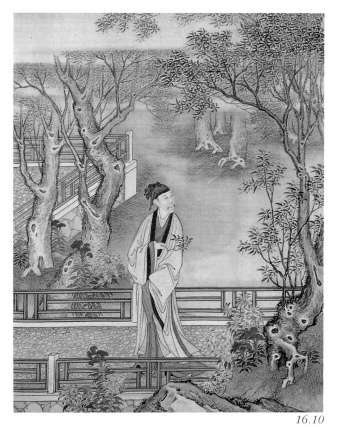

16.10

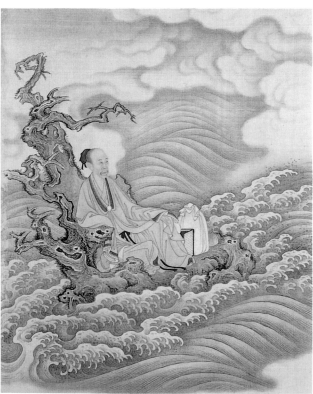

16.9

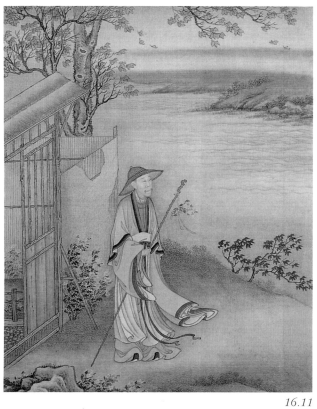

16.11

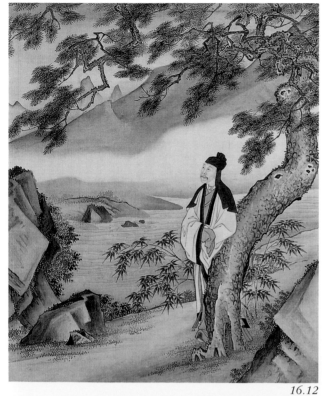

16.12

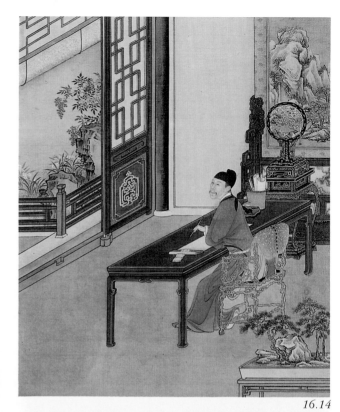

16.14

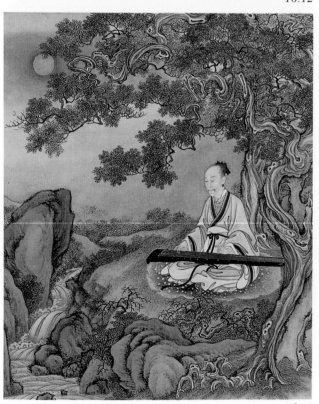

16.13

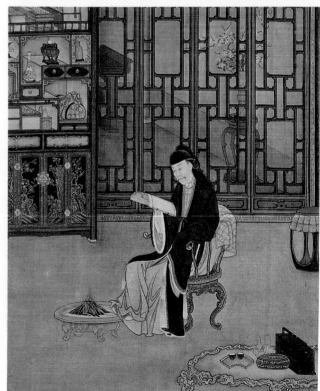

16.15

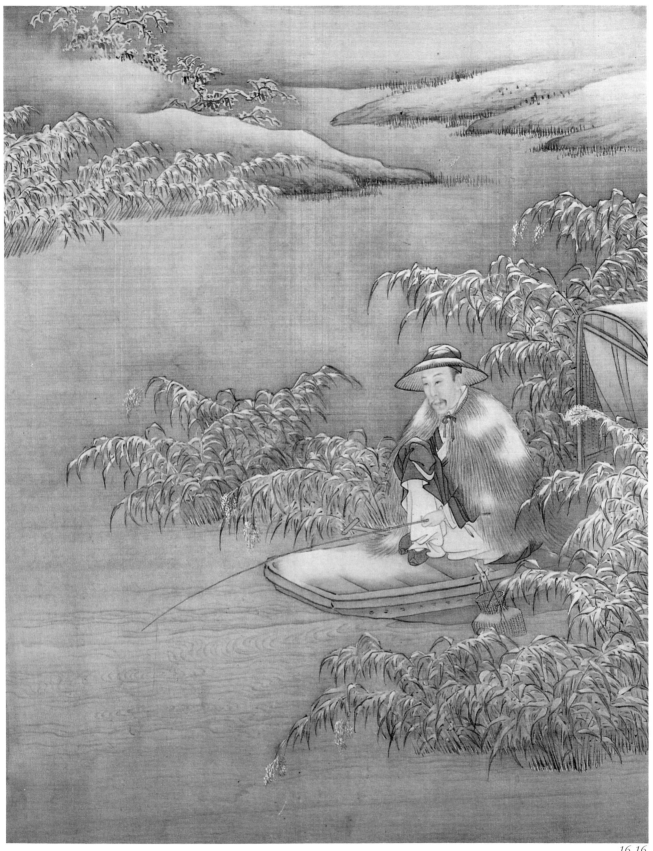

17

佚 名 雍正行樂圖冊 (十六頁)
絹本 設色 每開縱41.2厘米 橫36.2厘米

A Life Portrait of Emperor Yongzheng
Anonymous
Album of 16 leaves, colour on silk
Each leaf: 41.2 x 36.2cm

此圖冊共十六頁,是一套以山水房舍為主圖的行樂圖,人物在
其中只佔較小部分。雖然人物相當細小,但面容畫得十分細
膩,仍然清晰可辨認是雍正皇帝的相貌。圖畫的背景頗似水鄉
景色,但仍具皇室氣派,其地似應是圓明園。

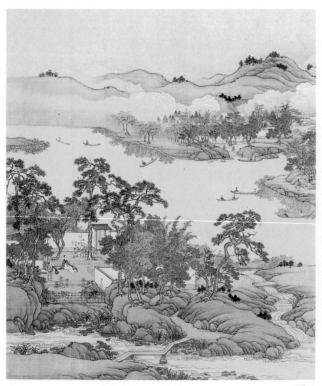

17.1

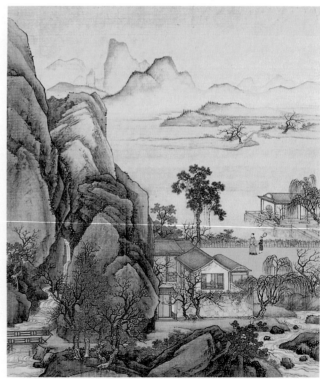

17.2

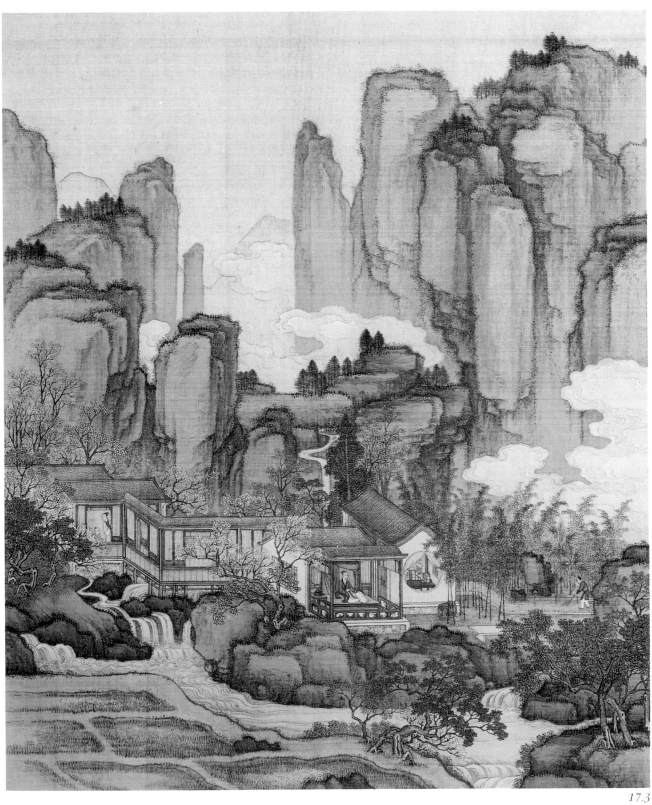

17.3

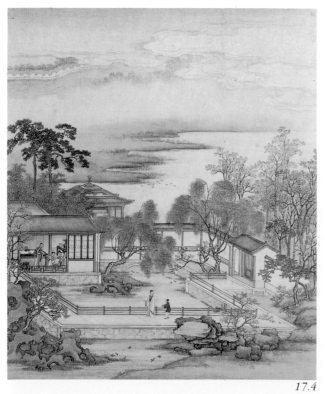

17.4

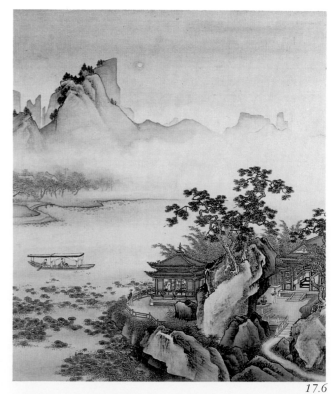

17.6

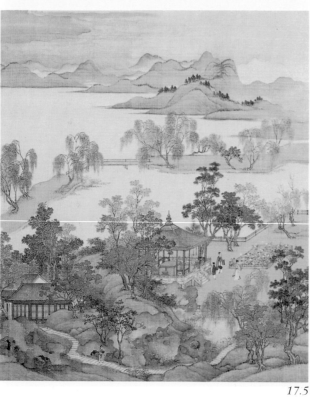

17.5

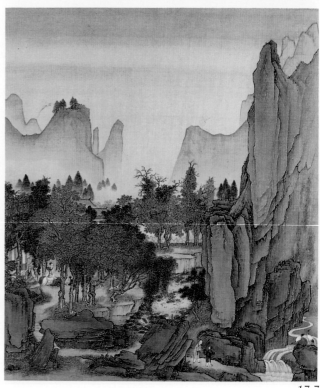

17.7

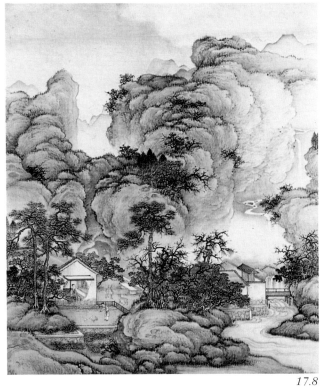

17.8

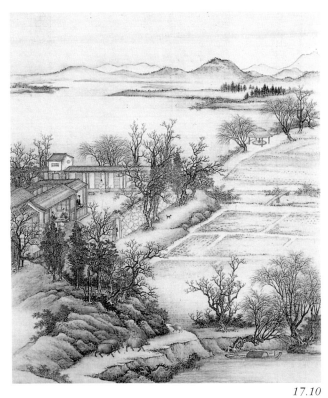

17.10

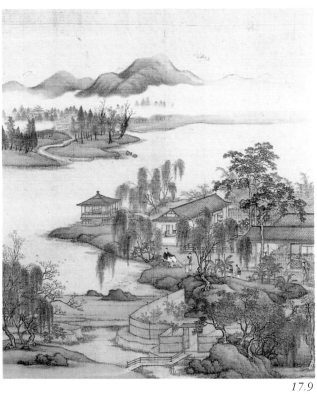

17.9

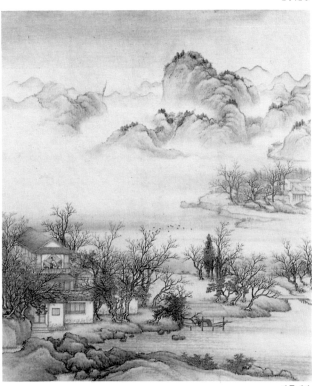

17.11

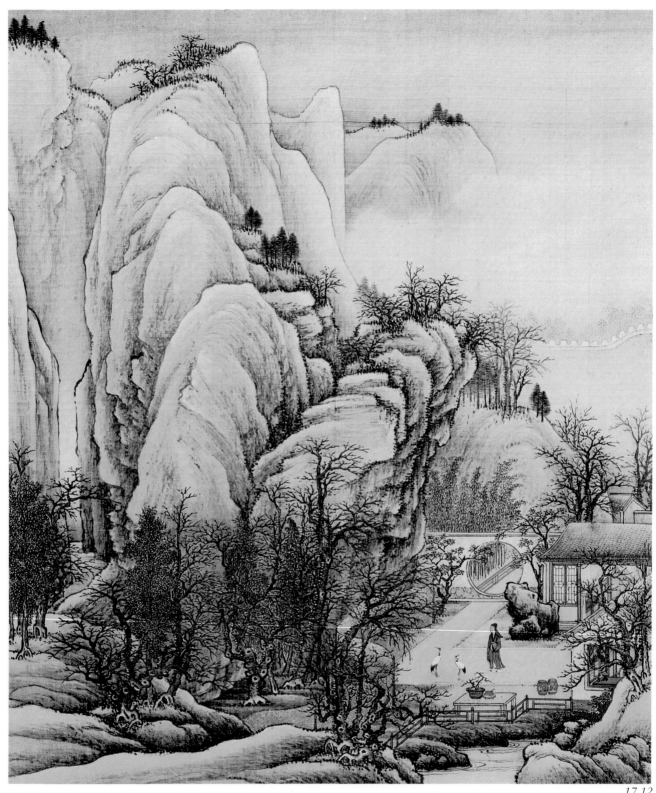

17.12

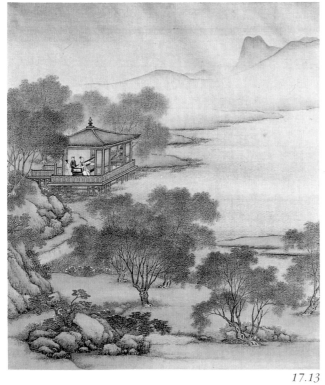

17.13

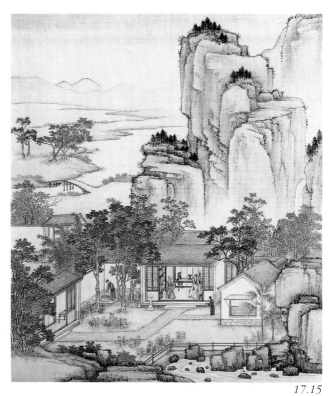

17.15

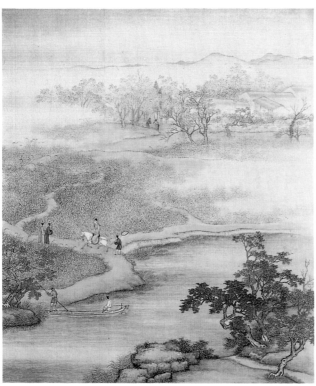

17.14

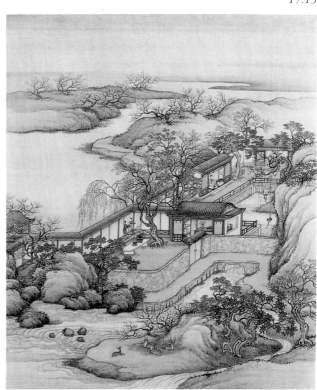

17.16

18

佚　名　雍正行樂圖冊（十三頁）

絹本　設色　每開縱34.9厘米　橫31厘米

A Life Portrait of Emperor Yongzheng
Anonymous
Album of 13 leaves, colour on silk
Each leaf: 34.9 x 31cm

這是雍正皇帝眾多行樂圖中的一種，共十三頁。這組圖中，雍
正皇帝的裝束十分多樣，很多幅均身着漢族衣冠，作文人裝
扮，摹仿歷史上或傳說中的名人，如偷桃的東方朔，題壁的蘇
東坡，竹林撫琴的阮籍等等，亦有扮作蒙藏各族的。最奇特的
是戴西洋假髮、着西裝的一幅，儼然歐洲人的裝扮。

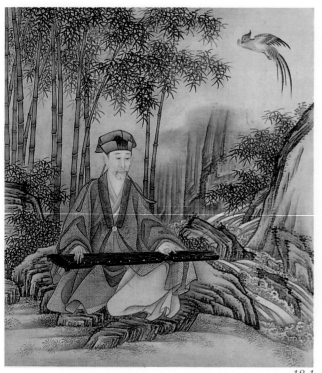

18.1

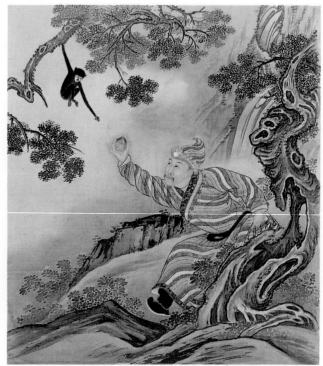

18.2

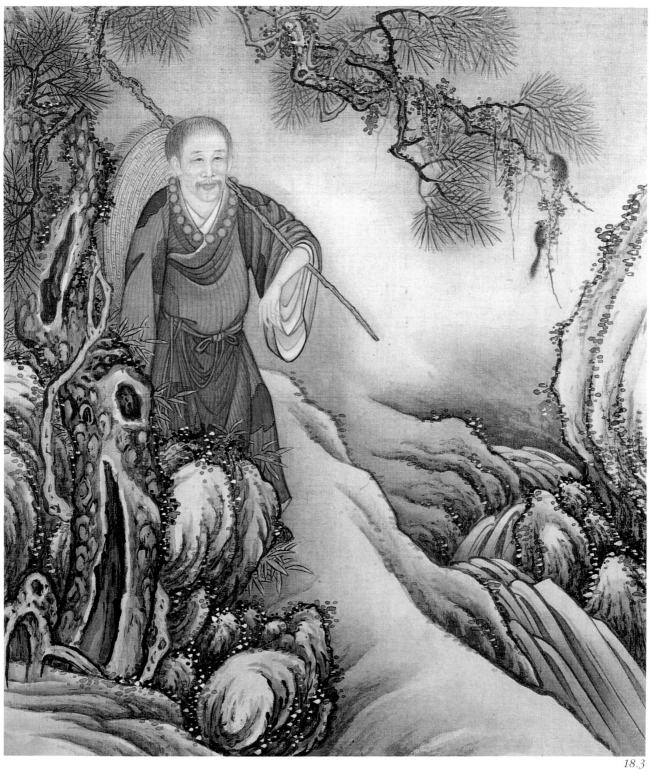

18.3

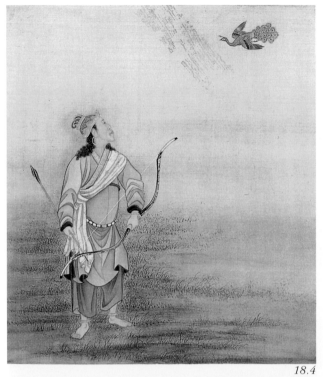

18.4

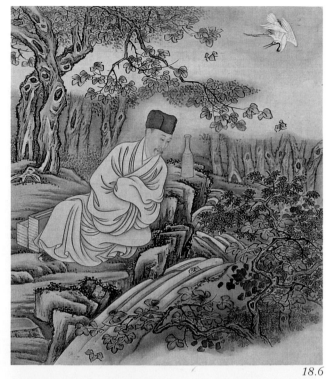

18.6

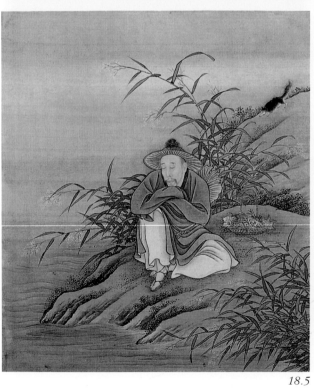

18.5

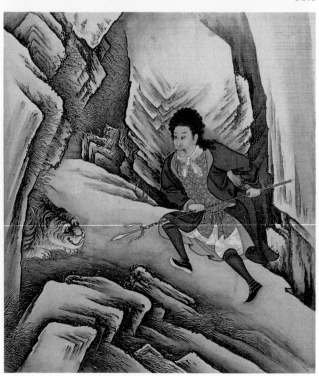

18.7

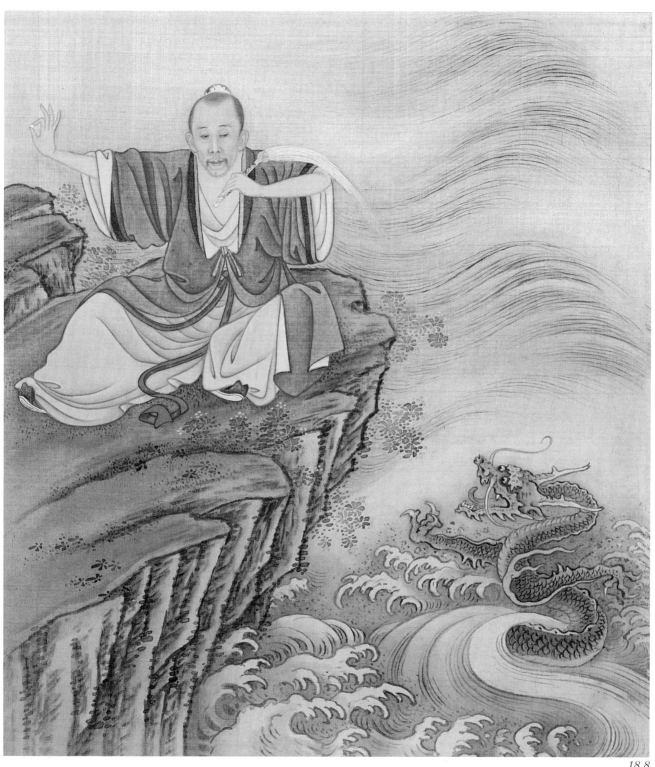

18.8

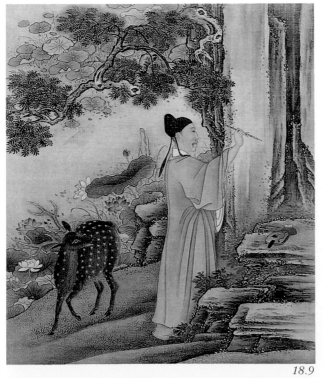

18.9

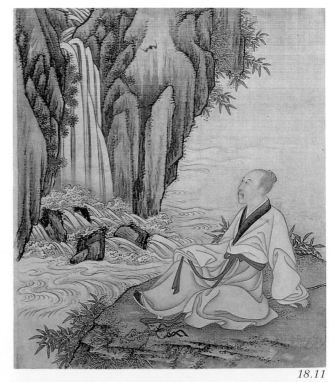

18.11

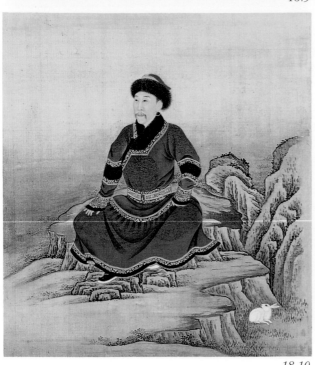

18.10

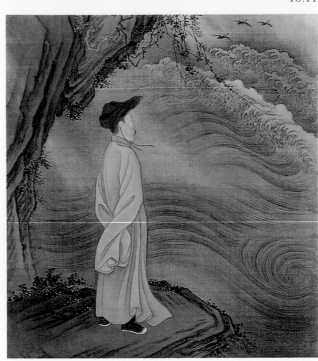

18.12

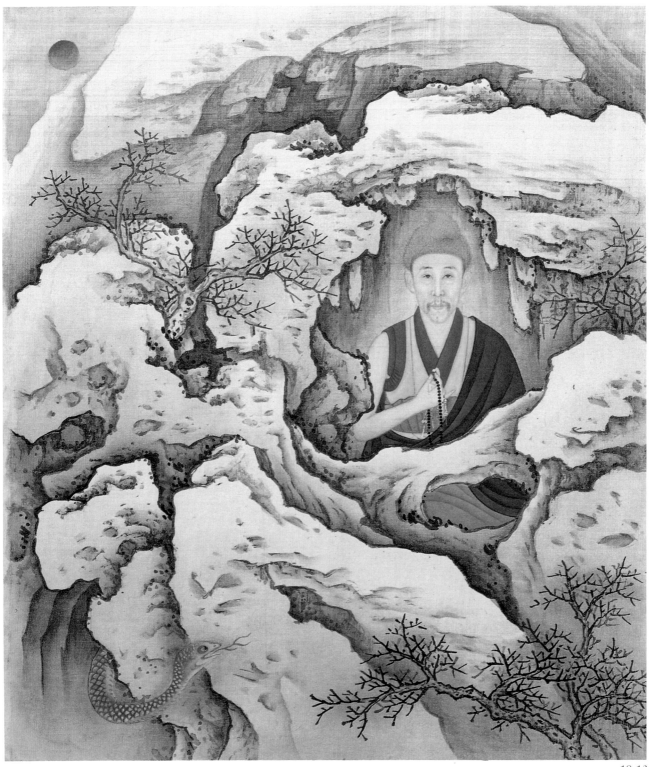

18.13

19

佚 名 雍正觀花行樂圖軸
絹本 設色 縱204.1厘米 橫106.6厘米

A Life Portrait of Emperor Yongzheng Watching Flowers
Anonymous
Hanging scroll, colour on silk
204.1 x 106.6cm

此亦是雍正皇帝眾多行樂圖中的一幅，描繪胤禛在若干侍衛
簇擁中，端坐觀花的情景。人物的面貌都具有肖像的特徵，應
當是畫家對着真人寫生而成的。

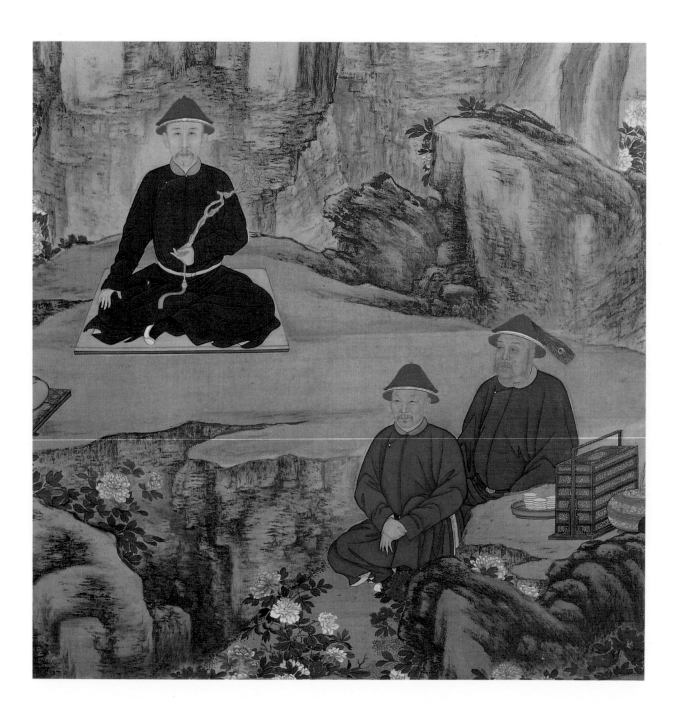

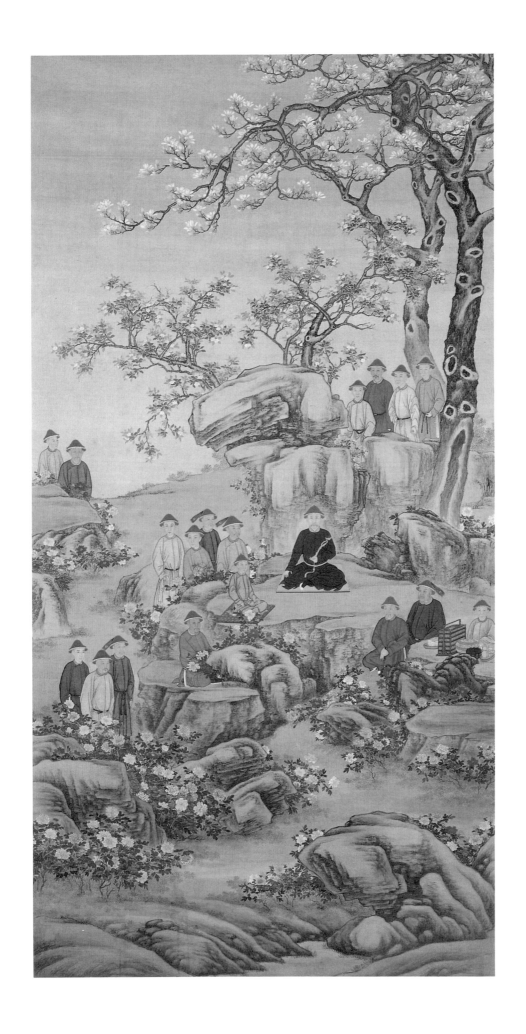

20

佚 名 雍正十二月行樂圖軸（十二幅）

絹本 設色 每開縱187.5厘米 橫102厘米

**Life Portraits of Emperor Yongzheng in the Twelfve Months
(12 pieces)**
Anonymous
Hanging scroll, colour on silk
Each piece 187.5 x 102cm

這是一套按春、夏、秋、冬四季十二個月順序而畫的、表現雍正
皇帝日常生活的作品。每幅以山水、樓閣為主，人物在畫中只
佔較小位置，但雍正皇帝的肖像仍然畫得非常細緻、逼真。從
景物來看，似乎具有圓明園景點的特征，或許就是描繪皇帝在
園中的活動。

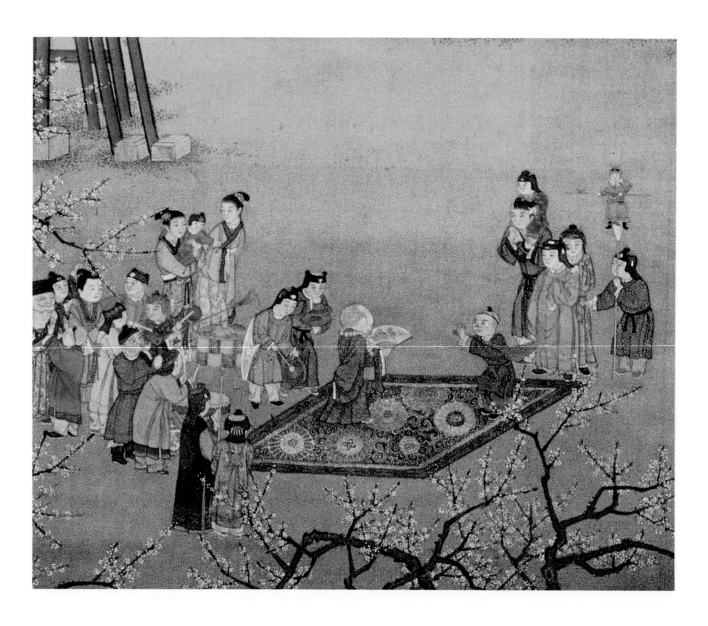

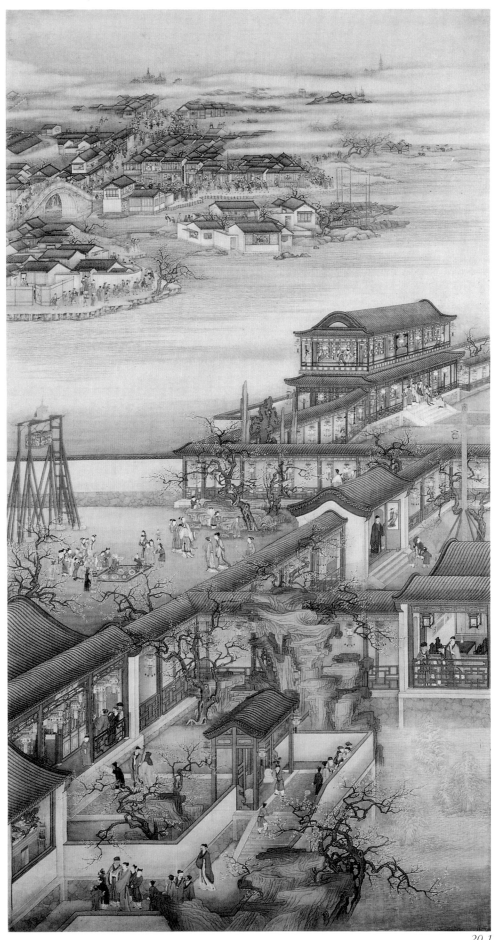

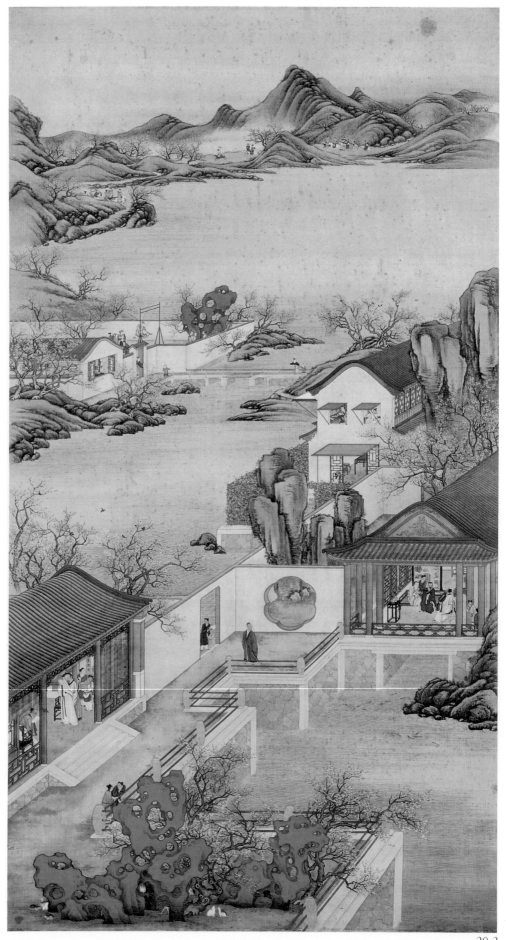

20.2

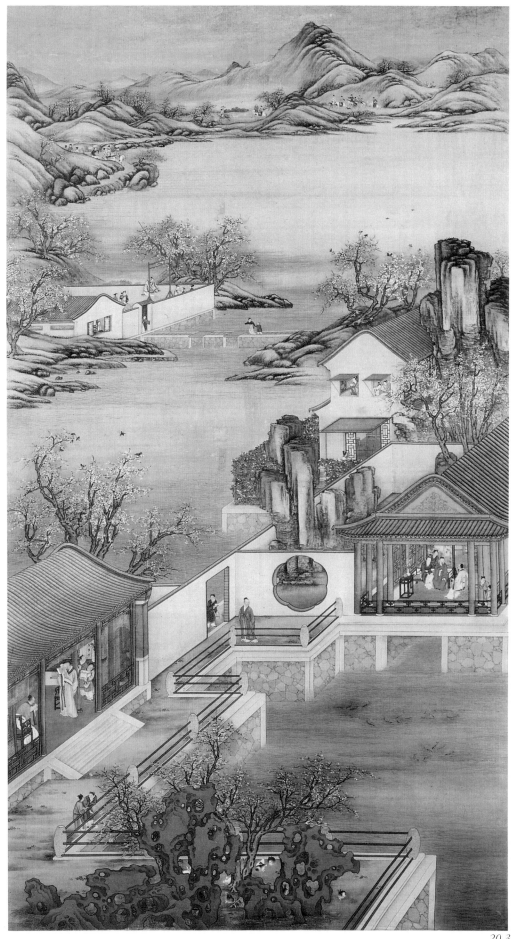

20.3

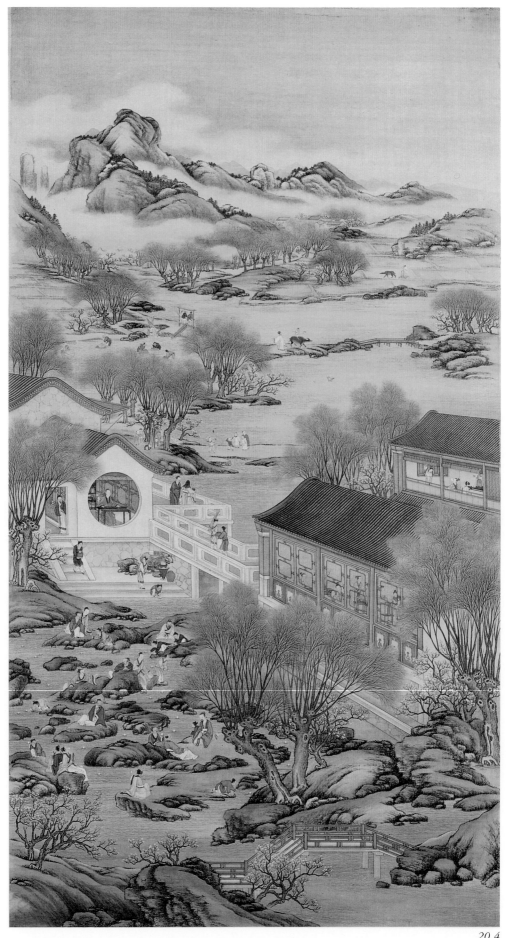

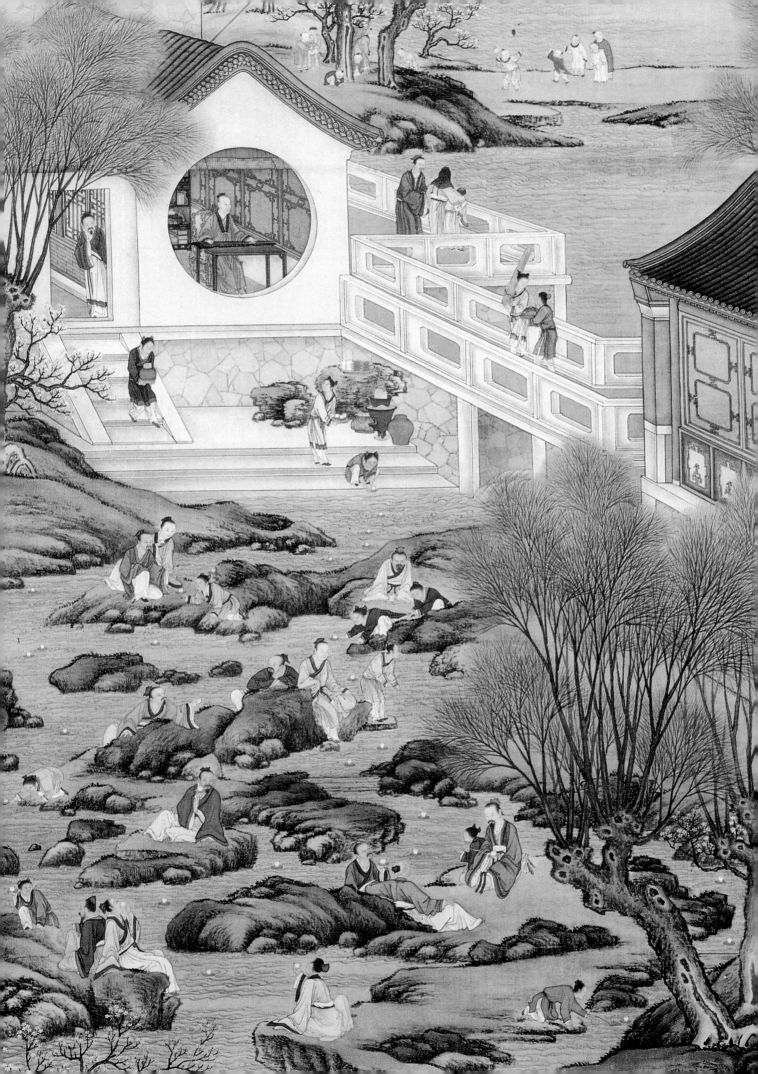

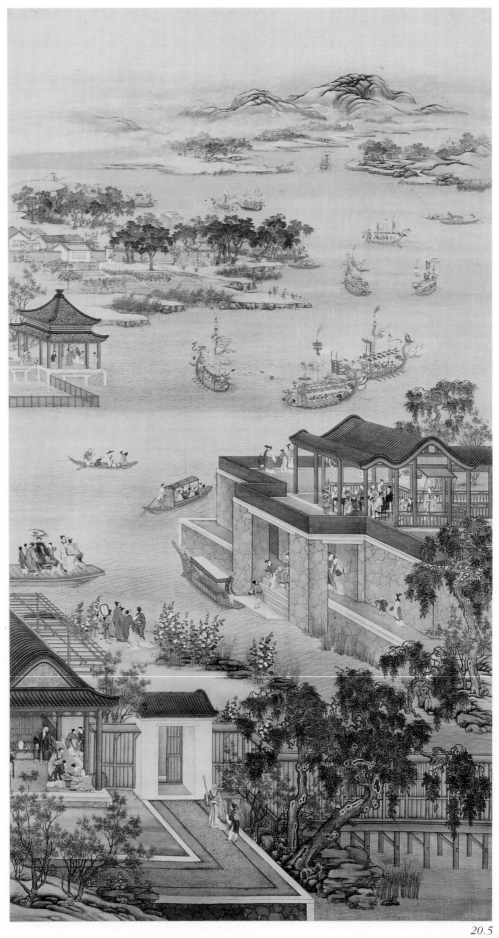

20.5

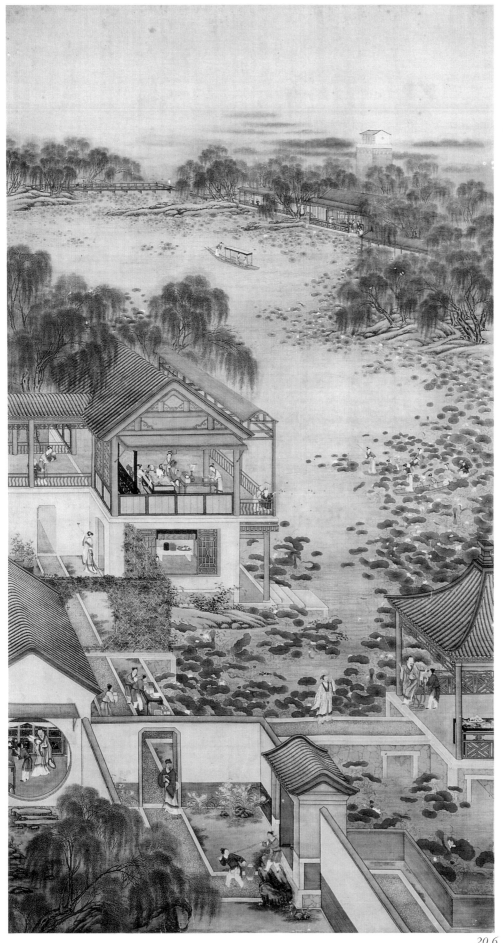

20.6

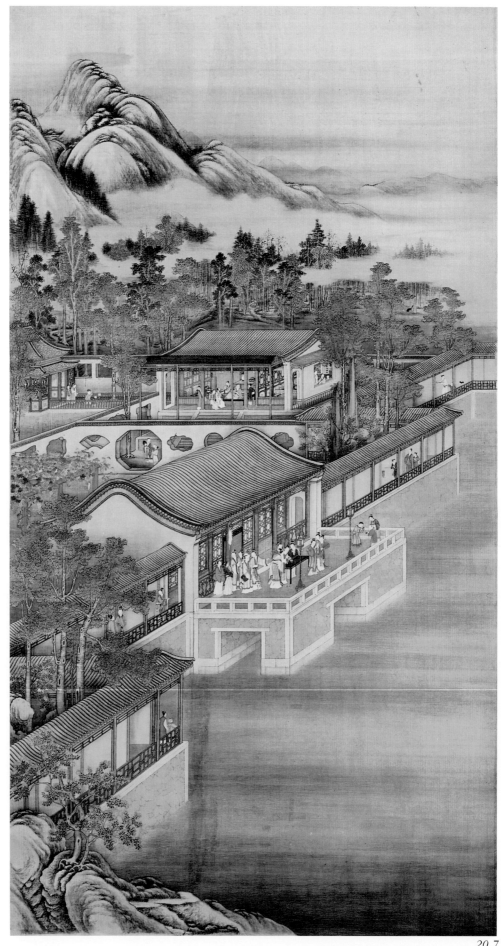

20.7

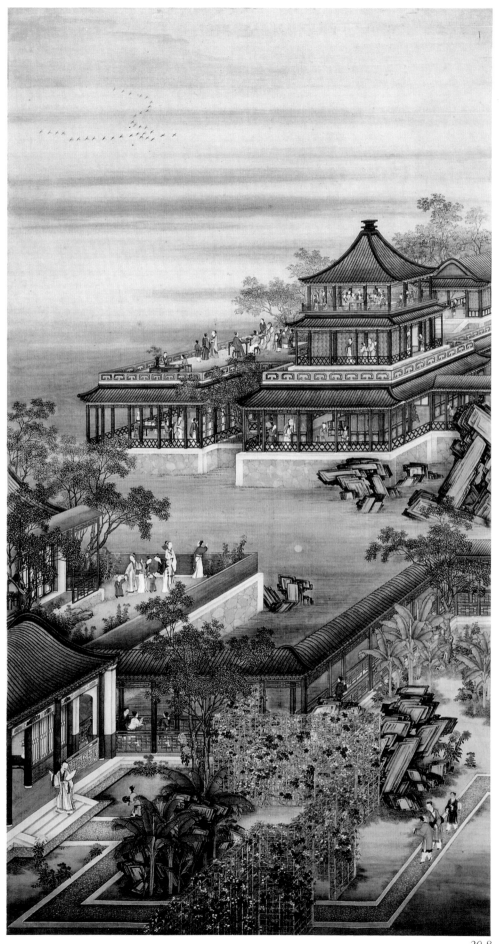

20.8

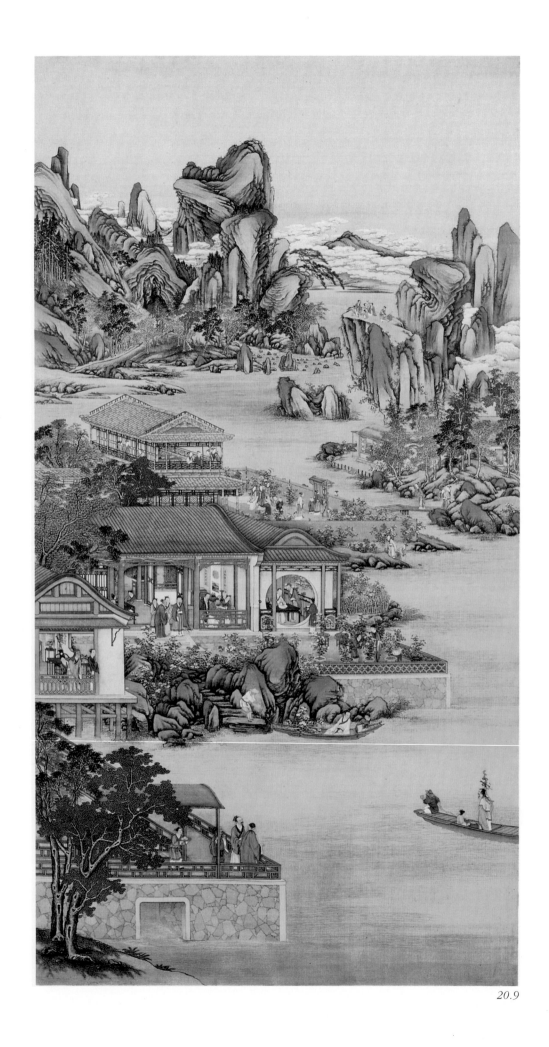

20.9

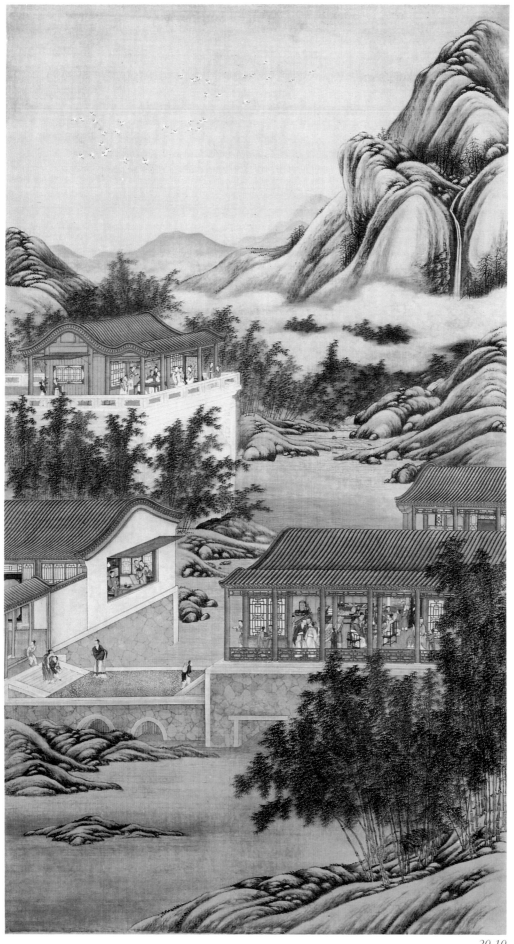

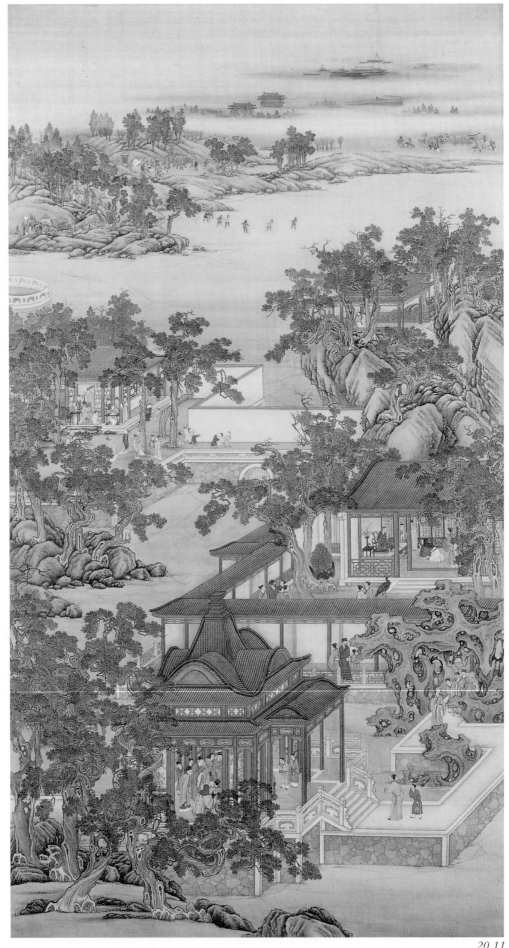

20.11

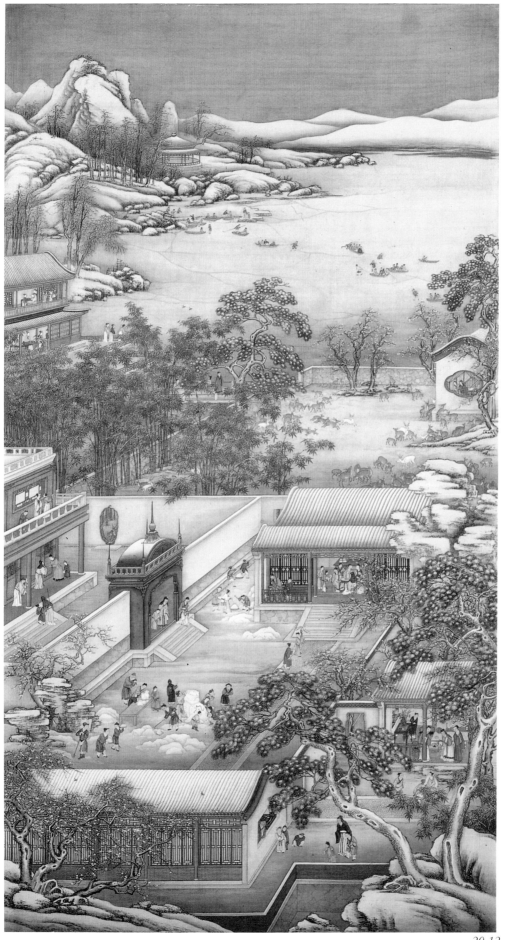

20.12

21

冷 枚 梧桐雙兔圖軸
絹本 設色 縱175.9厘米 橫95厘米

Parasol Tree and Two Rabbits
By Leng Mei
Hanging scroll, colour on silk
175.9 × 95cm

冷枚的繪畫作品受到西洋畫風的影響，
從這幅畫上也可以看到。雙兔的造型準
確，皮毛的質感較強，兔的眼珠以白色
畫出高光，更顯晶瑩透亮。這是他借鑑
西洋畫法的長處，取得了較好的效果。

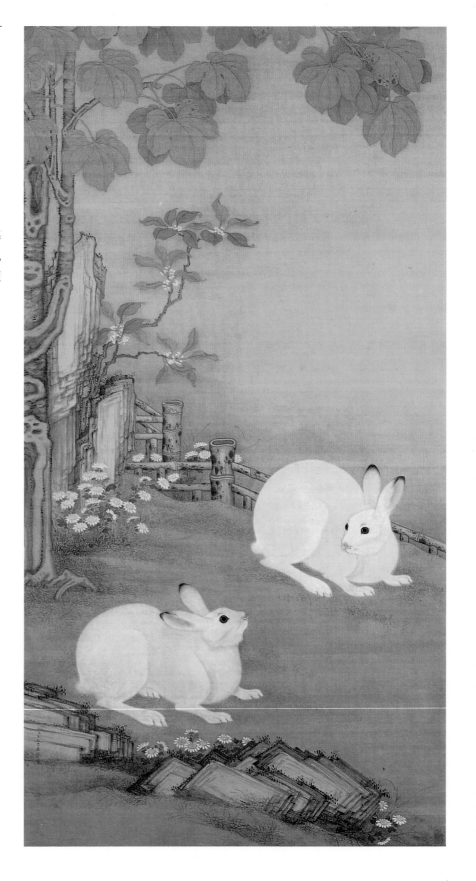

22

郎世寧 午瑞圖軸
絹本 設色 縱140厘米 橫84厘米

Dragon Boat Festival
By Lang Shining
Hanging scroll, colour on silk
140 x 84cm

郎世寧（1688—1766年），原名Giuseppe
Castiglione，意大利米蘭人，年輕時加入
歐洲天主教耶穌會，並學習過繪畫技
藝，1715年（清·康熙五十四年），由歐洲
教會派遣，由水路來到中國，先至澳門
（此時已為葡萄牙佔領），取漢名郎世
寧，再北上京師，於康熙末期入宮供職。
於雍正、乾隆兩朝，在宮中繪製了大量
作品。其畫作題材較廣泛，人物肖像、花
鳥、走獸、山水均有傳世。繪畫風格以歐
洲為主，摻以中法，注重於立體感的表
達，有一定明暗及光影。其中描繪重大
事件的紀實性繪畫尤有價值。歿後乾隆
皇帝追賜侍郎銜，葬於北京阜成門外外
國傳教士墓地。

這件作品內容表現的是中國傳統習俗，
圖中畫了粽子、蒲草等端午必備的物
品，但畫法上則西洋風味很濃厚，構圖
與歐洲的靜物畫也有相似之處。瓷瓶上
有高光，手法上是西方的，題材是中國
的，顏色很厚重。

畫上未署作畫年月，從畫風看，約是雍
正時所畫，屬郎世寧在中國創作的早期
作品。

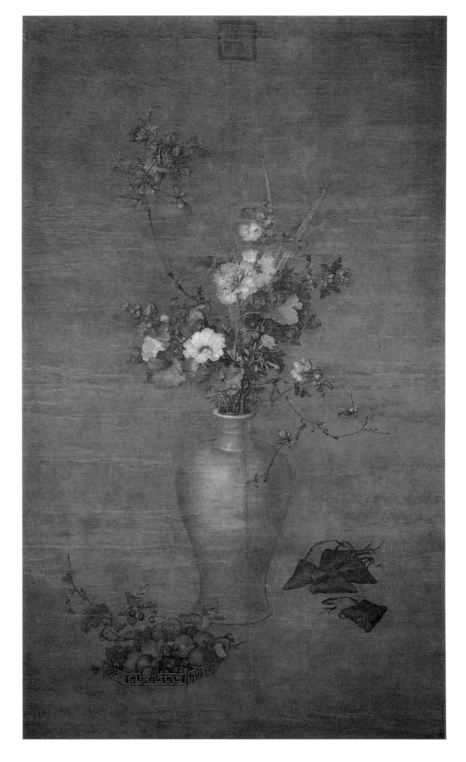

23

郎世寧 郊原牧馬圖卷
絹本 設色 縱51.2厘米 橫166厘米

Eight Steeds
By Lang Shining
Handscroll, colour on silk
51.2 x 166cm

這幅《郊原牧馬圖》又稱《八駿圖》，圖中畫一位牧者及八匹駿馬。內容取中國傳統之"八駿"典故，即周穆王駕八駿至瑤池會晤西王母的故事；畫法則全用歐洲明暗法，注重於物象之立體感及比例的描繪，背景的樹木坡石亦具西法。從畫幅主體部位及背景部分均出自郎氏一人之手來看，此圖應屬他較早期之作品，約畫於雍正時。

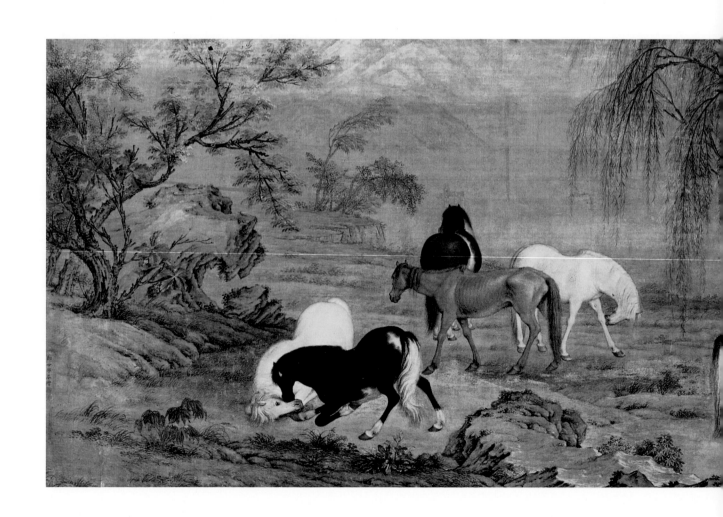

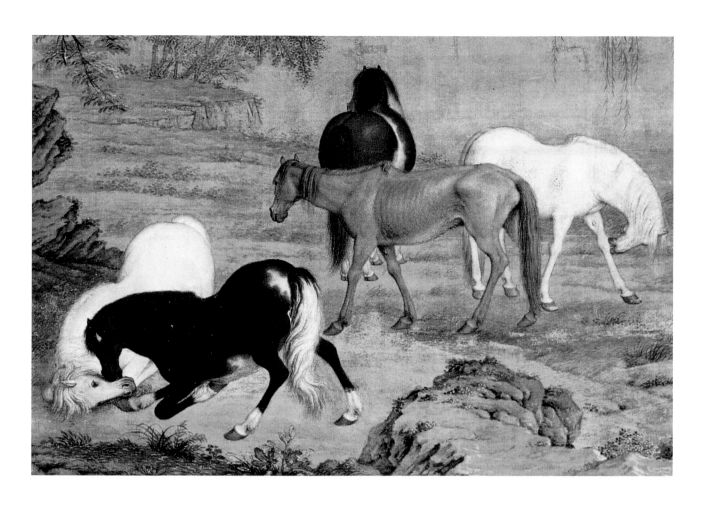

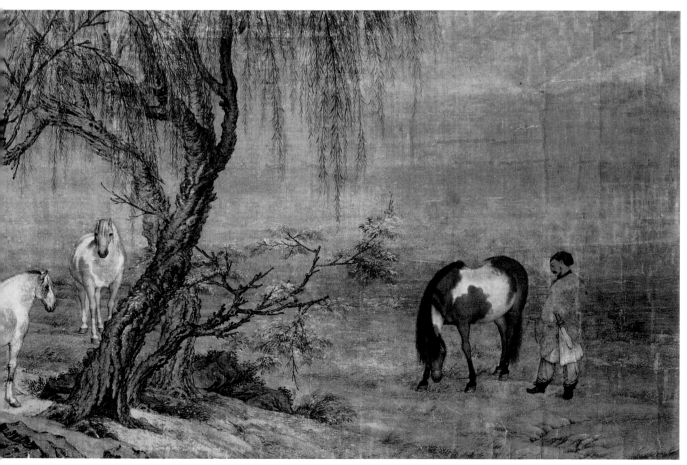

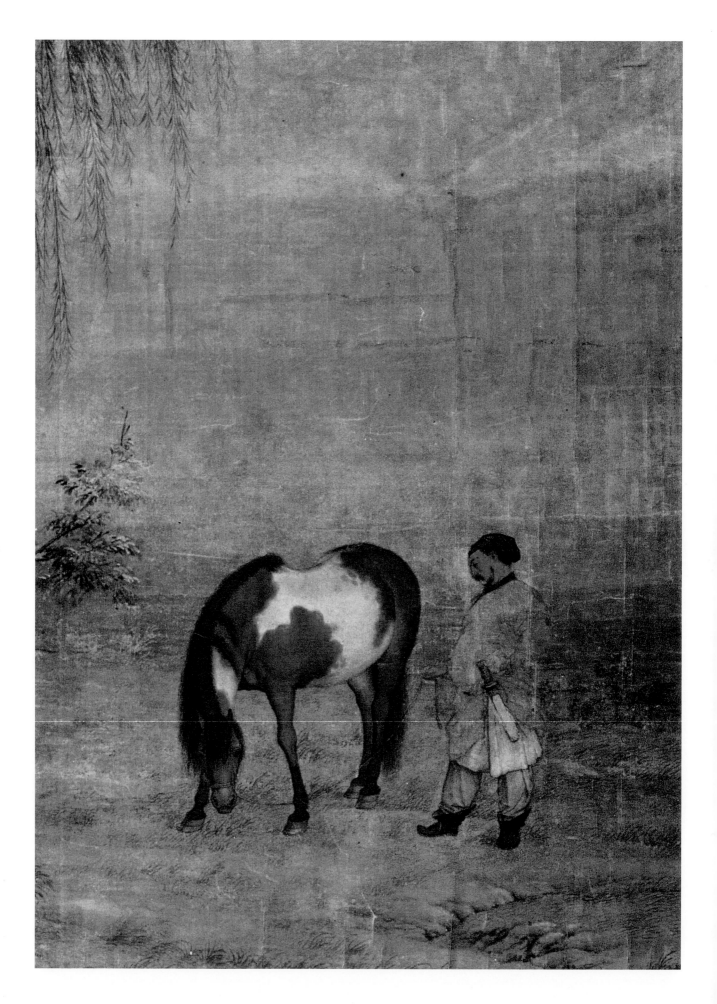

24

郎世寧　平安春信圖軸
絹本　設色　縱68.8厘米　橫40.6厘米

Happy Spring Tidings
By Lang Shining
Hanging scroll, colour on silk
68.8 x 40.6cm

此圖為雍正皇帝和皇子弘曆一起於竹
枝下賞梅的情景，色彩鮮艷奪目。畫上
無作者款印，據圖上弘曆題詩"寫真世
寧擅"句及繪畫的風格，可以斷定是郎
世寧所作。

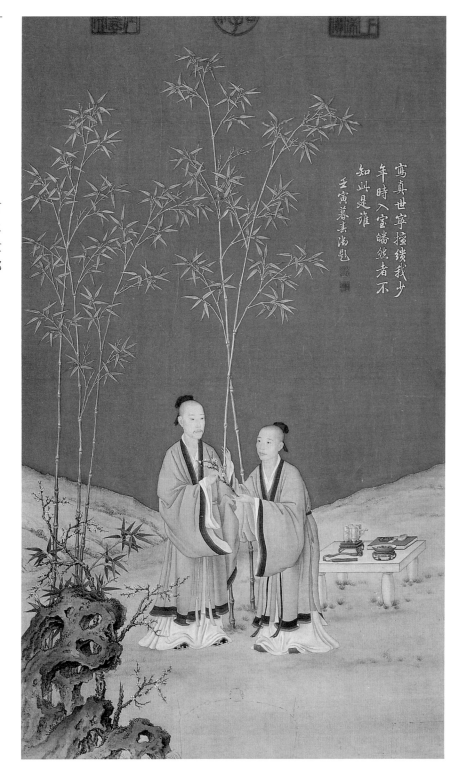

25

郎世寧 採芝圖軸

紙本 水墨畫 縱204厘米 橫131厘米

Plucking Lingzhi (Glossy Ganoderma)
By Lang Shining
Hanging scroll, ink on paper
204 x 131cm

這是一幅十分有趣的作品。圖中一青年
身穿漢族衣冠,右手持如意,左手扶一
隻梅花鹿;而一個少年,亦着便裝,右肩
扛一小鋤,左手提一花籃。從兩人的面
貌看,好像畫的都是愛新覺羅‧弘曆,一
是青年時,一是少年時。人物的面容以
及那頭梅花鹿,應當出自郎世寧之手。
這幅圖是弘曆即皇帝位之前所畫的,即
作於雍正時。

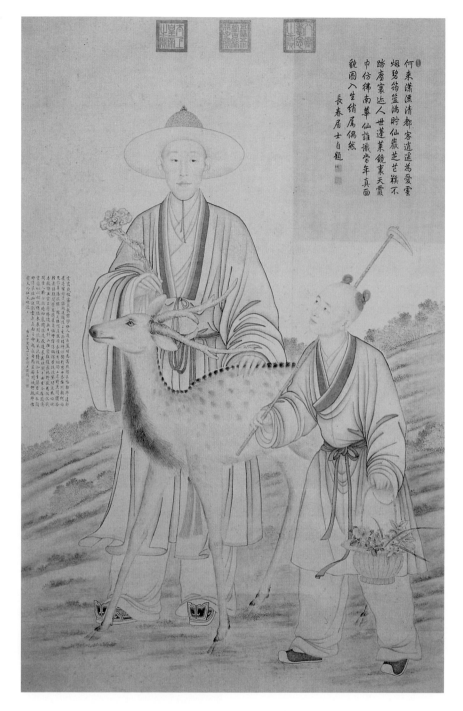

26

佚 名 弘曆古裝行樂圖頁
絹本 設色 直徑106.5厘米

A Life Portrait of Emperor Qianlong in Ancient Costume
Anonymous
Round leaf, colour on silk
diameter 106.5cm

這是一幅圓形的畫幅,描繪年輕的弘曆端坐在桌邊於貝葉上寫字。從此圖的圓形形制及目前裝裱成一個單頁的情況看,這幅畫原本是貼在宮中某處的,後來揭下保存。

繪畫風格工整規矩,還沒有受到歐洲繪畫的影響,應當畫於雍正時期。

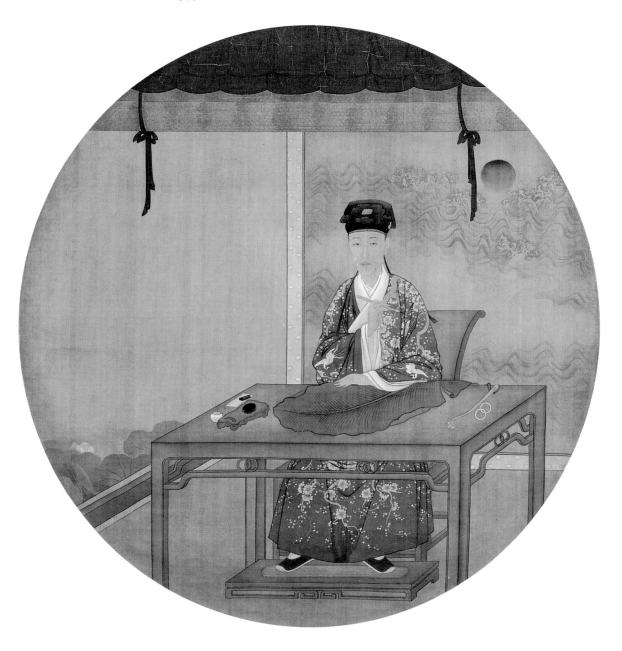

27

郎世寧　嵩獻英芝圖軸

絹本　設色　縱242.3厘米　橫157.1厘米

The Pine, Hawk and Glossy Ganoderma
By Lang Shining
Hanging scroll, colour on silk
242.3 x 157.1cm

肖像畫重視人物結構解剖，以面而非綫
塑造形象，造成立體形象，精確勝於當
時宮中的其他西洋畫家。

環境描繪上運用歐洲焦點透視法在平
面畫幅上有三維透視的深遠效果。

此畫作於雍正二年（1724），內容是為祝
賀皇帝的生日，畫法仍用西洋技法，注
重明暗，富有立體感。以西洋畫家身分
用西洋繪畫技法，而畫中國吉祥寓意題
材的畫，至今所見，以郎世寧為多，其他
西洋畫家甚少見。

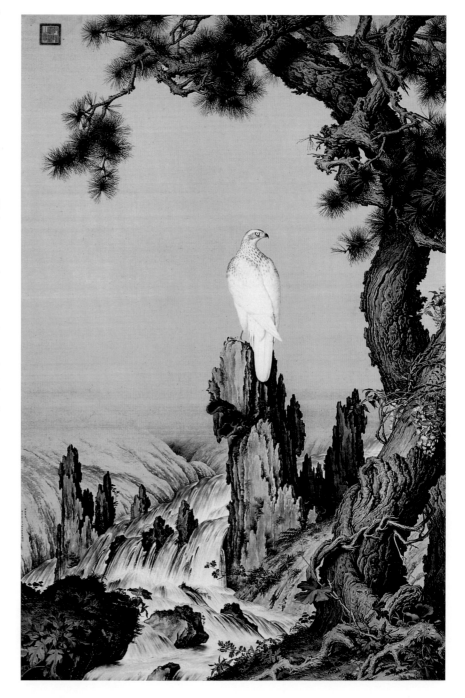

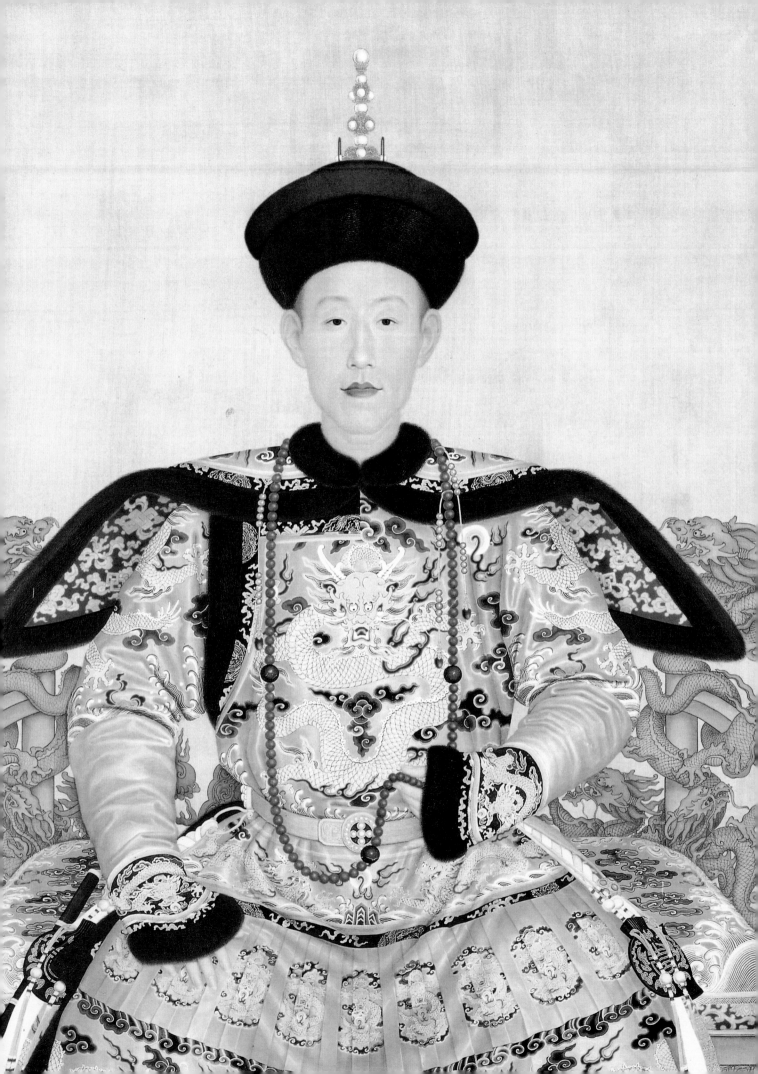

郎世寧 乾隆朝服像軸

絹本 設色 縱271厘米 橫142厘米

**Portrait of Emperor Qianlong in
Court Dress**
By Lang Shining
Hanging scroll, colour on silk
271 x 142cm

愛新覺羅·弘曆為清朝第四代皇帝,胤
禛第四子,生於康熙五十年(1711),在
雍正十三年(1735)即皇帝位,在位六十
年,卒於嘉慶四年(1799)。

這幅畫中的乾隆皇帝穿戴着參加大典
時的禮服,容貌十分年輕,經與《乾隆及
后妃像》卷(現藏美國克利夫蘭美術館)
作比較,這幅朝服像應當與後者畫於同
一年,即乾隆即位的第一年(乾隆元年,
1736)。全圖色彩華麗,富有皇家氣派,
面部以歐洲畫法為主,人物講究解剖結
構及比例,衣服亦如是,袍服的質感非
常強,而且還隱約顯出絲綢的光澤。圖
上雖然未見作者款印,但從上述畫風來
分析,可以確定此圖是出自意大利畫家
郎世寧之手。

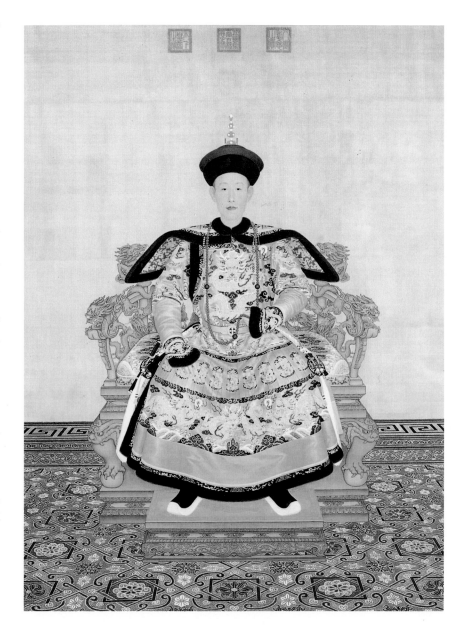

郎世寧 乾隆大閱圖軸

絹本 設色 縱322.5厘米 橫232厘米

Emperor Qianlong Reviewing Troops
By Lang Shining
Hanging scroll, colour on silk
322.5 × 232cm

此圖描繪乾隆皇帝即位後的第四年
（1739年），在京郊南苑舉行閱兵式時的
情景。乾隆皇帝全身穿戴甲冑頭盔，佩
帶弓箭，座下一匹花馬，英姿勃發，體現
了清朝皇帝的尚武精神，以示不忘祖宗
以騎射取天下。全圖畫法細膩，色澤華
麗，基本上以色塑形，綫條的痕迹不顯，
具有很濃厚的歐洲繪畫風格。畫上雖然
未署作者的名款及印章，但從畫風分
析，可以肯定此畫是意大利畫家郎世寧
的手筆。

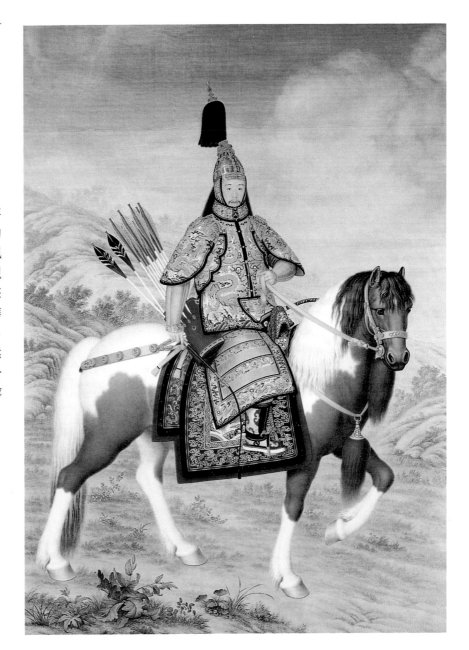

30

郎世寧等 乾隆雪景行樂圖軸
絹本 設色 縱289.5厘米 橫196.7厘米

Emperor Qianlong Enjoying Himself
in Snowy Weather
By Lang Shining and others
Hanging scroll, colour on silk
289.5 x 196.7cm

此圖描繪乾隆皇帝及皇子等多人在宮
苑內觀賞雪景的情景，畫面工整，用色
富麗，是清乾隆時宮廷繪畫的典型作
品。

作品張幅巨大，由多人合作，署款者有：
郎世寧、唐岱、陳枚、孫祜、沈源和丁觀
鵬六人。圖中的人物均着古裝，乾隆端
坐椅上，其余諸人或放爆竹，或堆雪人，
或燒炭盆，動作各異，與一般朝服像相
比，更富有生活情趣。在技法上，中西畫
風合璧，畫家各自施展才能，而融匯一
體，合作調諧，並無生硬、牽強之感。

此圖作於乾隆三年 (1738)。

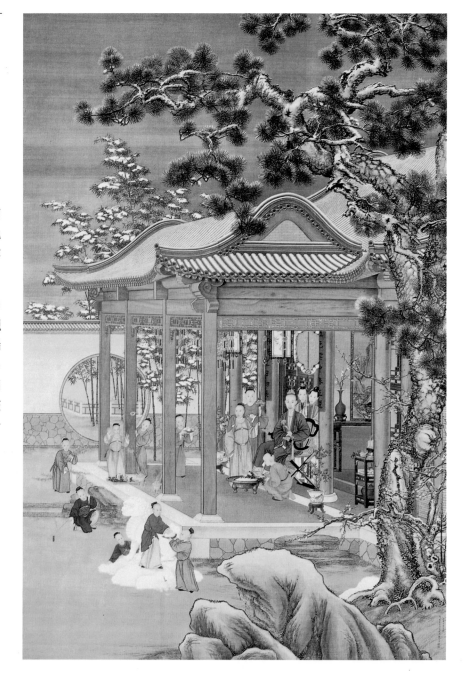

31

郎世寧等　乾隆歲朝行樂圖軸
絹本　設色　縱305厘米　橫206厘米

Emperor Qianlong Celebrating the
Spring Festival
By Lang Shining and others
Hanging scroll, colour on silk
305 x 206cm

此圖畫乾隆皇帝和諸皇子在宮中歡度
春節的場面，構圖與《乾隆雪景行樂圖》
相仿，圖中的人物與前者也大致相同，
燃放爆竹的皇子，其相貌姿勢完全一
樣，當即同一人。但這幅作品的視點更
高，場面更為開闊。根據上圖署款，可知
此圖也是由郎世寧及中國畫家孫祜、丁
觀鵬等人合作完成的。

根據上圖皇帝的嗜好，畫成兩幅接近的
畫，或仿畫某一幅畫，這種情況在宮廷
畫中並不罕見。

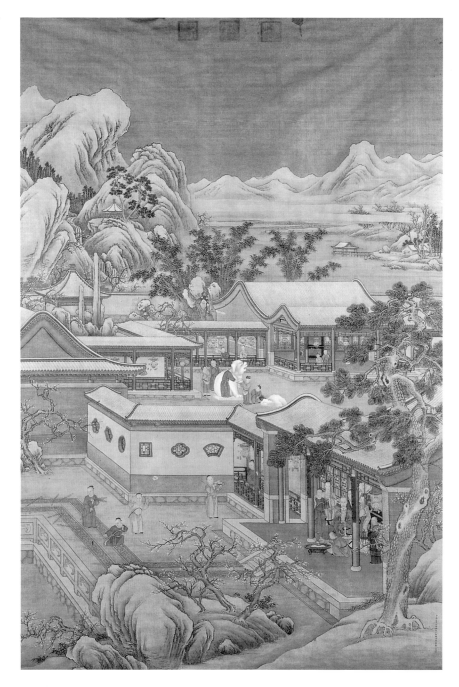

32

郎世寧等 閱駿圖屏
紙本 設色 縱134.5厘米 橫137.5厘米

Emperor Qianlong Watching the Steed
By Lang Shining and others
Screen, colour on paper
134.5 x 137.5cm

此圖雖只署郎世寧名款，但實為合筆畫。只署郎世寧名，因總
體由郎世寧定。圖中人物及馬匹為郎世寧手筆，山石樹木的畫
法近似金廷標的風格。金廷標畫山石用斧劈皴，但用筆較之宋
人稍碎。

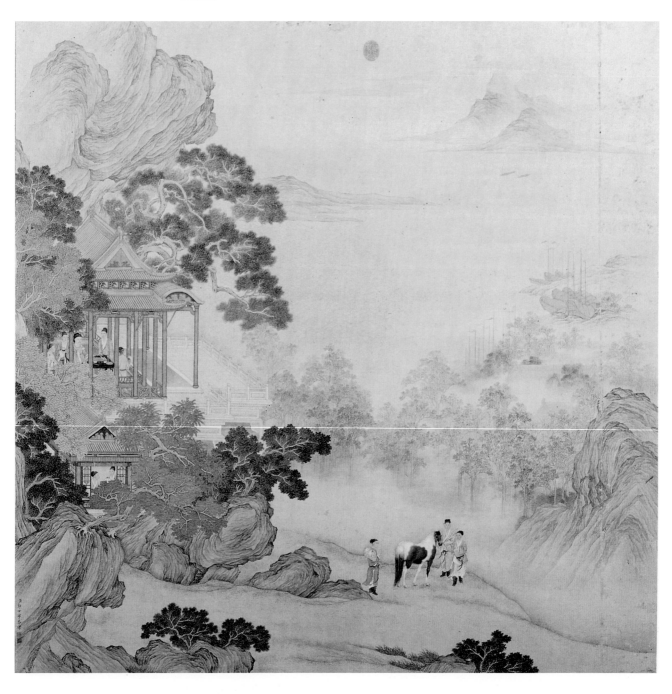

33

郎世寧　哨鹿圖軸

絹本　設色　縱267.5厘米　橫319厘米

Troating for Deers
By Lang Shining
Hanging scroll, colour on silk
267.5 x 319cm

哨鹿是清朝皇帝一種習武和娛樂兼有的狩獵活動。康熙、乾隆兩個皇帝經常要去圍場（今河北省圍場縣）打獵，獵前先使人戴鹿頭摹仿鹿鳴引誘鹿羣，獵者預伏在樹叢內，待鹿羣走近，以弓箭火槍射殺。

此圖作於乾隆六年（1741），該年秋乾隆皇帝初次赴圍場哨鹿。畫面描繪乾隆皇帝一行哨鹿結束，騎馬緩行盤山繞道返回營地的情景。隊伍前列第三騎白馬者為乾隆皇帝。此畫張幅巨大，主要人物均有肖像特征，較真實地再現了歷史場面。

畫上有汪承霈書寫乾隆有關木蘭圍場狩獵的一篇文章。

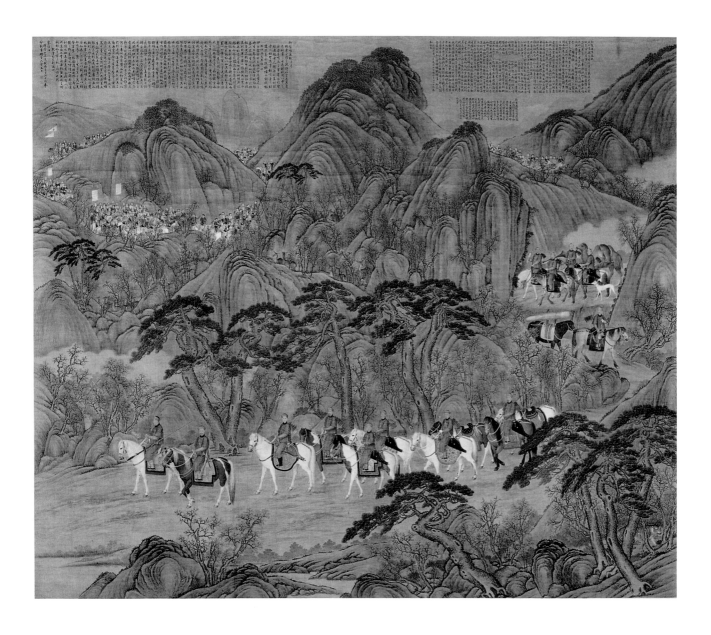

34

佚 名 大閲圖卷（第二卷）

絹本 設色 縱68厘米 橫1757厘米

Reviewing Troops (No. 2)
Anonymous
Handscroll, colour on silk
68 x 1757cm

原有二卷，第一卷已失。乾隆每年均作大閲的典禮，按上三旗，下五旗排定的順序排列。此圖畫八旗陣式，畫法工細，色彩絢麗。據清內務府各作成做活計清檔記載，乾隆十一年（1746）畫家金昆曾奉命作《大閲圖》卷，可能即為此圖。

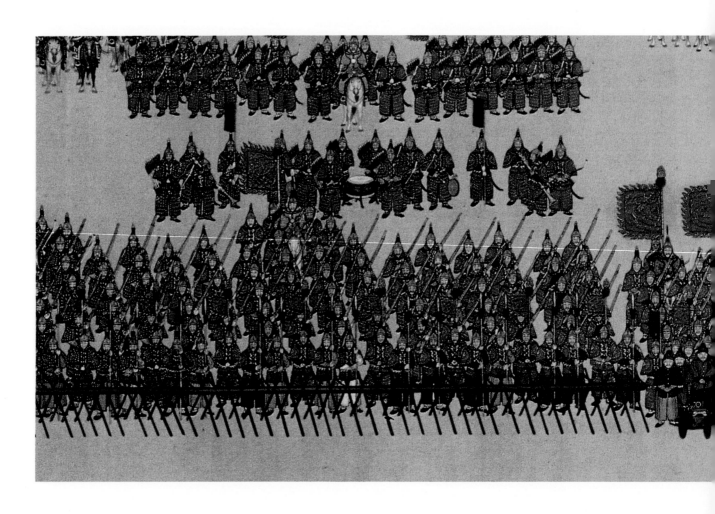

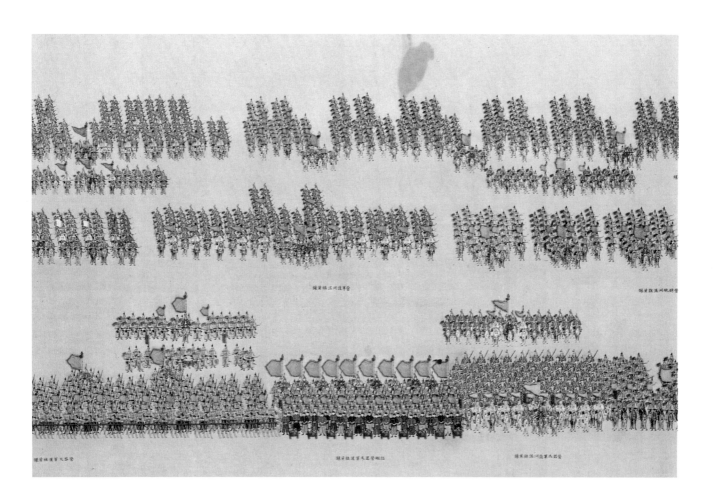

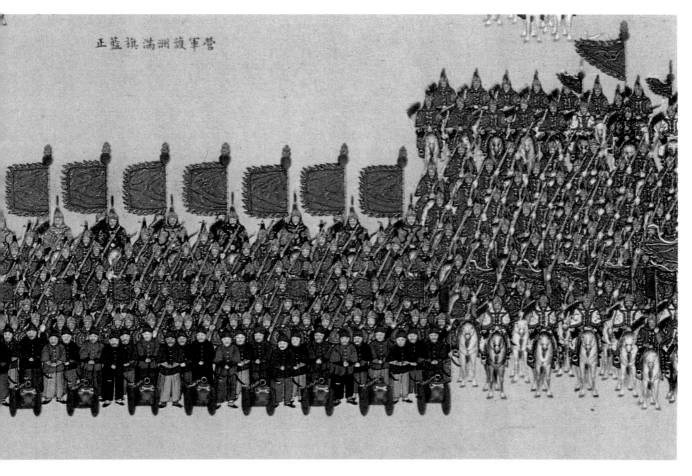

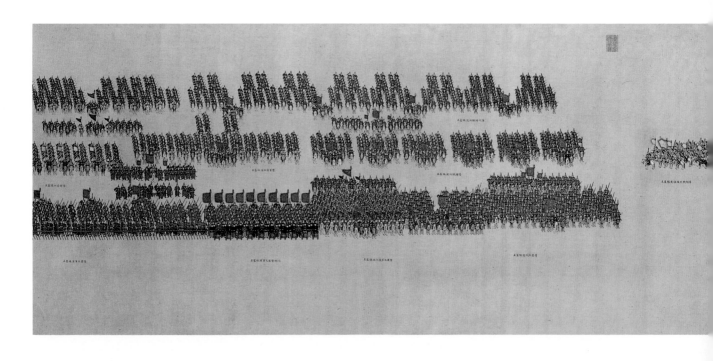

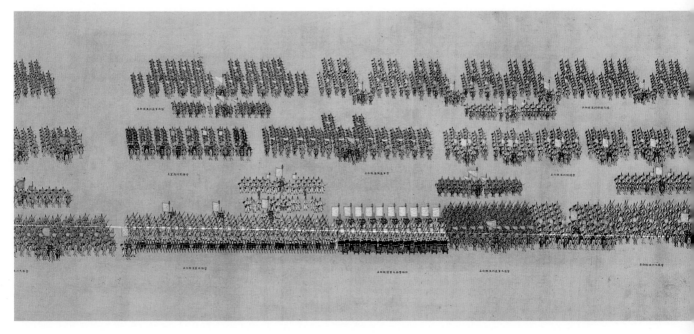

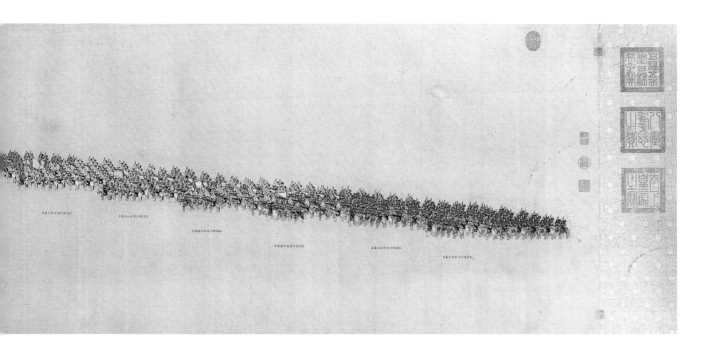

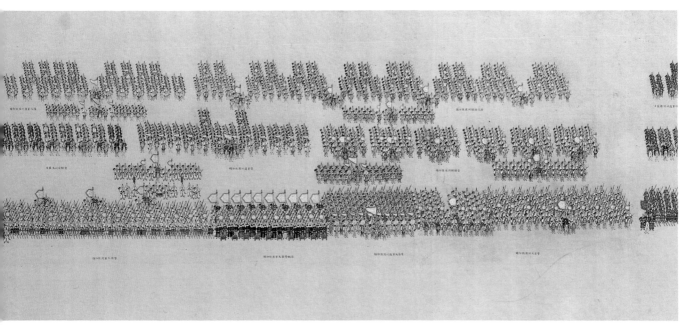

159

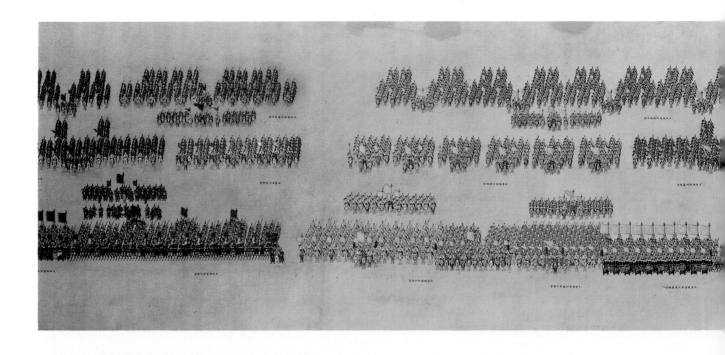

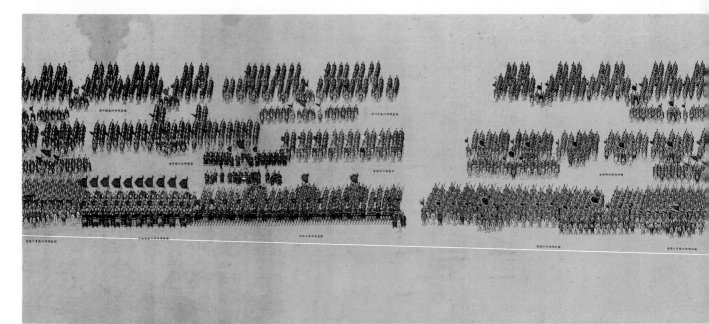

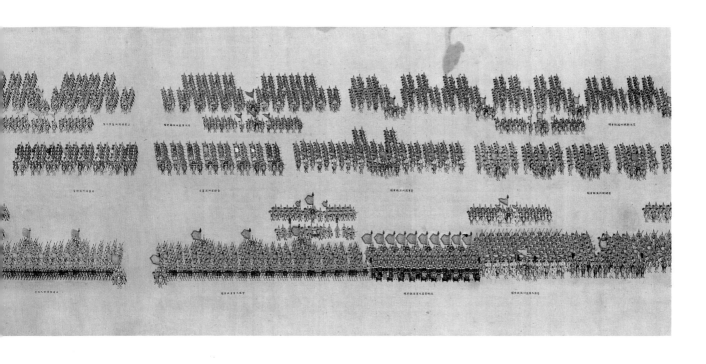

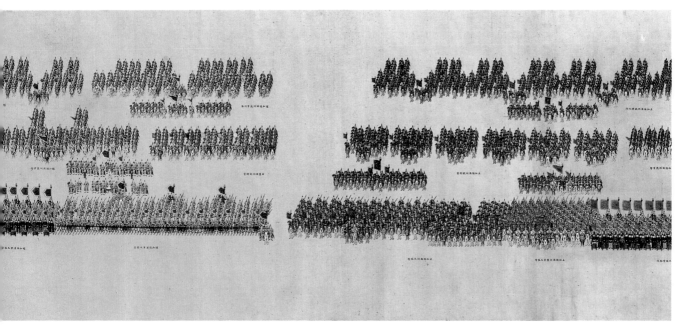

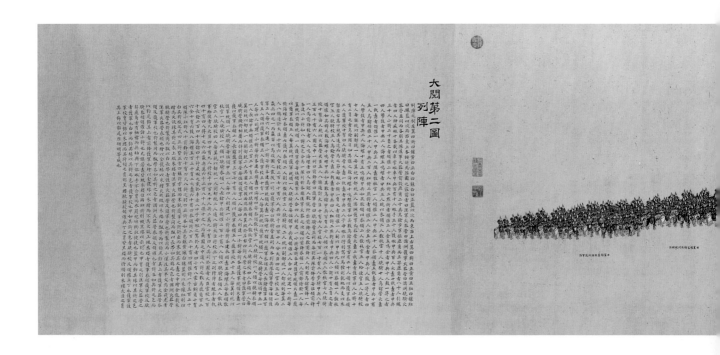

大閱第二圖
列陣

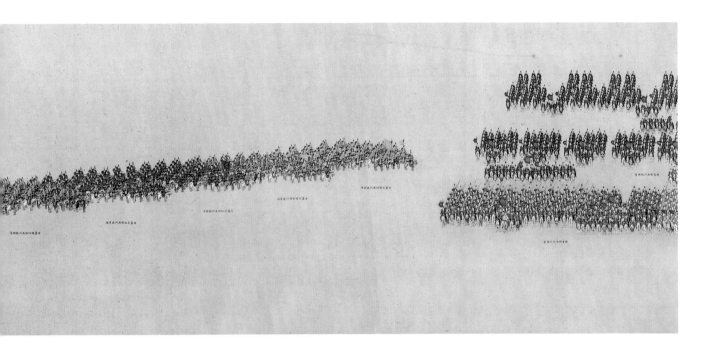

大閱第二圖
列陣

列陣之制左翼四旂曰鑲黃曰正白曰鑲白曰正藍以次而東西上右翼四旂曰正黃曰正紅曰鑲紅曰鑲藍以次而西東上各按方位為隊次之飾每旂滿洲護軍營居前者曰滿洲護軍營居後者曰漢軍火器營滿洲驍騎營火器營之次曰漢軍火器營其圖以前鋒統領一人護軍統領一人統護軍各旂三人護軍校每旂統三人...

郎世寧　圍獵聚餐圖軸

絹本　設色　縱317.5厘米　橫190厘米

**Getting Together for Luncheon
after Hunting**
By Lang Shining
Hanging scroll, colour on silk
317.5 x 190cm

此圖描繪乾隆皇帝一行圍獵結束後，休憩煮食鹿肉的場面，是北方民族經常選用的題材。畫面將剝鹿皮、切割鹿肉、燴鹿湯、燒烤鹿肉的過程一一展示，純為寫實並富有生活氣息。畫幅的右下角有款云：「乾隆十四年四月奉宸院卿臣郎世寧恭繪」。在畫上寫明郎世寧曾擔任奉宸院卿官職的僅此一件。這大約是郎世寧參與設計長春園西洋樓建築時擔任的職務。

此圖畫於乾隆十四年（1749）。

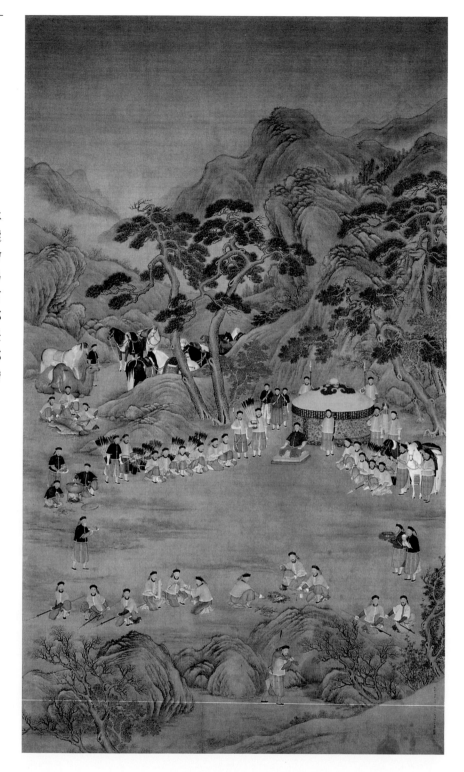

郎世寧等 馬術圖橫幅

絹本 設色 縱223.4厘米 橫426.2厘米

Horsemanship
By Lang Shining and others
Hanging scroll, colour on silk
223.4 x 426.2cm

此圖描繪乾隆十九年(1754)乾隆皇帝在承德避暑山莊接見蒙古族首領輝特部阿睦爾撒納、和碩特部班珠爾和杜爾伯特部納默庫等人的情景。當時蒙古族分成三支:漠北蒙古、漠南蒙古及遊牧於新疆的準噶爾蒙古。漠北、漠南蒙古世代與滿族通婚,早已服屬於清。康熙至乾隆時七十年間,清與新疆蒙古時戰時和,乾隆時基本解決清王朝與新疆蒙古部的矛盾。這些畫幅都是反映乾隆朝與新疆蒙古上層貴族交往的歷史

見證。畫中表現乾隆皇帝正率領文武官員及來歸的蒙古族首領觀看八旗官兵的騎術表演,場面宏大,人物眾多,其中乾隆皇帝及其他主要人物均面對真人而畫,具有肖像特點。從畫風看,背景所畫樹石、人物等當出自中國畫家之手。

本圖作於乾隆二十年(1755),曾懸掛於承德避暑山莊卷阿勝境殿內。

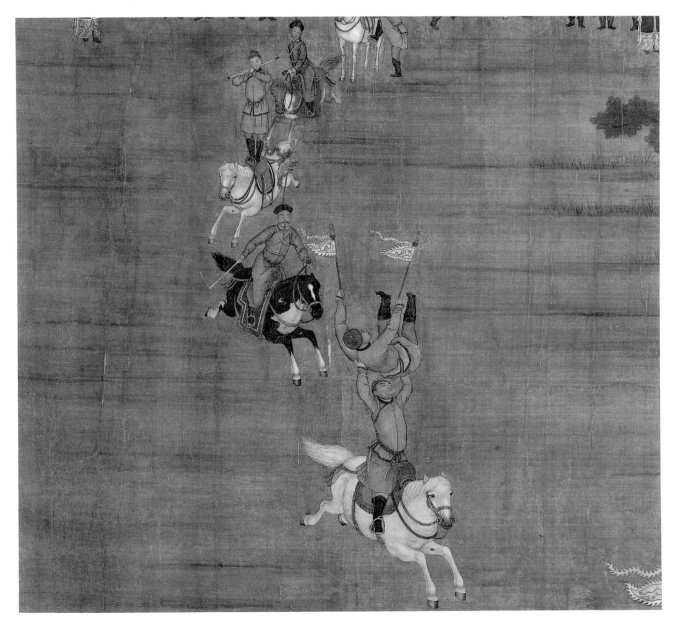

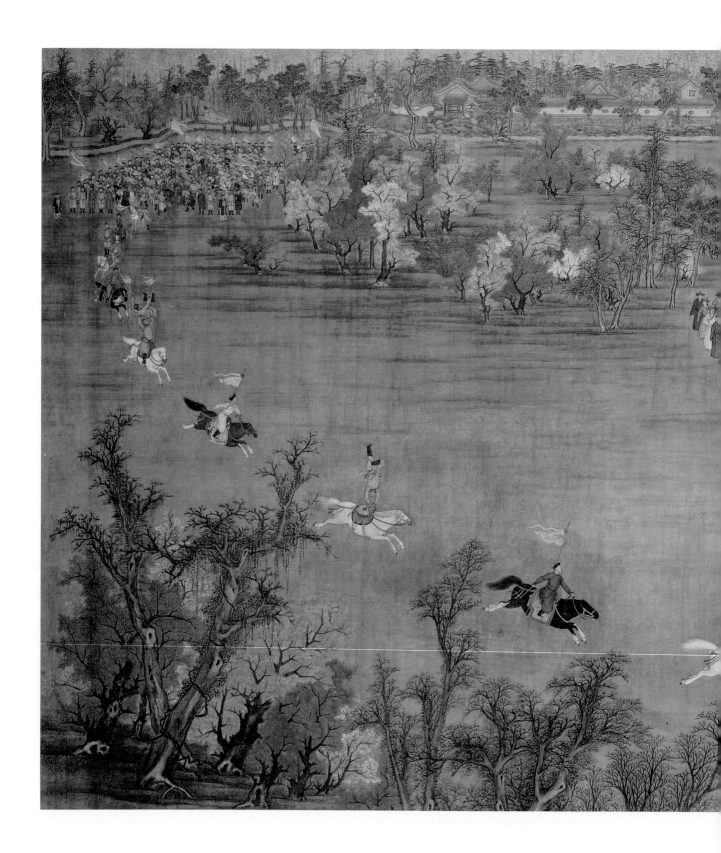

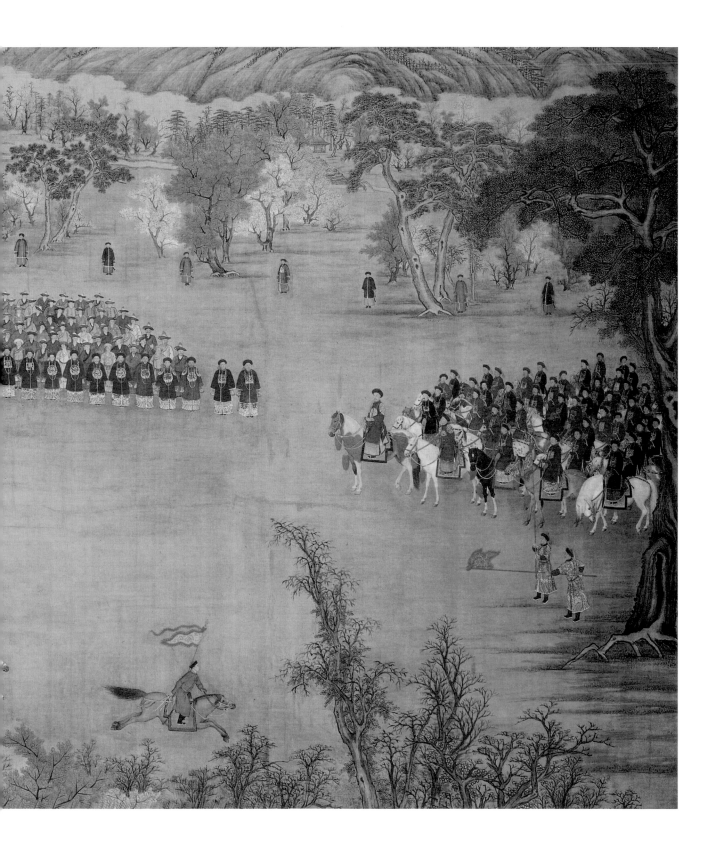

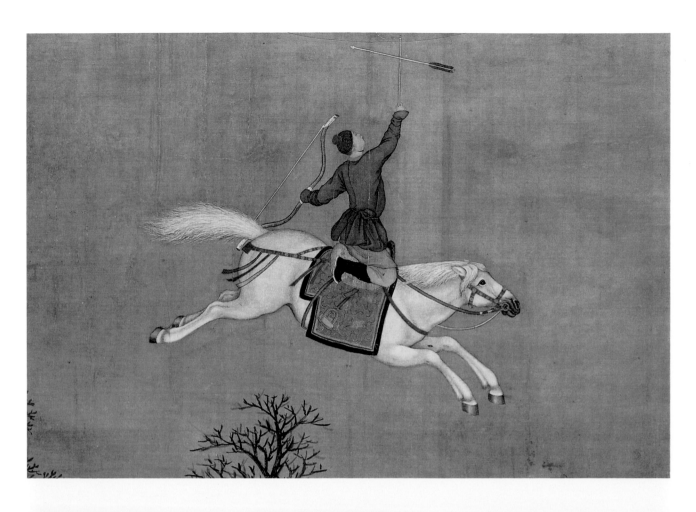

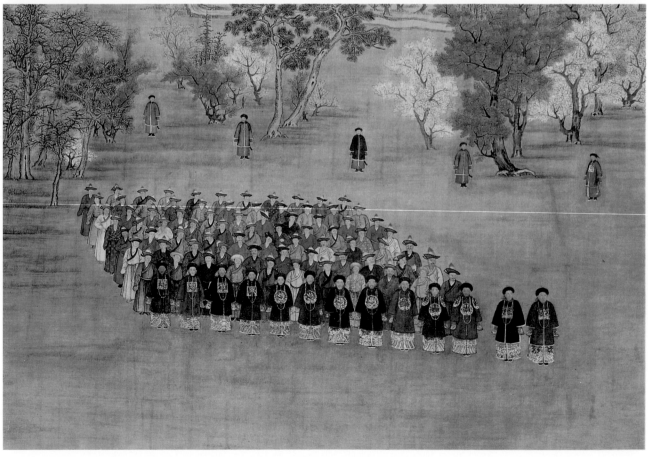

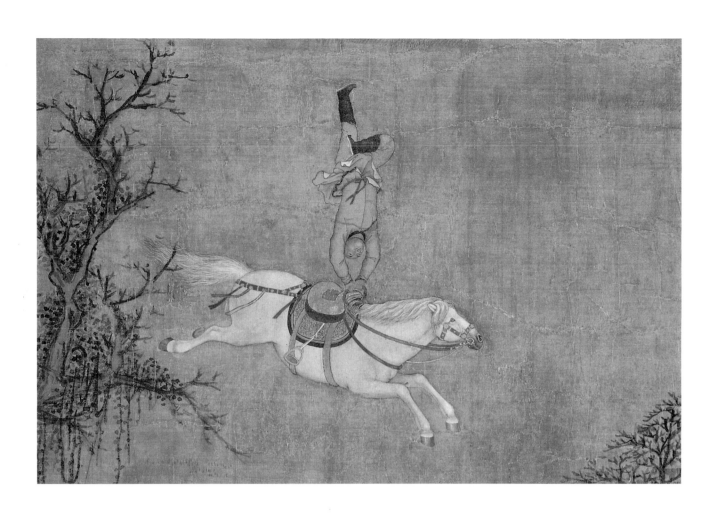

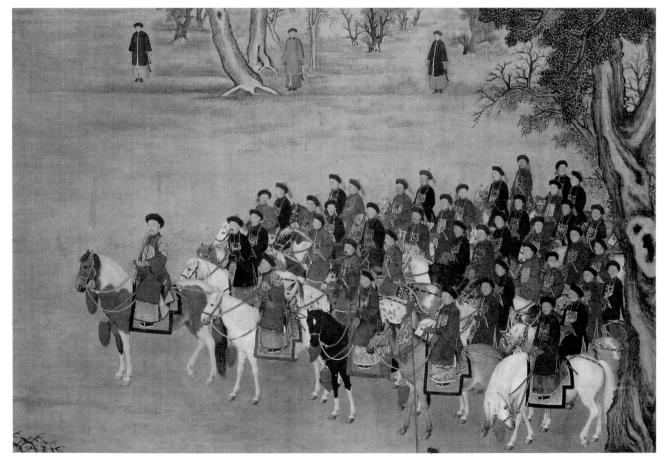

37

佚 名 萬樹園賜宴圖橫幅

絹本　設色　縱221.2厘米　橫419.6厘米

Imperial Banquet in Wanshu Garden
Anonymous
Hanging scroll, colour on silk
221.2 x 419.6cm

蒙古族杜爾伯特部在首領"三車凌"(即車凌、車凌烏巴什、車凌孟克)率領下於乾隆十九年(1754)來歸。次年創作此圖,描繪乾隆皇帝在承德避暑山莊萬樹園設宴招待"三車凌"等人的情景。畫上氣氛莊嚴肅穆,乾隆皇帝坐在步輦上緩緩進入宴會場地,被接見的杜爾伯特部首領及文武官員在旁跪迎。乾隆皇帝分別冊封他們為親王、郡王、貝勒、貝子的稱號及爵位,並賞賜金銀工藝品、玉器、瓷器、絹帛等物。

因畫上書款處絹脫落,作畫者已不能確指,但從畫風及檔案記載可知,郎世寧、王致誠及部分中國畫家參加了繪製工作。對照真人寫生,收集素材,歷時一年才完成。畫幅完成後亦懸掛在承德避暑山莊卷阿勝境殿內,與馬術圖相對,一動一靜。在構圖上也有新的突破和創造。兩幅圖中的乾隆皇帝,都並不在畫幅的正中,而是偏在一旁,歸順的蒙古族首領反而居於畫面中央,可見乾隆皇帝對他們來歸的重視;另外,畫家在這幾幅作品中,並不是依靠將皇帝的形象畫得比其他人更大,體魄更魁偉,以此來突出他的尊貴地位,畫中乾隆皇帝形象的大小基本與其他人一樣,這與中國此前將皇帝的形象畫得遠遠要大過臣民百姓的做法有很明顯的區別。如此的表現手法筆者以為是受了歐洲傳教士畫家身上人文主義思想的影響。關於這樣的區別,我們在沒有受到歐風影響的中國畫家王翬創作的《康熙南巡圖》卷,以及受了歐洲繪畫影響的畫家徐揚所畫的《乾隆南巡圖》卷二者的對比中也可以清晰地看到。

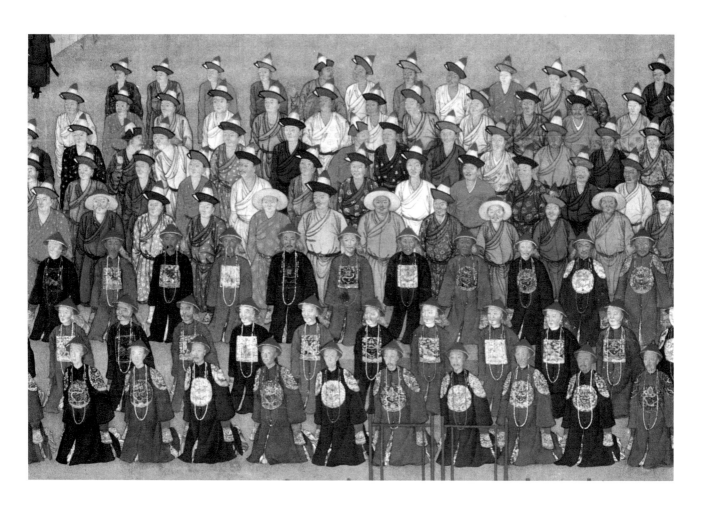

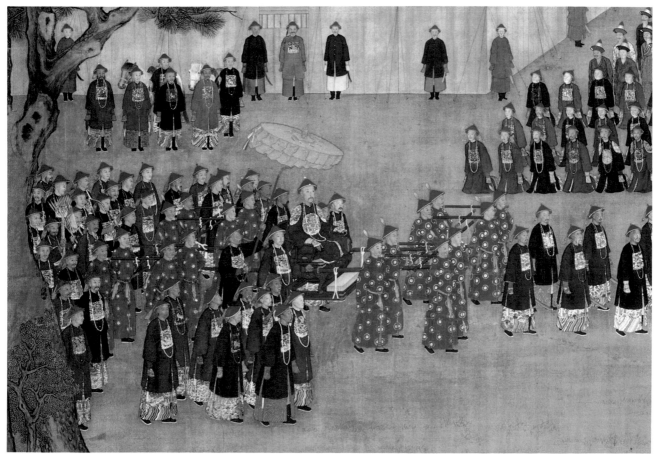

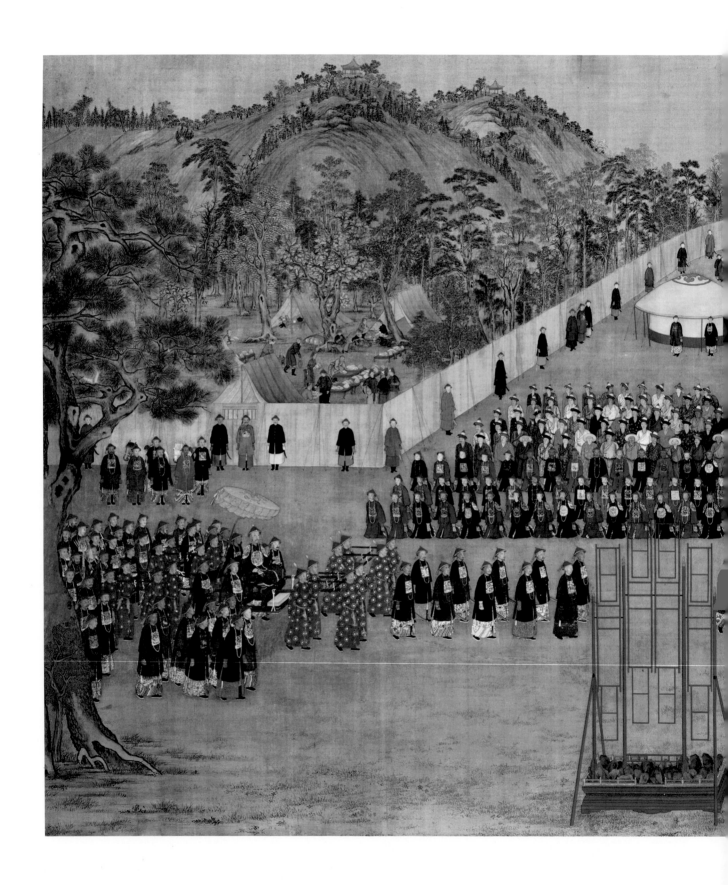

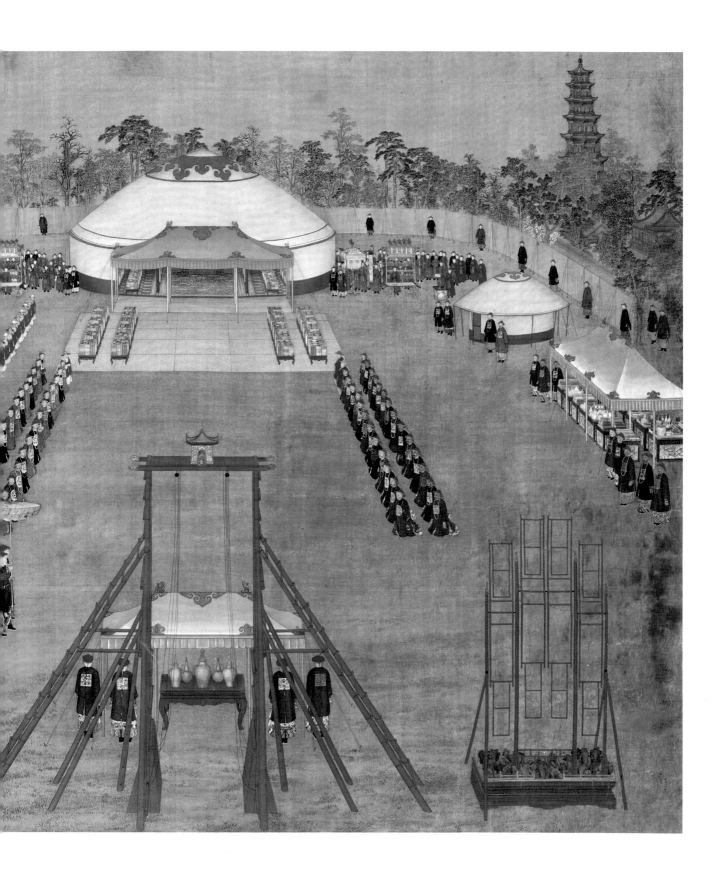

38

郎世寧等 塞宴四事圖橫幅
絹本 設色 縱316厘米 橫551厘米

Four Dinner Scenes Beyond the Great Wall
By Lang Shining and others
Horizontal scroll, colour on silk
316 x 551cm

是圖描繪乾隆皇帝一行至塞外觀賞蒙古族的詐馬(賽馬)、相
撲(角力)、什榜(演奏)、教駣(套馬、馴馬)等四項活動,場面
宏大,人物眾多,是一幅反映當時清朝與漠南、漠北蒙古族密
切關係的重要歷史畫。畫幅的許多細節真實,具有重要的價
值。在畫法上,中西合璧,重要人物的肖像顯係出自歐洲傳教
士畫家郎世寧之手,逼真細膩,尤其是畫幅左下角帳帷內的嬪
妃內眷,出現在這種場中,並不多見,而其餘部分,則是由中
國畫家補繪的,參與其事的應當有金廷標等人。畫上有大臣于
敏中長題乾隆御製詩四首並序一段。

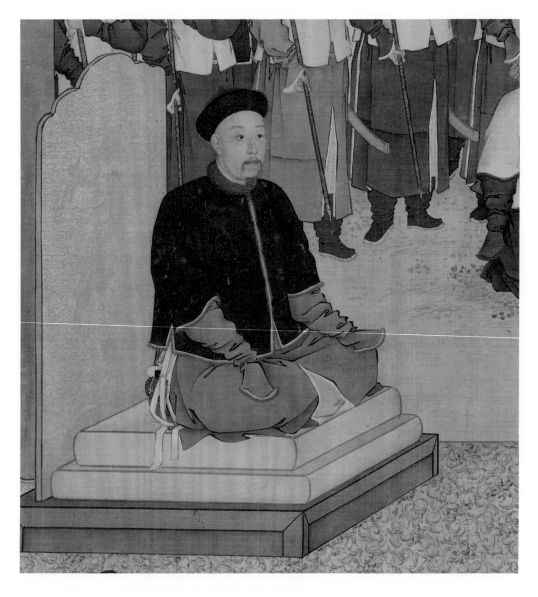

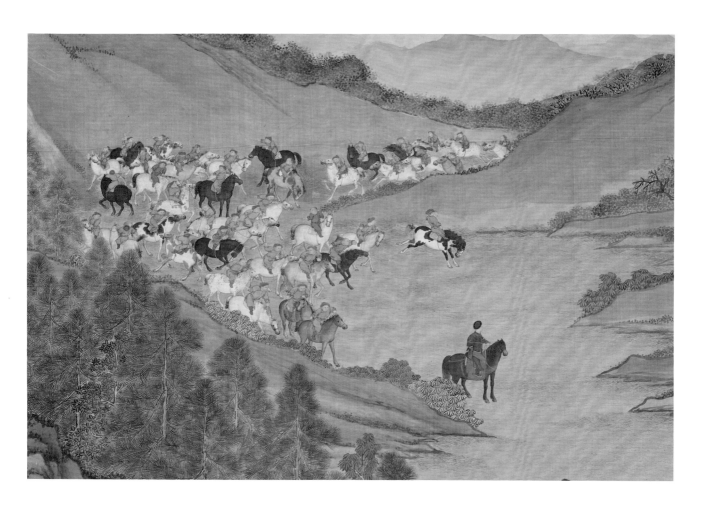

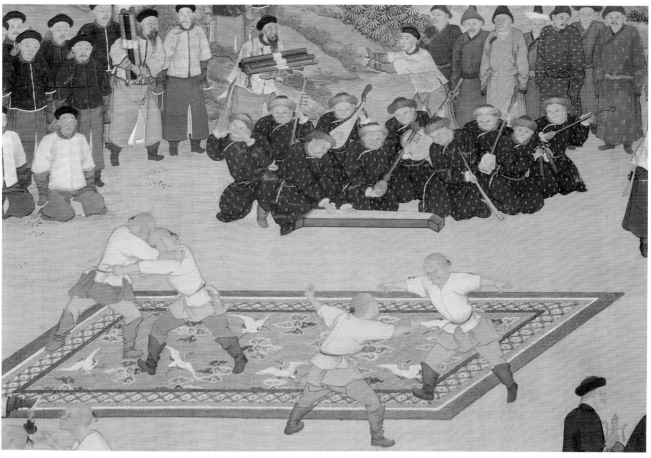

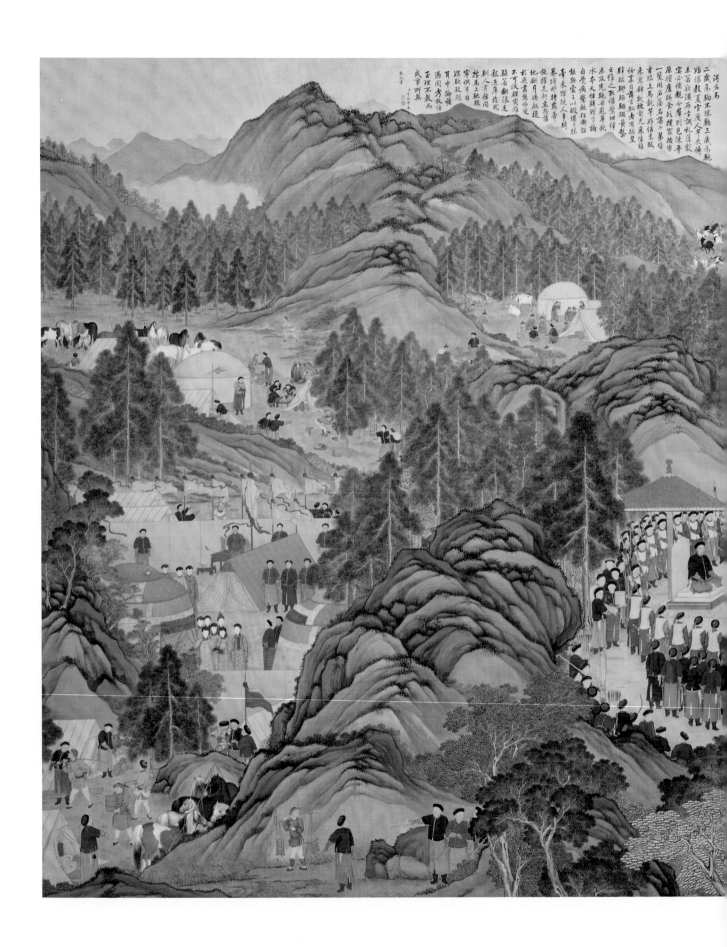

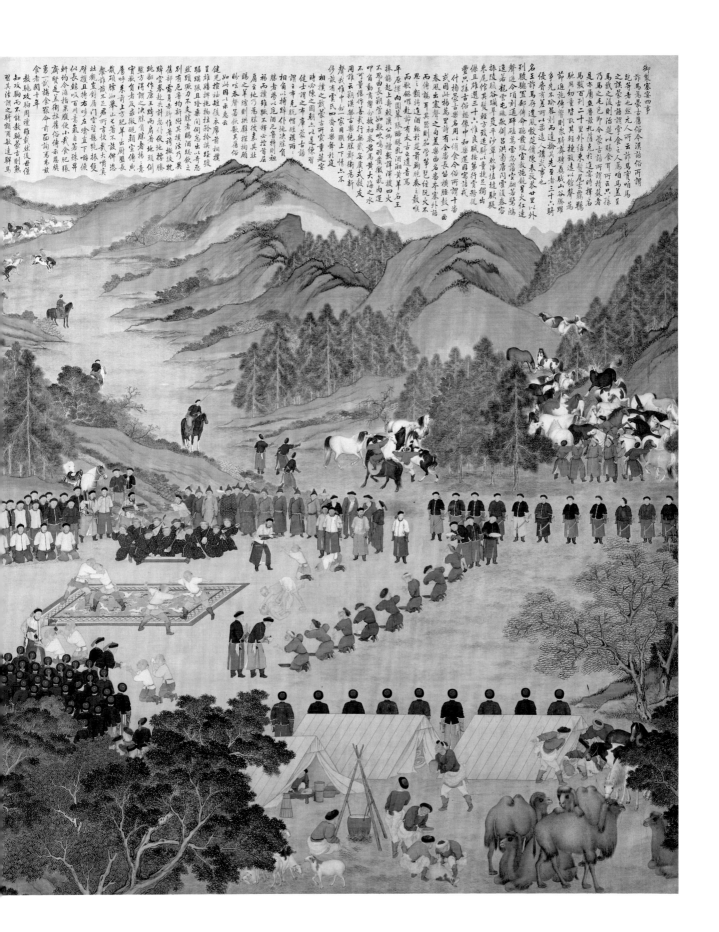

御製塞宴四事

詐馬為蒙古雅俗今漢語俗所謂
馬哨語之元人所云詐馬實咱馬
之誤蒙古語謂嘗食之人為帕馬呈
馬哨之漢北即今蒙古語所謂帕馬蓋呈
乃馬之毛色即今令蒙古語所謂臕者
如亦屬所馬苏北清其先乃至蹇時躬
馬駁百列二十里外结蒙古尼呈臕臕
馳馬餘隊時數其捷遠以竝聲萬
節迄施傳則象嘗施錢嘴火紅運
逸若龍召其釀慶吕向筆選恭容
振酸谷端早皮中沙草數沖漢毡醴胺
依東尾作其雄方發羞晒方暍出殿麗
俊狩有莲可此至稍呈兩至三十六騎
名王詐馬存遣風設楚嗣苦繁騰鳩
聲逢今項嗣語研随嘗急譜嗣若羁鳩
逸龍雲屯鼀傳命騁呂賽渡吝勝駟
振陵臕谷端早皮中沙草數沖漢毡醴
依東尾作其雄方發羞晒方暍出殿麗
俊狩有莲可此至稍呈兩至三十六騎
馳馬餘隊時數其捷遠以竝聲萬
不可量維作著我行賞騎戲或
閒誰云蒙古鄙衛鄙衛為新
聲歌敖啞起阼有太古遺音即馬王
奔歌啞啞起阼有太古遺音即馬王
相撲之戲蒙古所家重延雲
時必陳之圆朝上以呈陳馭
健士謂之市庫蒙古語也
謂主帝克爪帽操禣扃
相角以搏鬥伏決躍負
勝者嘗以飽酒遠首居
肩至地以屁厥倒者揜
肩之羊慶呈賜酒呈吹
别有厄勞豹新附其礼法乃男
茲頭撫刀午支躓青楊法刀
呈頂鴒搭後承席必坐席扱
驅躍馭力隆乘間餇怎出咭者
騎帶接捨帘若計怎付伏地揎
駃翩作康王踏两肩者地頭偓
掣欠捣指旱騒撮撮漢星武蹇
室辰雄作雪民四鬻之鬓兹坭
如攻駟千十年
揎其法法之馭轛蒙古則躬逸駟斯
習其法法之馭靷蒙古則教
軒約含咽指旱腹便小狀食記張
齊貴走禣衛拉推俗信祝所異蛱
壯碩躓刀七喻直下唘倬
别有厄勞门宝喹羞长居
騁譱撼起午飯嘗法力為
驅躍馭力隆乘間餇怎出
駟殻排捺披掐伶羚欵踍
躍頭鵬媾且躓乘间餇怎
相撲云蒙古所家重延雲
時必陳之圆朝上以呈陳
健士謂之市庫蒙古語也

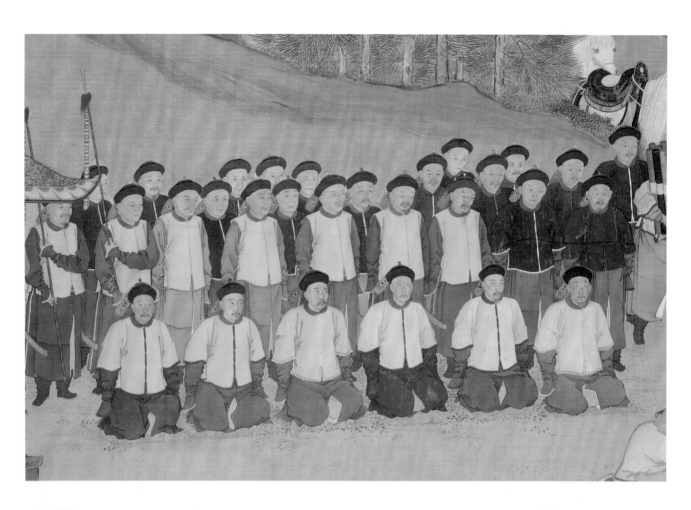

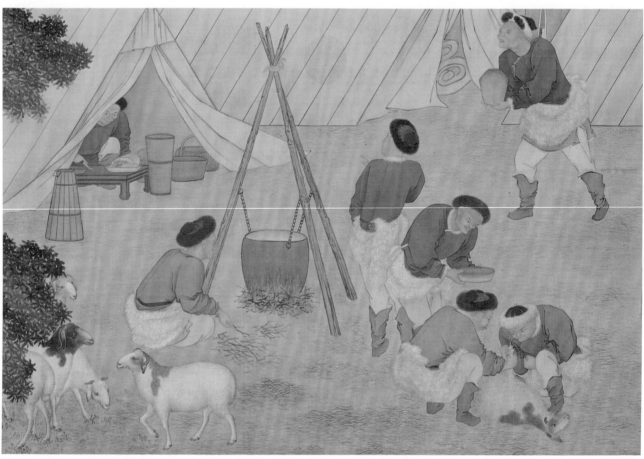

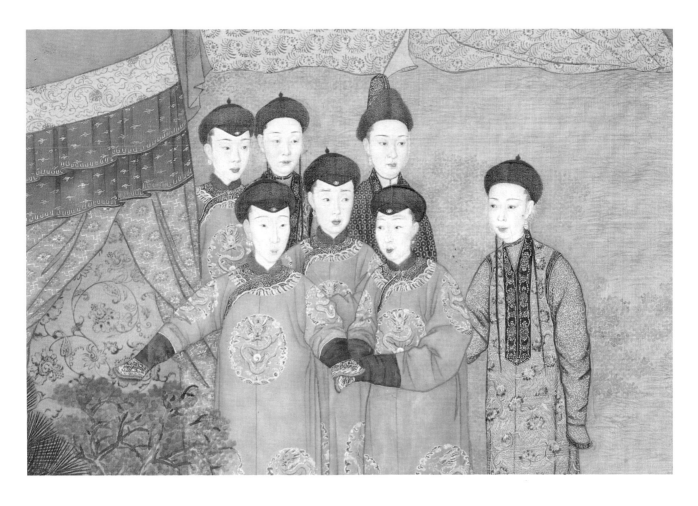

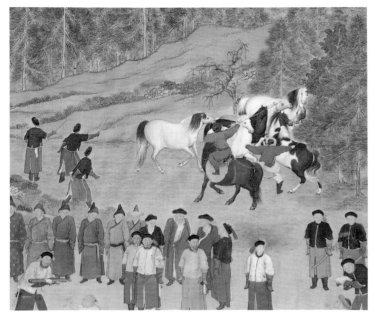

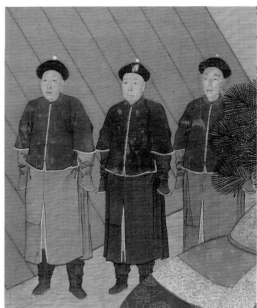

39

郎世寧　海天旭日圖橫軸
絹本　設色　縱93.7厘米　橫186.2厘米

Rising Sun Against Oceanic Sky
By Lang Shining
Horizontal scroll, colour on silk
93.7 x 186.2cm

郎世寧以擅長人物、鳥獸而聞名清朝畫
壇，他的山水畫比較少見。此圖構圖開
闊，氣勢宏大。畫旭日初升，碧波萬頃，
雲霧蒸騰，有歌功頌德的寓意。

島嶼的石頭有陽面陰面，非用皴法；留
白、雲氣等是中國手法，但雲有體積感，
凡此均顯露西方畫法的痕迹。

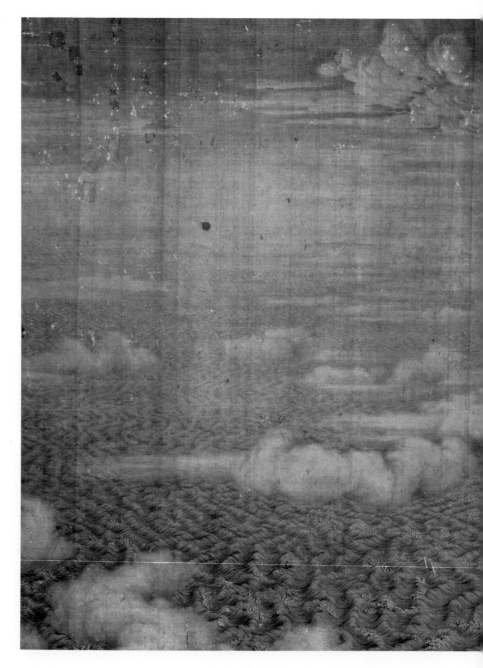

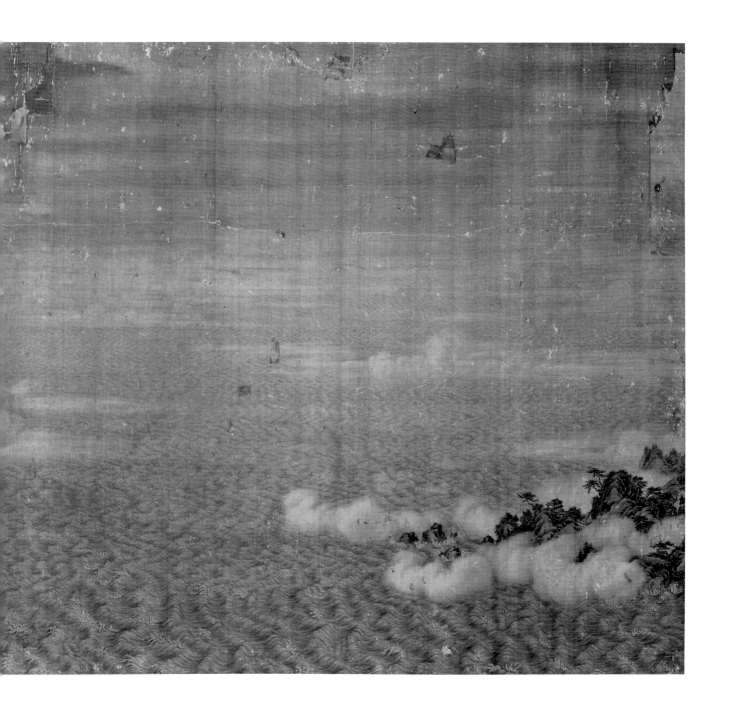

40

郎世寧 花鳥圖軸
絹本 設色 縱63.7厘米 橫32.3厘米

Birds and Flowers
By Lang Shining
Hanging scroll, colour on silk
63.7 x 32.3cm

郎世寧除了為皇帝、后妃作肖像畫外，
還畫了許多用以裝飾宮廷的花鳥走獸
畫，此圖即為其中之一。畫面雖然尚保
留了中國傳統繪畫的形式及構圖，但是
在具體的技法上，則基本上運用了歐洲
的畫法，講究動物的解剖結構及外形的
準確，注重於翎毛質感的表現，花與葉
也表現出厚度及質感。

此圖張幅較小，由郎世寧獨力完成。郎
世寧張幅大的作品多為後期所畫，並與
其他畫家合作完成。

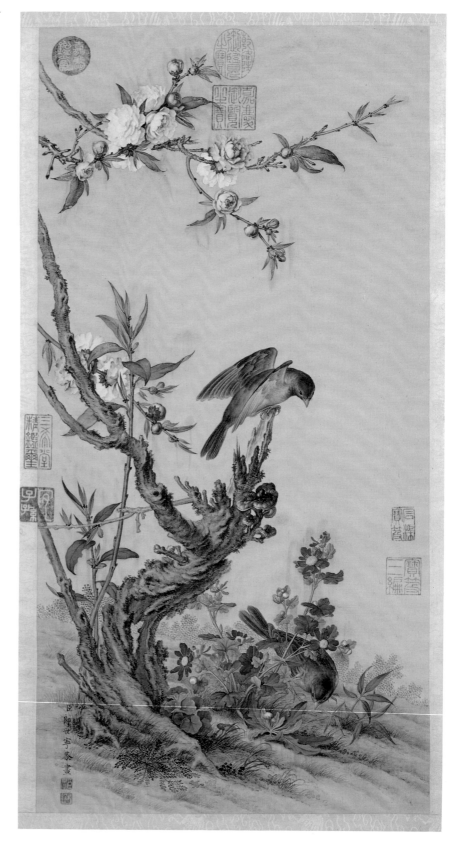

41

郎世寧等　平定西域戰圖冊

紙本　銅版畫　每開縱55.4厘米　橫90.8厘米

Battle Scenes of Quelling the Rebellion in the Western Regions
By Lang Shining and others
Album of 16 leaves, copper-plate painting on paper
Each leaf 55.4 x 90.8cm

《平定西域戰圖》銅版畫共十六幅，分別為"平定伊犁受降"、"格登鄂拉斫營"、"鄂壘扎拉圖之戰"、"庫隴癸之戰"、"和落霍澌之捷"、"烏什酋長獻城降"、"通古斯魯克之戰"、"黑水解圍"、"呼爾滿大捷"、"阿爾楚爾之戰"、"伊西洱庫爾淖爾之戰"、"霍斯庫魯克之戰"、"拔達山汗納款"、"平定回部獻俘"、"郊勞回部成功諸將"和"凱宴成功諸將"。這組畫描繪乾隆二十年至二十六年 (1755—1761年) 間，平定準噶爾部達瓦齊和維吾爾部大小和卓木叛亂的戰績，以及凱旋慶功的場面。

此組畫的底稿由郎世寧、王致誠、艾啟蒙和安德義四人分別繪製，之後送往法國刻製印刷成銅版畫，從畫出草稿到乾隆三十八年完成，歷時十一年。作品製作細膩，西洋風味濃厚，是當時中西方文化融匯交流的傑作。

據檔案記載，完成後，印成的銅版畫與原版均送回中國。原版或於八國聯軍時流到外國，現藏德國柏林國立民俗博物館。

銅版畫於康熙時已有，用於繪製地圖。作為藝術品則從此圖開始。隨後清宮亦製有圓明園及其他戰圖的銅版畫，由中國畫家和刻工製作，水平未及此圖。

西師定功於己卯越七年丙戌
戰圖始成因詳詠軍營征戰形
勢以及結構丹青有需時日也
夫我將士出百死一生為國宣力
賴以有成而使其泯滅無聞朕
豈忍為哉是以紫光閣既勒有
功臣之像而此則多就血戰之地
以摧厥勞而表厥勇爾時披露
繪其攻堅研銳斬將搴旗實蹟
布已有成詠者即書之幀間其
未經點筆者若特補詠凡六事
禮不云乎聽鼓聲則思將
帥之臣按是圖也有不奮然是之
感先乎宵旰勤勞雖日神馳於
連營列陣之間此則目擊心存而
如指揮諸將折衝禦侮之
際而痛定之懼予惟益
天眷於無窮凜凜有永邊敢
自詡壺謀伐苿潭而忘兢業哉
乾隆丙戌孟春月御題

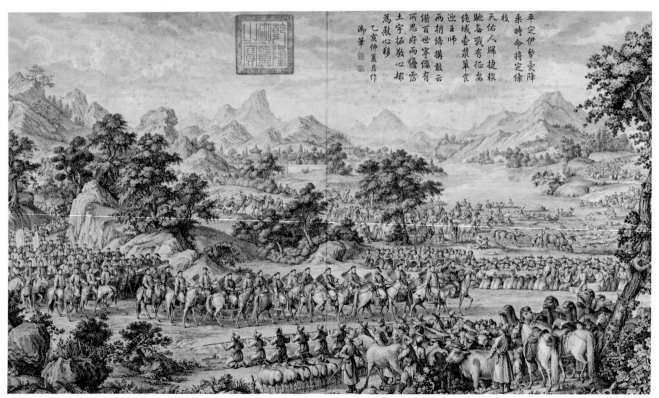

41.1 平定伊犁受降

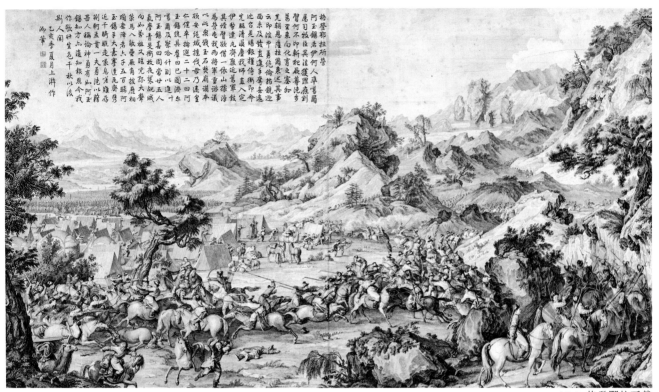

格登鄂拉斫營
阿玉錫志伊何人準噶爾
屬習牧在其法獲罪應剮
臂何不斬和碩濟步步
違朝恩歸清化育之塞如
芒朝清曠敢我師直入空
先驅賜號偕幾侍衛稱印命
云即彼中負偈抱鈗捨其事
印玉錫城戍兩將軍重酪議
其燈贊歆偕一依山橡涵
伊犁錫爾回固二十二阿
仁健率衛校夜賊雖本
氣摩青春吳勇廝弥大聲賊
向山弟雄厥廂黨角披靡相
陶春降志百騎馬大子五圓阿
玉錫手大嘉篝逮民黃孫存
荊軻孟賁一夫勇洸以鞘
昔人論神勇如何玉
錫知方以薄恩報於我
作歌壯色千秋以後
斯人閣
乙酉季夏月上澣作
御筆

41.2 格登鄂拉斫營

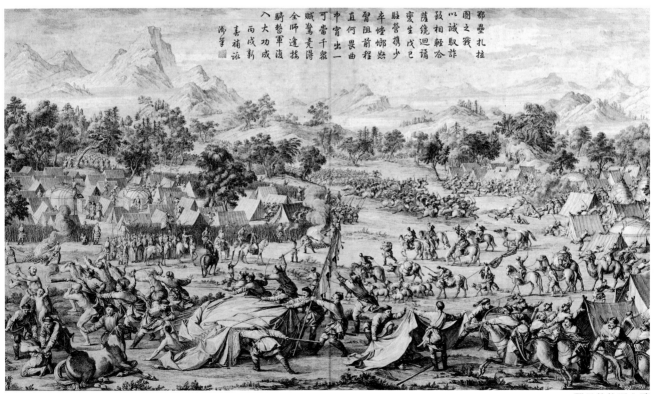

鄂壘扎拉
圖之戰
以誠取詐
敵相輕合
駐營戌已
薩綏迴踵
臂阻前程
宵生攜少
直何畏曲
宵出一
可當千眾
賊驚竟得
全師逢橋
騎整軍渡
而成新
喜補詠
御筆

41.3 鄂壘扎拉圖之戰

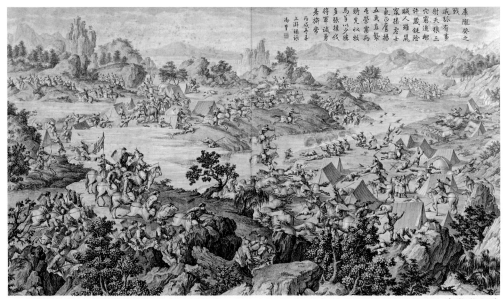

41.4　庫隴癸之戰

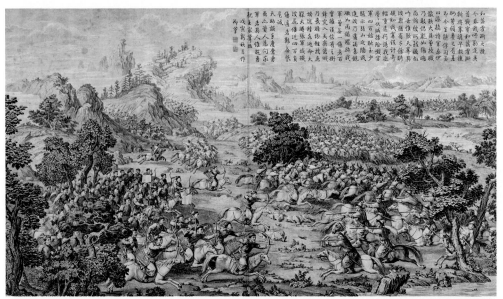

41.5　和落霍澌之捷

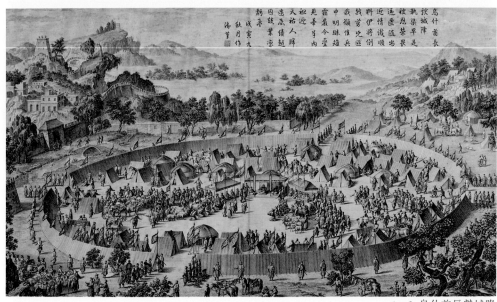

41.6　烏什酋長獻城降

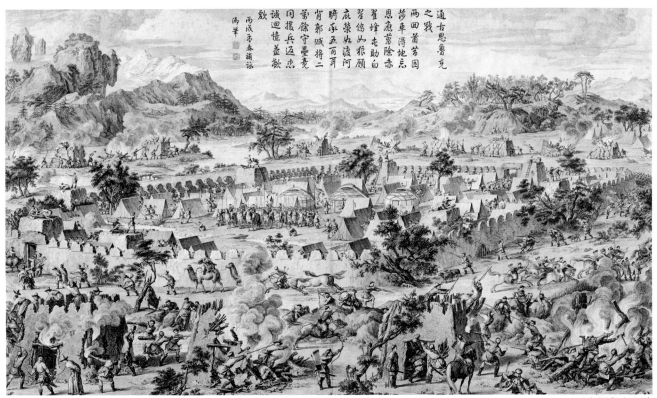

41.7 通古斯魯克之戰

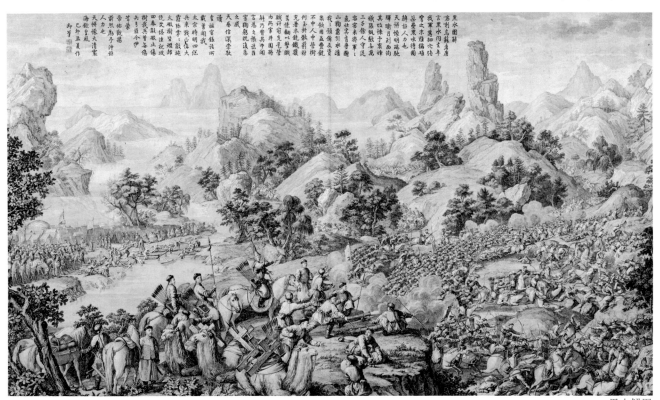

41.8 黑水解圍

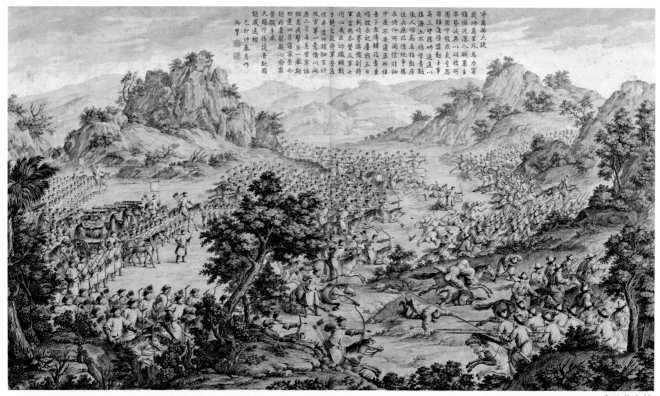

41.9 呼爾璊大捷

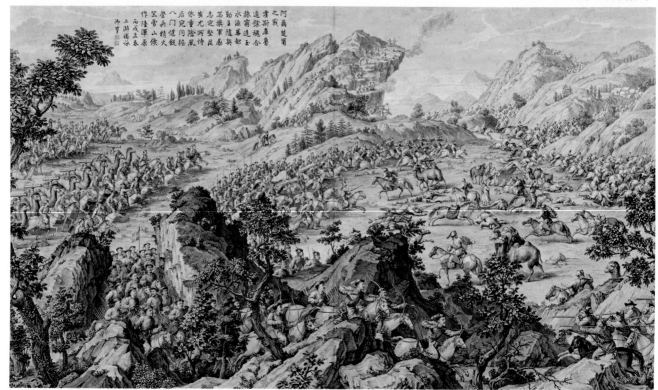

41.10 阿爾楚爾之戰

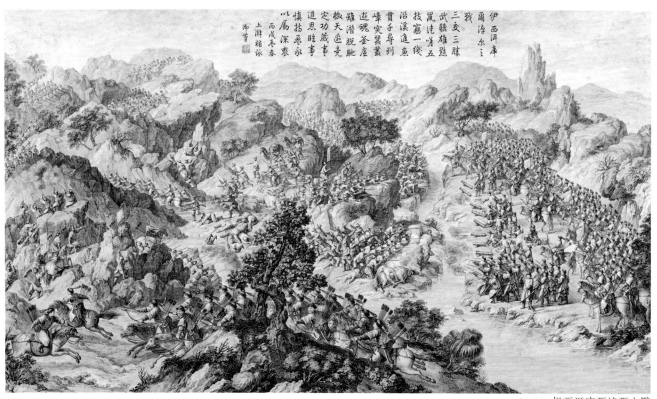

伊西洱庫爾海爾之戰三交三朦武貔雄黠鼠恁嗟五技窮一綫沿溪進魚貫子尋列峰實寶叢遊魂釜座雖潛脫馳奮功藏竟椒天匦事追思晗永慎拮惡承以屬深袞丙戍孟春上游補詠 御筆

41.11 伊西洱庫爾淖爾之戰

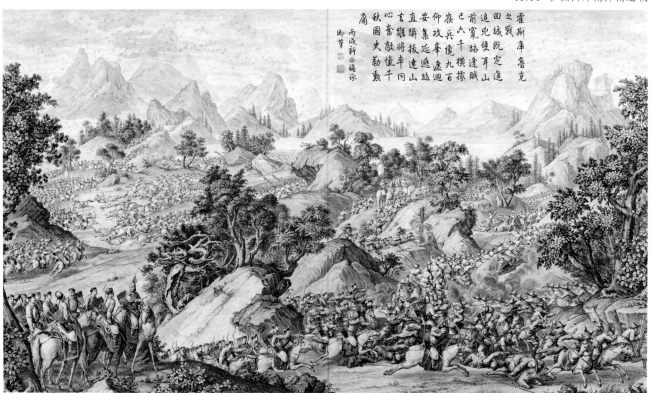

霍斯庫魯克之戰既定進回城耳山追兇雙達賊前竄跡擦巳六橫百嶺千九迴仰兵遶山攻綫迤邐直集延安玄驅技達心將辛同奮懍千獻千秋國史勒勳庸丙戌新正補詠 御筆

41.12 霍斯庫魯克之戰

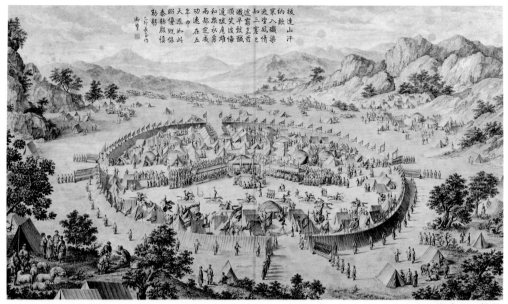

41.13 拔達山汗納款

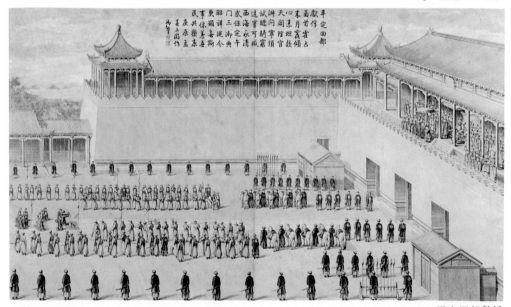

41.14 平定回部獻俘

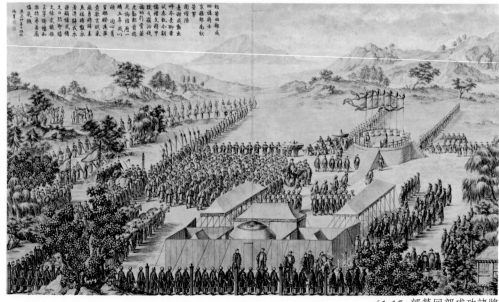

41.15 郊勞回部成功諸將

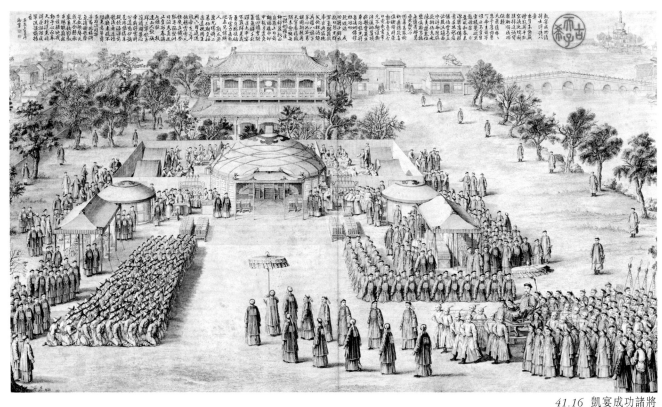

41.16 凱宴成功諸將

右圖十有六幀始於伊犂受降訖於部獻俘凡我將士劇
壘研陣霆奮席卷之勢與夫賊眾披靡潰竄慶奔鹿駭之狀
靡不摹寫肖鴻獻顯鏢震耀耳目為千古臚陳戰功者所
未有幀端各系以
御製詩成於奏凱錄功即事紀實者十追叙時地補圖補詠者六
親製序文冠於冊首並
命臣等恭誌其後誌惟西陲捷伐之役歲不越五周北庭以壯西
濛以西二萬餘里咸祿版宇齔此武成大定昚荷我
皇上廟算精詳先幾制勝用以洪
靈貺佑順協孚惟時在事諸臣敬稟
睿謨以效忠宣力克建厥勳
策銘酬庸賞延于世聲施炳為當我師之再克捷也
叙豐功則有
告成太學之碑有勒銘伊犂格登葉爾羗伊西洱庫爾淖爾之碑
闡偉畫則有
西師詩
開藏論而自乙亥軍興迄已卯蕆事見諸
賡詠者凡二百二十餘篇咸勒石
武成殿廡用誌始末至若五十功臣則繪像
紫光閣
題贊以寵異之又繪其次者五十人
勅臣等擬贊同奔而
黙光閣
諸詮詢所述凡夫行間之奮敵愾冒矢石著勞勩者忠寫其
山川列其事蹟傳其狀貌繼自今恭撫斯圖皆得按帙而指
數之曰是俊也某實任之而先登則某之績分部襄勤則其
之力也是凖部之所以珍滅田部之所以戚已也及瞻
郊勞錫宴諸圖則又曰是
聖主所以弈勞臣示渥貴慶武成也若夫
目擊而凜月盈者則
序文又已舉其繁要而詔示永久為臣等所瞻
天眷而凜月盈者則
宵旰運籌臣等獲於前席咨對之餘親聆
方略咸仰
聖明指授萬里之外坐照靡遺茲圖所繪戰勝形勢固皆
密勿機宜所燭如燃犀料如聚米者也臣等管蠡微渺更無能頌
揚萬一云大學士公傅恒大學士尹繼善劉統勳協辦大學士
尚書公阿里袞尚書臣舒赫德于敏中恭跋

191

42

佚 名 乾隆觀孔雀開屏圖橫幅

絹本 設色 縱349厘米 橫537厘米

Emperor Qianlong watching the Peacock in Its Pride
Anonymous
Horizontal scroll, colour on silk
349 x 537cm

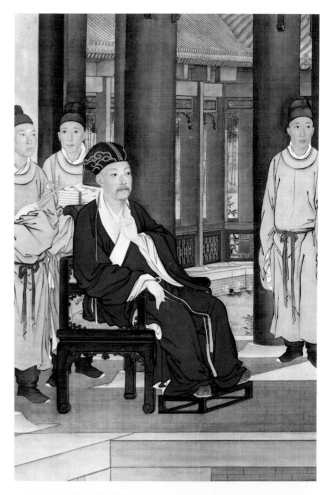

這是一幅描繪乾隆皇帝宮廷生活的巨幅作品。乾隆皇帝及內
侍數人，在圓明園內觀看孔雀開屏。畫幅的右下，絹面缺損一
個長圓形的大洞，據此推測，此圖畫完後，作為貼落張貼於圓
明園某殿內，殿壁上有小門，為小門的開啟，一部分絹面貼在
小門上。這幅貼落畫摘下時，小門部分的絹面因已貼牢在門
上，只得割捨，故造成現在這樣的狀貌。

這件作品風格純係寫實，畫上沒有作者款印。人物的相貌以
及兩隻孔雀均出自郎世寧之手，其餘山石等應當是金廷標所
繪，而樓閣部分或許是沈源的手筆。此圖主次人物大小協調，
各人動態有總體設計；建築物近大遠小，似乎還能找到透視
的焦點。一般來說，這種合作畫可能由郎世寧構圖，並畫成主
要部分，再由金廷標、沈源等落墨畫成其他部分。這類中西畫
家合作的畫幅在宮中隨處可見，但合作得如此融洽諧調的作
品也是不多見的。

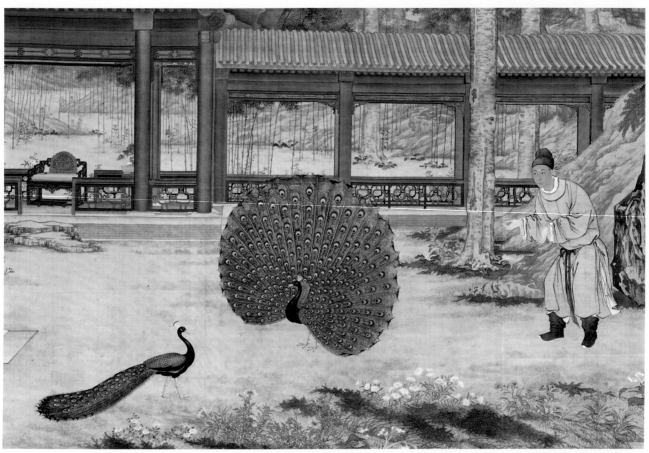

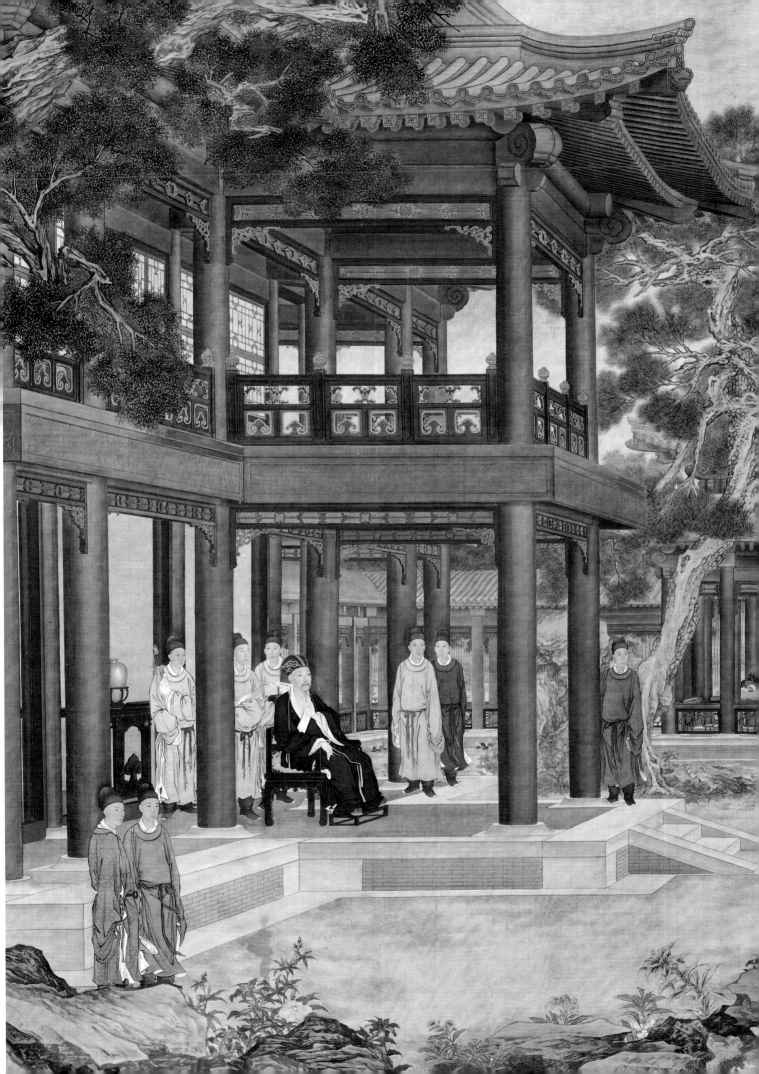

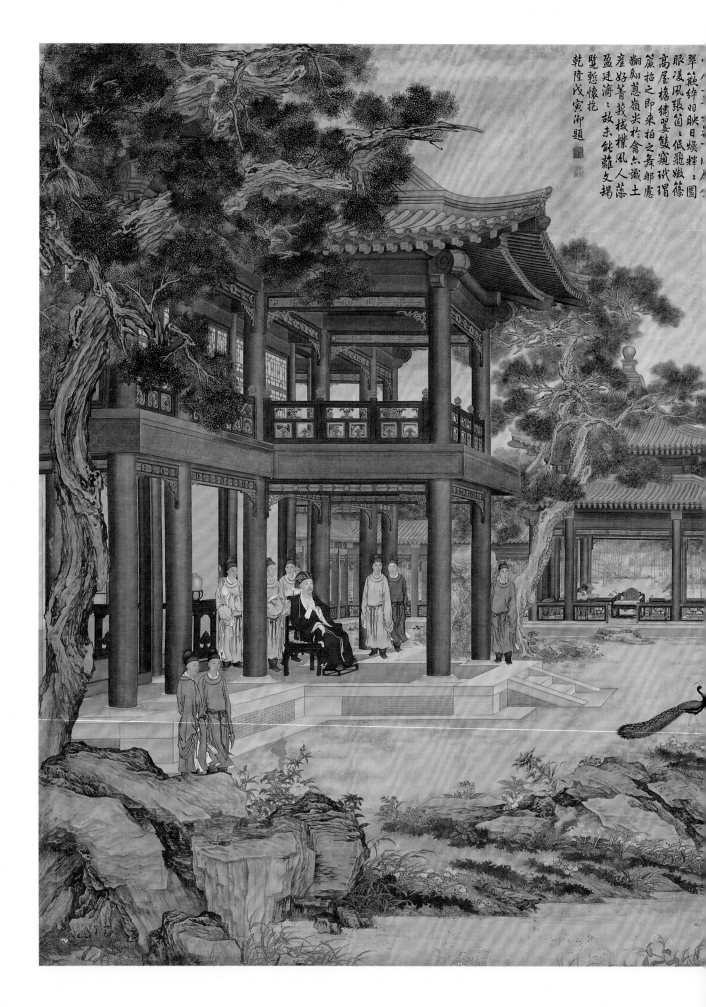

翠籟鏘辝羽映日煥輝上圖
眼凌風張箔上低飛嫩篠
高屋橋繡嬰雙窺玳瑁
簾拍之即來拍之舞郎慮
斒斕蔥嶺尖枵會六識土
窟好菁茇栻檊風人藻
盈庭濟上故未能離文揭
覽憨懷抱
乾隆戊寅御題

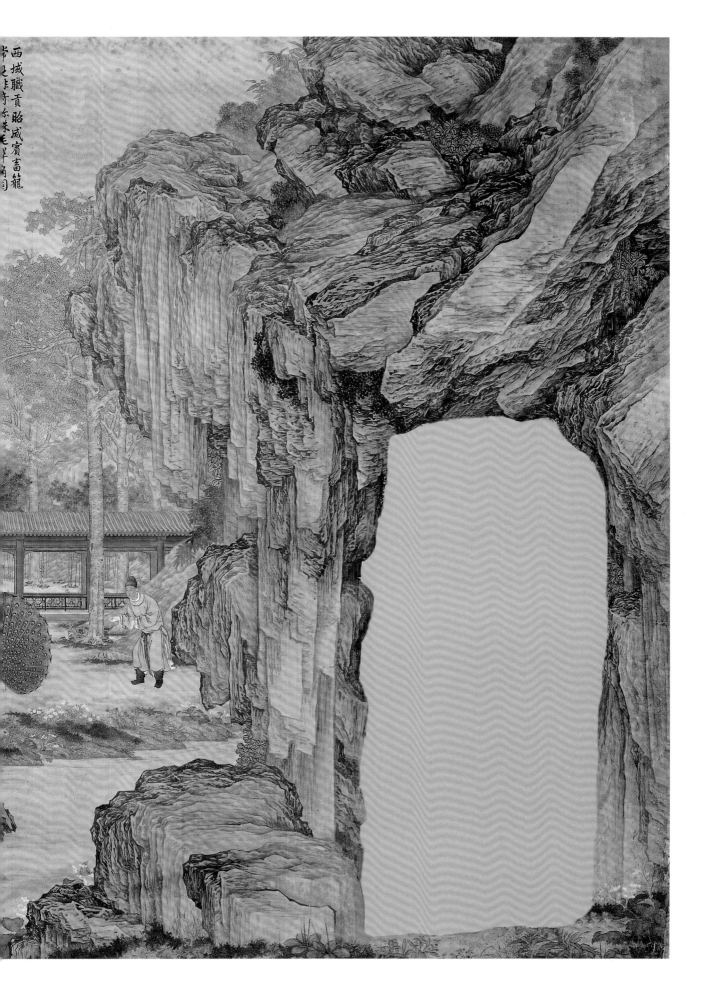

43

佚 名 乾隆叢薄行圍圖軸

絹本 設色 縱424厘米 橫348.5厘米

**Emperor Qianlong Accompanied by His Officials in Rounding
Up and Hunting**
Anonymous
Hanging scroll, colour on silk
424 x 348.5cm

本圖也是描繪乾隆皇帝一行赴圍場（今河北圍場縣）境內狩獵
的畫幅，場面浩大，人物眾多。全景式的構圖將人物的活動及
自然環境多方面的展示。從時間上看，當時艾啟蒙在世，估計
馬匹及部分人物應是艾啟蒙所畫。艾啟蒙畫藝略遜於郎世寧、
王致誠。所以這件作品也是中外畫家合作的產物。畫幅上有大
臣于敏中的一段題語。

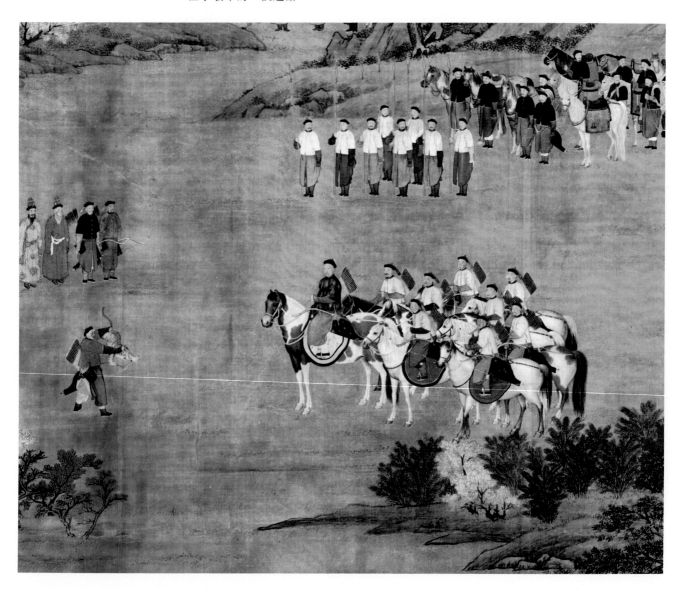

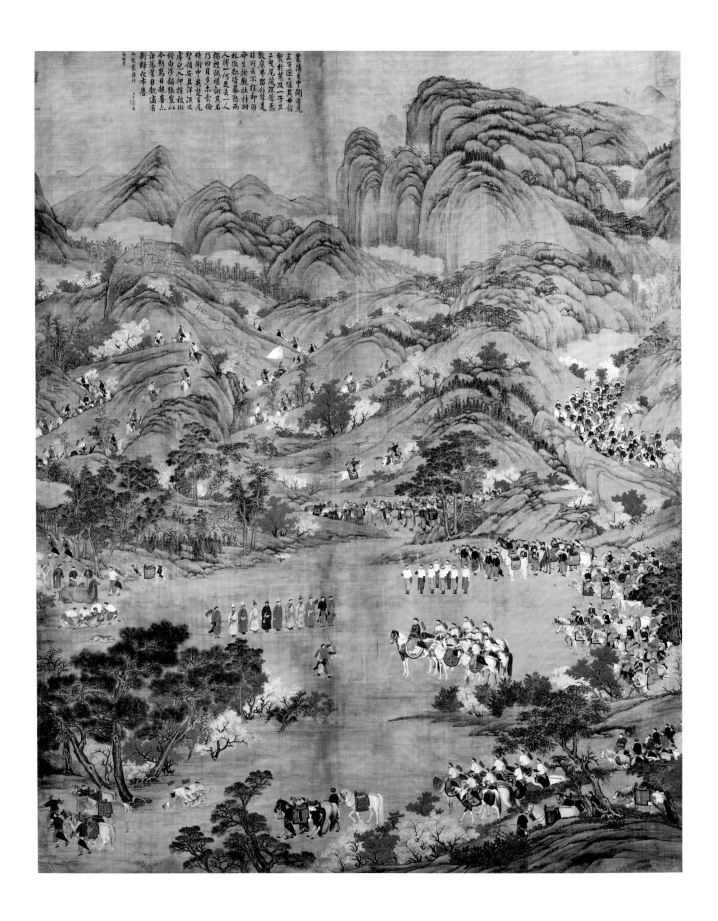

叢薄之中閒有虎
三子逐隨其母徐
縶枝葉惹及一子非
二虎尾藏深莽焉
歐虞弟留斬尋是
非所云不探卯因
奔生擒雖壯桂羽
林徽執啮暴治兩
人擅一何呈云一人
獨搏誠攝訓其名
乃回貝多不索倫
侍衛中英發牛尾
碧頭安且詳浜皮
虜兒入押擢被斑
倚白沙緒張喜似
今朝萬目親喜点
新歸化布魯
御臨紫藻行

44

佚 名 乾隆馬箭圖橫幅
絹本 設色 縱132.5厘米 橫240厘米

**Emperor Qianlong Inspecting His
Horse and Arrows**
Anonymous
Horizontal scroll, colour on silk
132.5 x 240cm

這是一幅表現乾隆皇帝注重武功的圖
畫。清初的幾代帝王都十分重視騎射，
保持了滿族的傳統習俗。此圖描繪乾隆
皇帝在騎馬射箭前的準備工作，尚為一
青年君主的形象。

建築物的畫法具有歐洲透視法則，木柱
的中間畫出高光，以不同深淺表現圓柱
的立體效果，而樹石的畫藝又保持了中
國傳統的手法。

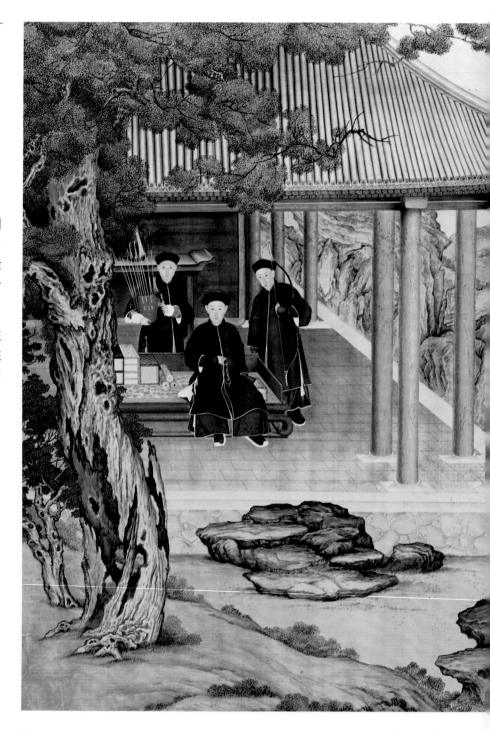

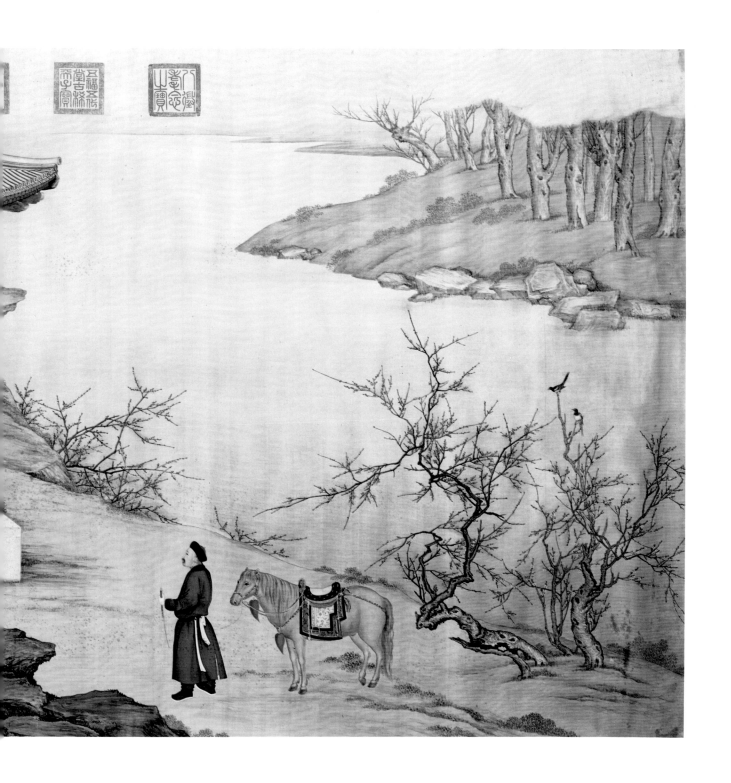

45

佚 名 乾隆及妃古裝像軸

絹本 設色 縱100.2厘米 橫63厘米

**Portraits of Emperor Qianlong and His Concubine in
Ancient Costume (two pieces)**
Anonymous
Hanging scroll, colour on silk
100.2 x 63cm

這是一組乾隆皇帝和妃子相對的畫幅。皇帝坐於案前，持筆寫
字，妃子則在對鏡梳妝，二人均身着漢裝，富有生活情趣。

畫幅上無作者名款，但人物的臉像似出自郎世寧手筆，而衣紋
及背景應當是金廷標所畫。郎世寧與金廷標經常合作繪畫，一
般來說，合作畫的畫家搭配是奉乾隆皇帝的旨意而定的。

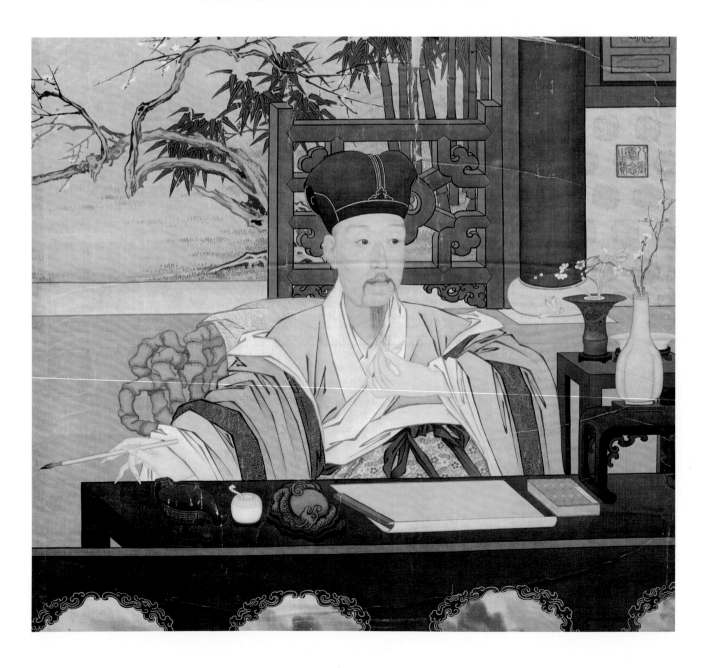

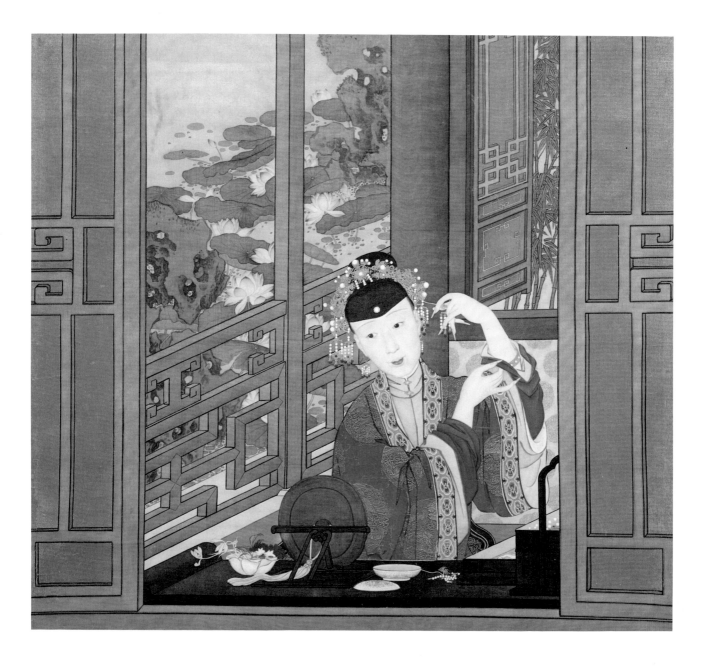

佚 名 乾隆普寧寺佛裝像軸
絹本 設色 縱108厘米 橫63厘米

Portrait of Emperor Qianlong in Buddha's Attire at Puning Temple
Anonymous
Hanging scroll, colour on silk
108 x 63cm

普寧寺在承德 (當時又名熱河)，建於乾隆二十年 (1755)，屬 "避暑山莊" 外八廟之一。此圖應當是當時宮廷頒贈給寺廟的物品之一，畫幅具有西藏 "唐卡" 的風格及樣式，但圖正中的佛像卻畫的是乾隆皇帝的形象。本圖與《乾隆扎什倫佛裝像》軸、《乾隆普樂寺佛裝像》軸一樣，都是頒賜熱河寺廟的畫幅。

畫幅的作者未具姓名，但乾隆皇帝的頭像似為郎世寧所畫，其餘則是宮中的中國畫家，包括藏族的畫工所畫。

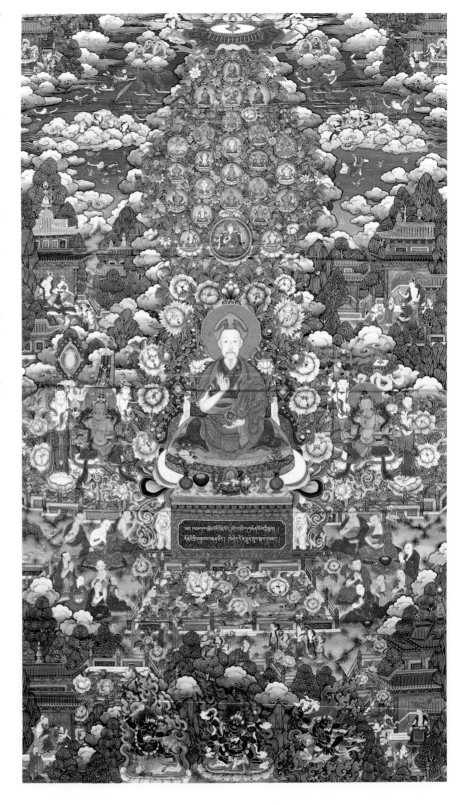

47

佚 名 乾隆扎什倫佛裝像軸
絹本 設色 縱111厘米 橫64.7厘米

**Portrait of Emperor Qianlong in Buddha's
Attire at Zhaxilhunbu Monastery
Anonymous**
Hanging scroll, colour on silk
111 x 64.7cm

乾隆四十五年 (1780) 仿照西藏的扎什倫布寺,在承德建造了具有藏式建築風格的須彌福壽廟。此圖題名為乾隆扎什倫佛裝像,應當是宮中頒賞給該寺的禮品之一。作品具有濃厚的藏式"唐卡"的風格,除去人物頭像似出自郎世寧之手外,其餘應是漢、藏畫工所畫。

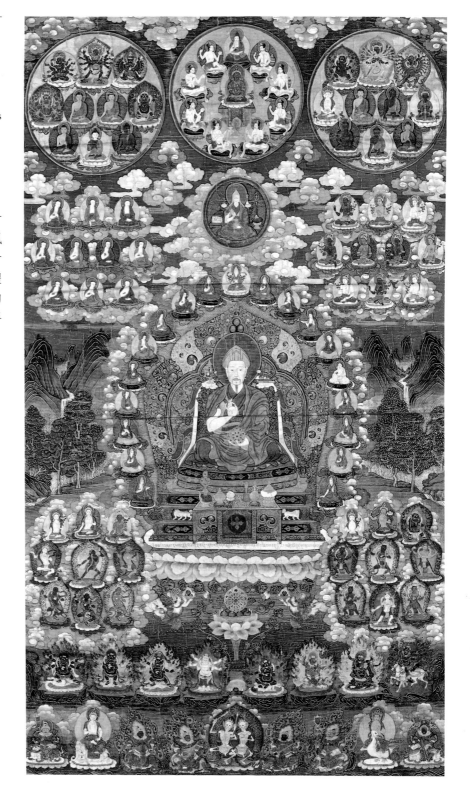

48

佚 名 乾隆普樂寺佛裝像軸

絹本 設色 縱108.5厘米 橫63厘米

Portrait of Emperor Qianlong in Buddha's Attire at Pule Temple
Anonymous
Hanging scroll, colour on silk
108.5 x 63cm

普樂寺建於乾隆三十一年 (1766)，同樣也在承德，為"外八廟"之一，此圖亦屬宮內的賞賜品，繪畫風格則與前兩幅作品相同，均為中、外畫家合作的產物。頭像亦可能是郎世寧所畫。

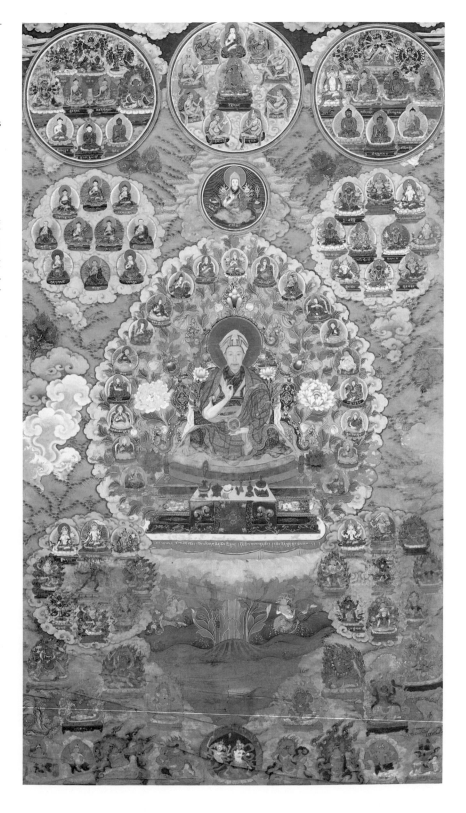

佚 名 孝賢純皇后像軸

絹本 設色 縱194.8厘米 橫116.2厘米

Portrait of Empress Xiaoxian
Anonymous
Hanging scroll, colour on silk
194.8 x 116.2cm

孝賢為乾隆皇帝弘曆的皇后，姓富察氏，滿洲鑲黃旗人。乾隆二年 (1737) 以嫡妃冊立為皇后，生二子二女。乾隆十三年 (1748) 她隨乾隆皇帝東巡，返回京師的途中卒於德州，終年三十七歲。

此圖畫於乾隆即位之初，所畫人物的臉部及衣冠服飾均富有質感，寶座及地毯的畫法亦符合焦點透視的原理，具有非常明顯的西洋繪畫風格。

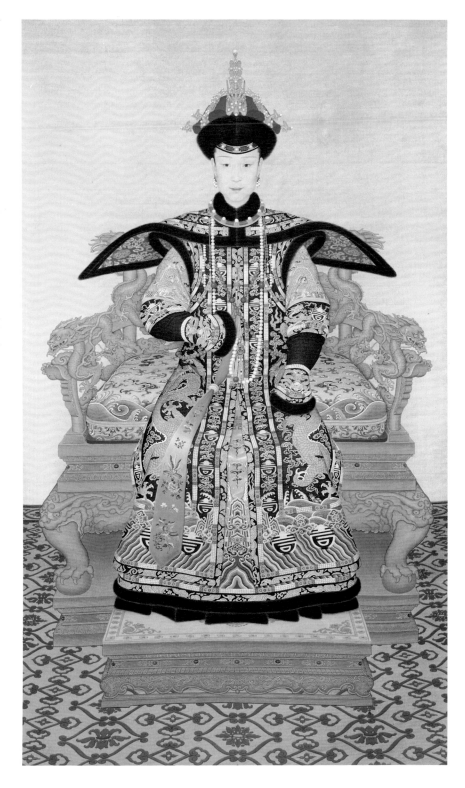

50

佚 名 孝賢純皇后像屏

紙本 油畫 縱53厘米 橫40.5厘米

Portrait of Empress Xiaoxian
Anonymous
Screen, oil painting on paper
53 x 40.5cm

孝賢純皇后為人貞淑、勤儉，深得皇帝
的喜愛。這幅油畫，畫法細膩，運筆用色
均頗得法，人物面部的解剖結構也相當
精到準確，有可能出自意大利傳教士畫
家郎世寧之手。

故宮博物院現存油畫數量甚少，據檔
案，當時宮中畫油畫不算少見，多作牆
上佈置或掛屏，單幅的主題性創作很
少。又由於當時油畫顏料雖由進口，但
沒有油畫布，畫於紙上，故保存不好。本
圖及後數圖屬清宮存世的少量油畫作
品。

此圖與《孝賢純皇后像》軸以不同素材
畫同一人，估計油畫或作為畫朝服像前
收集素材之用，這或因為畫家是西方
人，習慣用西方方法做稿。在顏色上，朝
服像背後露絹色。油畫則不露畫底，用
色填滿。

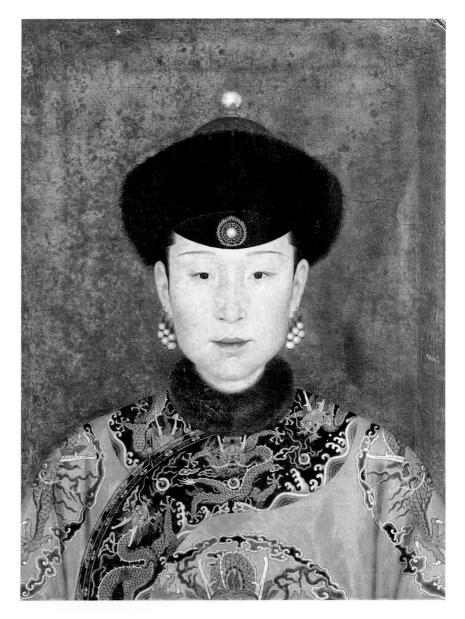

51

佚 名 慧賢皇貴妃像軸
絹本 設色 縱196厘米 橫123厘米

**Portrait of Imperial Honourable
Concubine Huixian**
Anonymous
Hanging scroll, colour on silk
196 x 123cm

慧賢為乾隆皇帝弘曆皇貴妃，姓高佳
氏，大學士高斌之女，乾隆二年 (1737)
封為貴妃，乾隆十年 (1745) 晉封為皇貴
妃，同年卒，追諡慧賢。

全圖色彩鮮明亮麗。人物面部以西洋畫
法，柔和，不見筆觸綫條；服飾講究織物
的質感。從畫法及水平看，應是郎世寧
所畫。

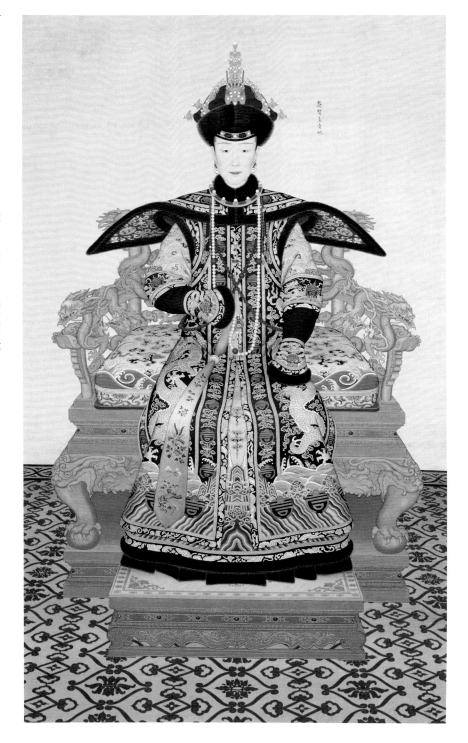

52

佚 名 慧賢皇貴妃像屏
紙本 油畫 縱53.5厘米 橫40.4厘米

Portrait of Imperial Honourable concubine Huixian
Anonymous
Screen, oil painting on paper
53.5 x 40.4cm

此圖約作於乾隆初年，畫上無款印，畫法細膩，人物面部造型
準確，富有立體感。此肖像的油畫技法熟練，造型能力頗強，用
筆及色彩均有相當水平，應是郎世寧的手筆。

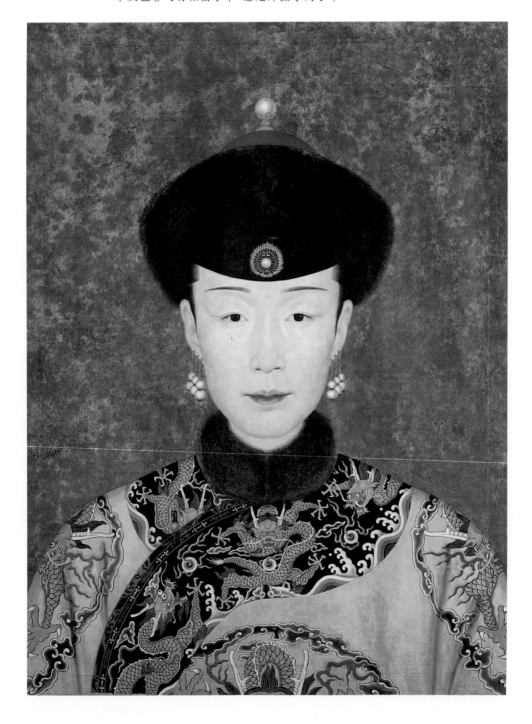

53

佚 名 婉嬪像掛屏
紙本 油畫 縱54.2厘米 橫41厘米

Portrait of Imperial Concubine Wan
Anonymous
Screen, oil painting on paper
54.2 x 41cm

圖中所畫的婉嬪，為陳廷章之女，生於康熙五十五年 (1716)，雍正時賜弘曆藩邸。弘曆即位，於乾隆十四年 (1749) 冊封為婉嬪，至乾隆五十九年 (1794) 晉封為婉妃。嘉慶十二年 (1807) 卒，享年九十二歲。

此圖畫法細膩，造型準確，油畫技藝也頗熟練，應當是供職宮廷的歐洲傳教士所畫，或許是郎世寧的手筆。

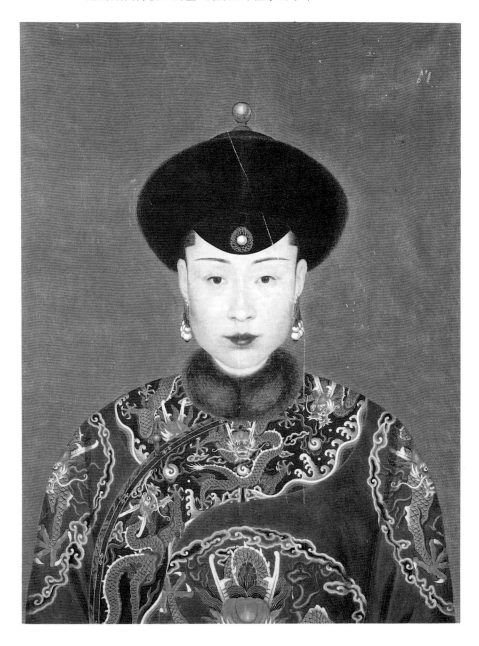

54

佚 名 孝和睿皇后像掛屏（油畫）

紙本 設色 油畫 縱72厘米 橫58厘米

Portrait of Empress Xiaohe
Anonymous
Screen, oil painting on paper
72 x 58cm

圖中所畫之婦女為嘉慶皇帝顒琰之皇后，姓鈕祜祿氏，生於乾隆四十一年（1776），禮部尚書恭阿拉之女。乾隆年間入侍顒琰藩邸為側福晉。嘉慶元年顒琰即位冊封為貴妃。嘉慶二年皇后去世，鈕祜祿晉封為皇貴妃，至六年立為皇后。道光二十九年（1849）卒，享年七十四歲。

畫上無作者款印，故作者不能確定，但是從油畫技藝水平而論，此圖不及前三幅油畫掛屏出色，掌握油畫的手段稍遜。從時間上分析，有可能是另一意大利畫家潘廷章所畫。

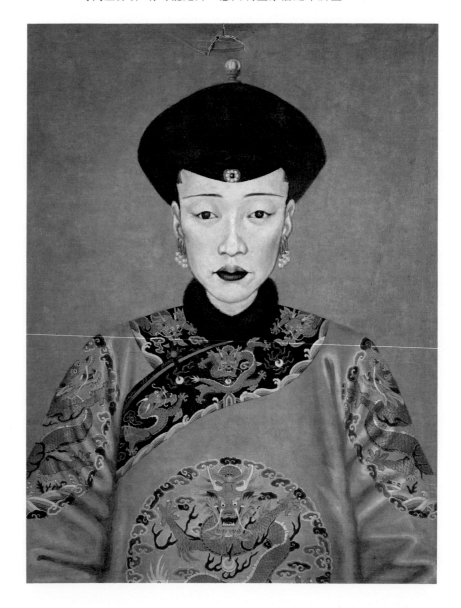

55

王致誠　乾隆射箭圖屏
紙本　油畫　縱95厘米　橫213.7厘米

Emperor Qianlong Shooting an Arrow
By Wang Zhicheng
Screen, oil painting on paper
95 x 213.7cm

王致誠（1702—1768年），法蘭西人，原名Jean Denis Attiret，
1738年（清乾隆三年）來華，以畫藝供奉內廷，曾參與圓明園
西洋樓的設計及修建。其畫風亦以歐洲為主，注重質感立體感
的表現，擅長畫人物肖像及走獸。受過嚴格素描訓練。

用歐洲方法造型，重人、馬的立體感。用細碎的筆表現馬皮毛
的質感，有時連筋、血管亦表現出來。在《十駿馬圖》亦有這種
情況。他的作品留下不多。

此圖描繪乾隆皇帝一行在熱河承德避暑山莊內射箭的場面，
畫面上無作者款印，據楊伯達〈乾隆射箭油畫掛屏述考〉（《故
宮博物院院刊》1991年第1期）研究當出自法蘭西傳教士畫家
王致誠之手。

在多層的淺黃色高麗紙上，以油彩作畫。畫幅的背後貼有一張
黃簽紙，據之，可知這幅作品畫完後懸掛在熱河避暑山莊的如
意洲雙松書屋內。

這幅油畫的創作時間，大約在乾隆十九年（1754）。從這件作
品上可以看出王致誠油畫技藝的水平。

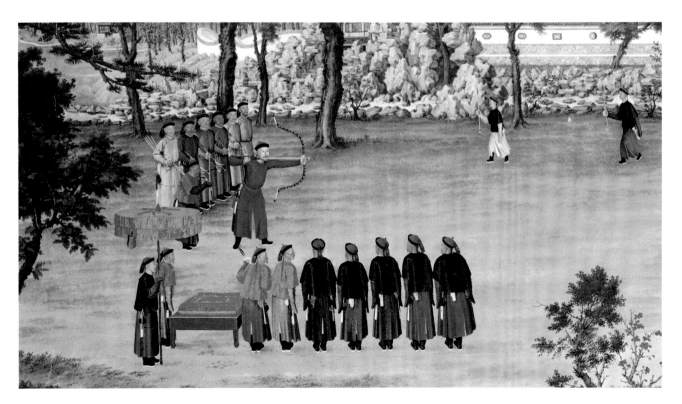

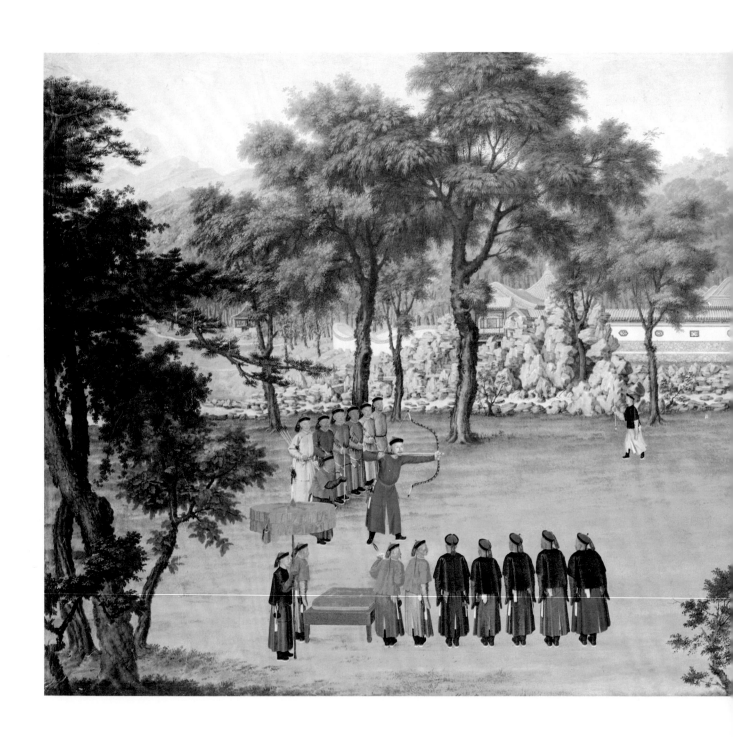

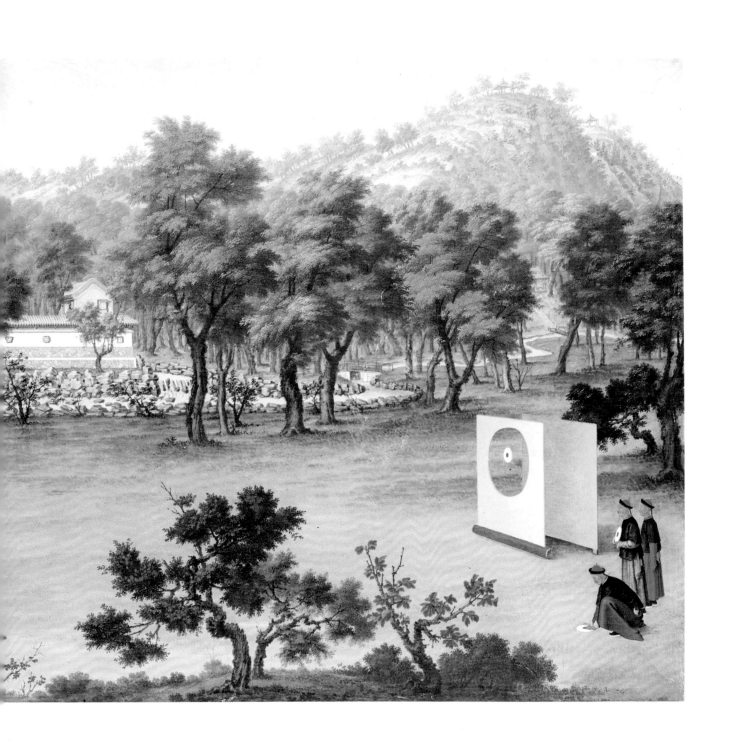

王致誠　十駿馬圖冊

紙本　設色　每開縱24.4厘米　橫29厘米

Ten Steeds
By Wang Zhicheng
Album of 10 leaves, colour on paper
Each leaf 24.4 x 29cm

《十駿馬圖》冊是王致誠流傳至今唯一署有名款的作品。圖中
所畫的馬都是乾隆皇帝的坐騎，由各少數民族部落首領進獻。
圖中馬匹刻畫準確細緻，皮毛質感極強，是王致誠的手筆。而
背景的樹木坡石當為中國畫家補繪。

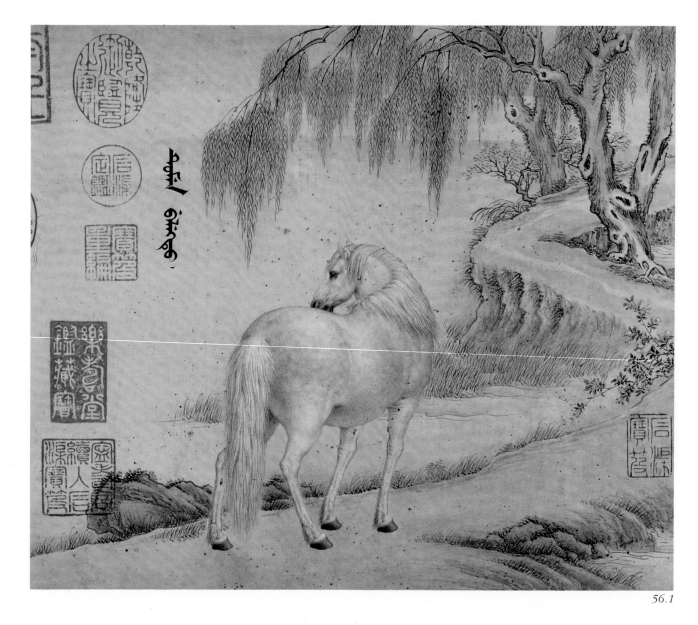

56.1

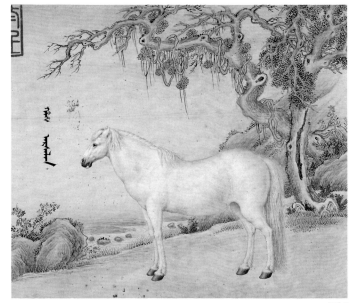

56.2

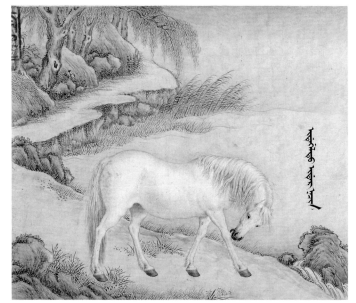

56.3

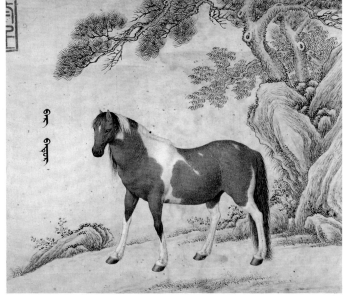

56.4

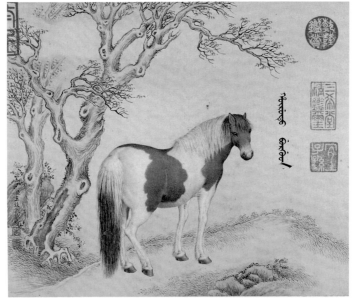

56.5

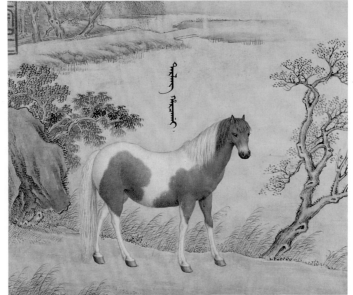

56.6

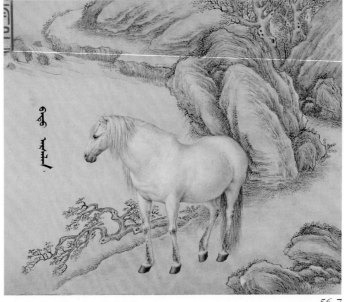

56.7

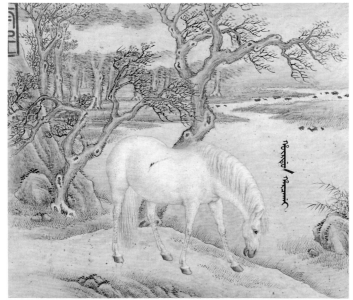

56.8

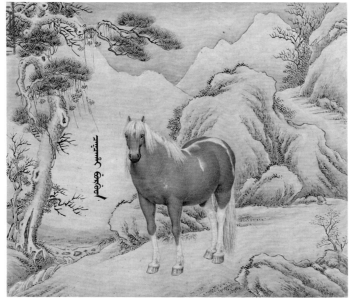

56.9

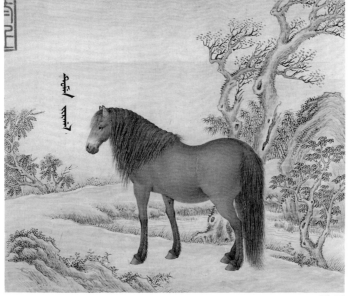

56.10

57

艾啟蒙 十駿犬圖冊

紙本 設色 每開縱24.5厘米 橫29.3厘米

Ten Fine Dogs
By Ai Qimeng
Album of 10 leaves, colour on paper
Each leaf 24.5 x 29.3cm

艾啟蒙 (1708—1780年)，波希米亞 (今屬捷克) 人，原名
Ignatitus Sickeltart，1745年 (清乾隆十年) 來華，以畫供奉內
廷，畫藝遜於郎世寧及王致誠。擅長畫人物、花鳥、走獸。曾與
郎世寧、王致誠共同完成巨幅紀實繪畫多幅。

此圖冊共畫十犬。十犬名為 "雪爪盧"、"漆點猻"、"蓦空鵲"、
"霜花鷂"、"蒼水虬"、"睒星狼"、"金翅獫"、"墨玉螭"、"斑
錦彪"、"茹黃豹"。它們是乾隆皇帝行獵南苑或圍場時的幫
手。從圖上十犬的造型看，都是歐洲的純種獵犬。

每圖對頁有嵇璜書寫的梁詩正和汪由敦撰的題贊。

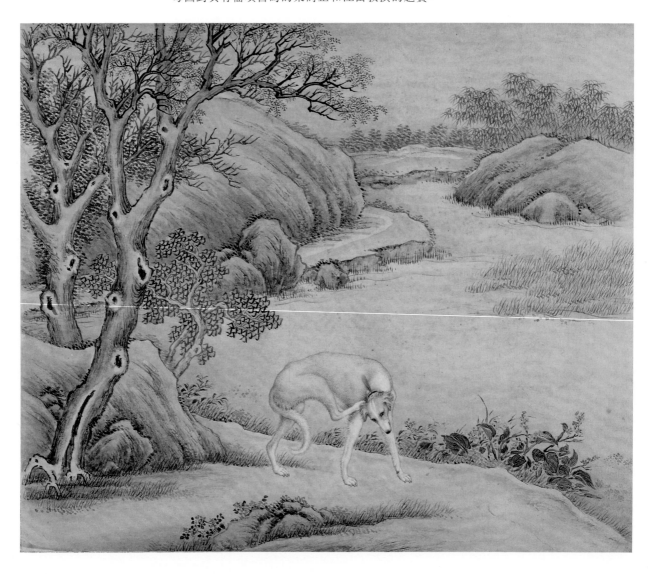

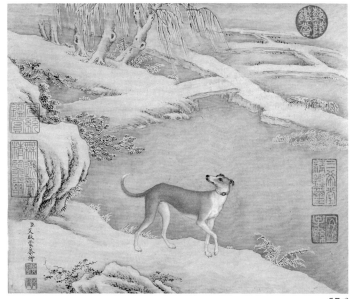

57.2

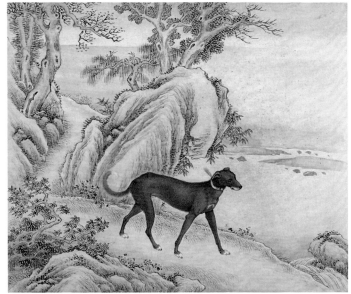

57.3

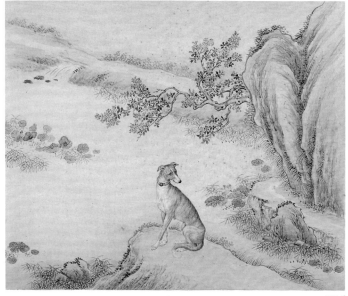

57.4

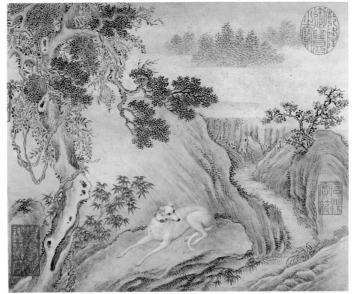

57.5

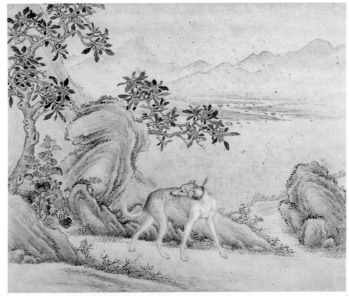

57.6

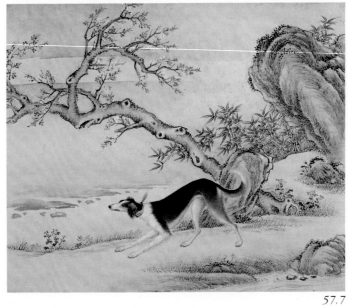

57.7

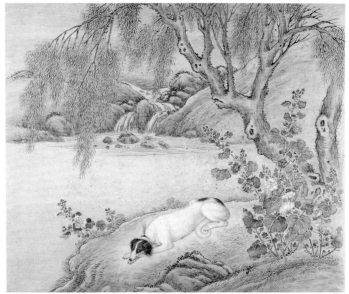

57.8

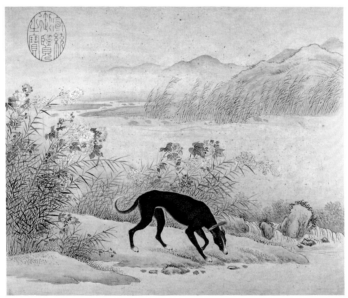

57.9

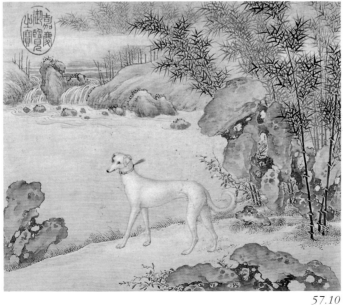

57.10

58

姚文瀚　紫光閣賜宴圖卷

絹本　設色　縱45.8厘米　橫486.5厘米

An Imperial Banquet at Ziguang Hall
By Yao Wenhan
Handscroll, colour on silk
45.8 x 486.5cm

姚文瀚（生卒年不詳），順天（今北京）人，號濯亭，乾隆初期進
入宮廷供職，擅長作人物、道釋畫，畫風規矩工整，設色較濃
麗。

紫光閣建於明代，清代作為皇帝閱射、試武舉之所，清乾隆二
十五年（1760）重修，作為陳列征戰的戰圖、功臣像和收藏繳
獲武器之用。乾隆二十六年正月（1761）紫光閣落成，根據乾
隆皇帝的命令，平定準部回部立功的功臣傅恒、兆惠、班第、富
德、瑪瑞、阿玉錫等一百人的畫像被置於紫光閣。乾隆皇帝在
紫光閣設慶功宴，王公貴族、文武大臣、蒙古族首領、回部郡王
以及西征的將士一百餘人出席了宴會。姚文瀚的這件作品就
是當時宴會場面的真實寫照，是一幅很重要的歷史紀實畫。

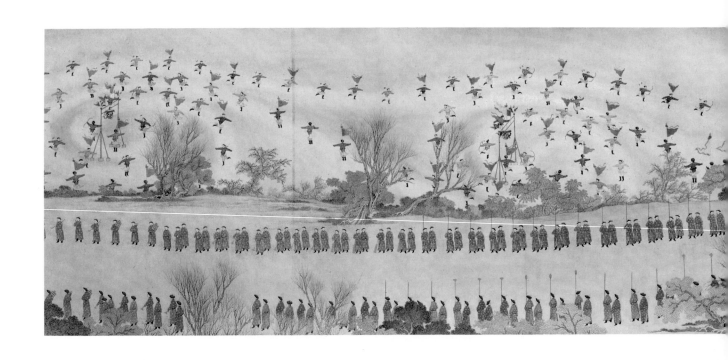

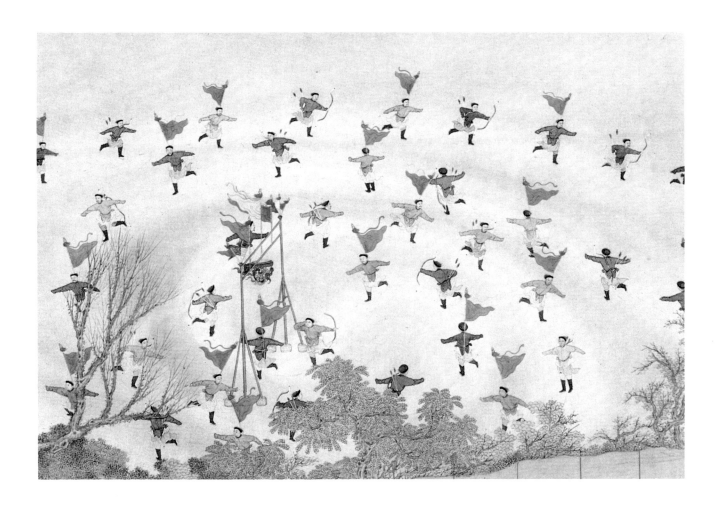

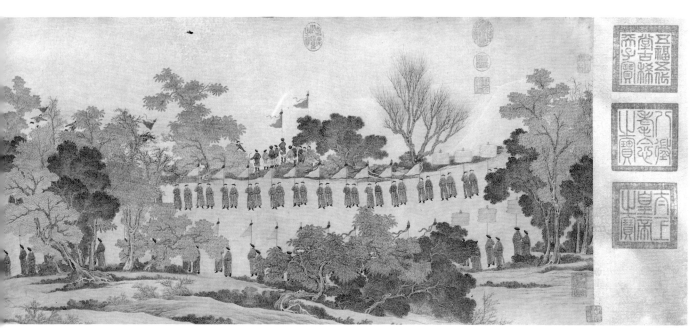

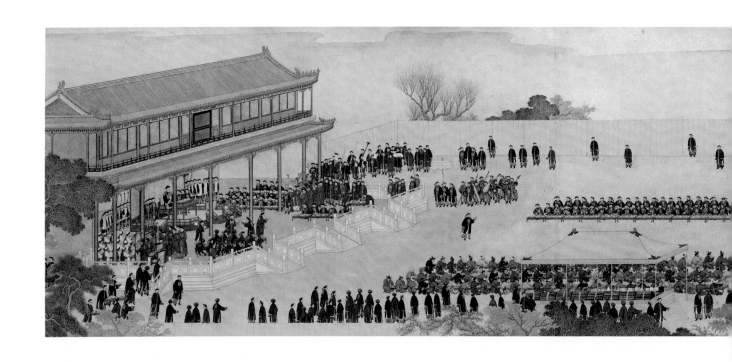

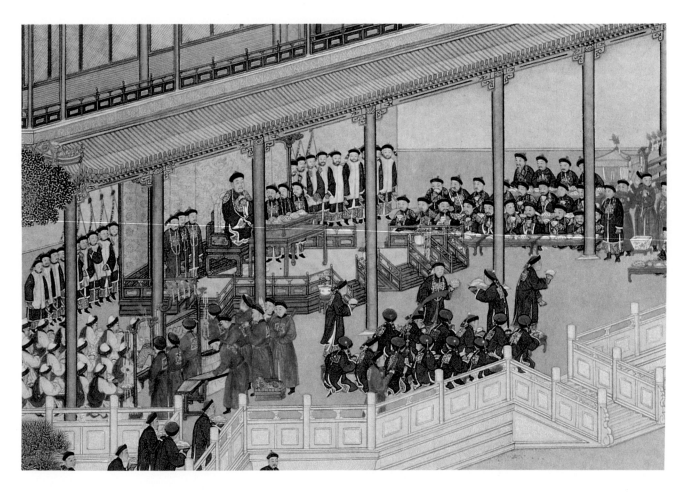

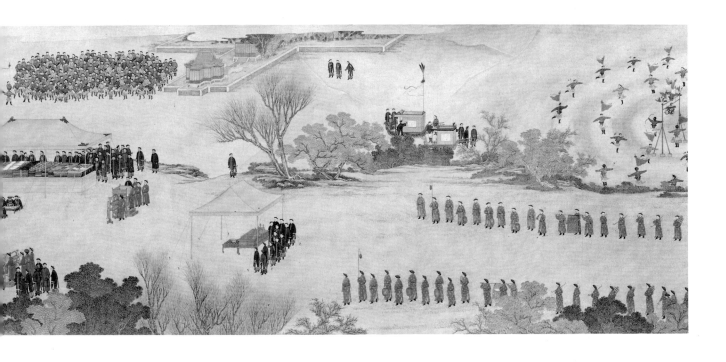

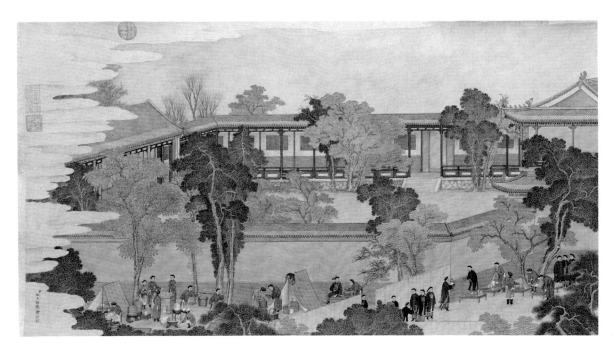

59

金廷標 乾隆行樂圖橫軸

絹本 設色 縱167.4厘米 橫320厘米

Emperor Qianlong Merry Making
By Jin Tingbiao
Horizontal scroll, colour on silk
167.4 x 320cm

金廷標（?—1767年），字士揆，浙江烏程人，乾隆二十二年
（1757）入宮供職，繪畫題材廣泛，人物、花鳥、山水均較為擅
長，畫風工細規則。擅長用綫，綫條有頓挫，尤其畫人物衣紋
時。畫山石借鑑南宋馬遠的斧劈皴，但用筆稍瑣碎。

此圖款作"臣金廷標奉勅敬繪"，但人物頭像及雙鹿顯然出自
歐洲畫家手筆，或為郎世寧所作。圖中描繪乾隆皇帝與妃子、
太監等在山水亭台間遊樂。

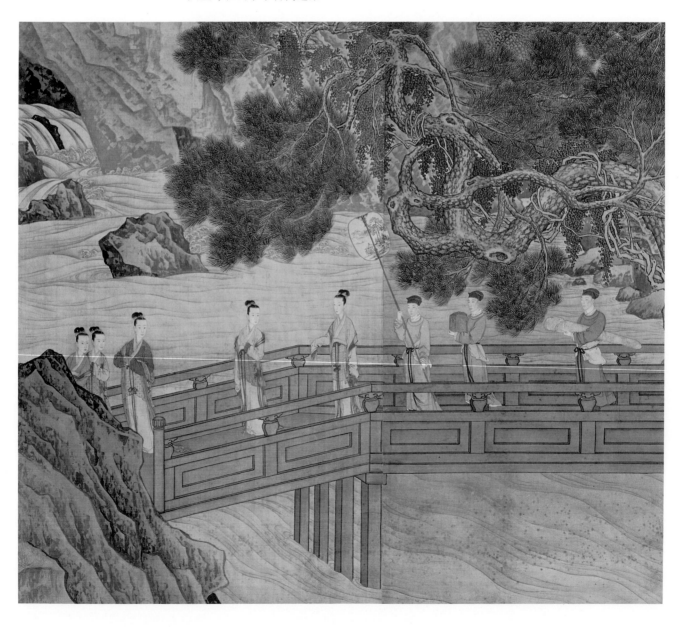

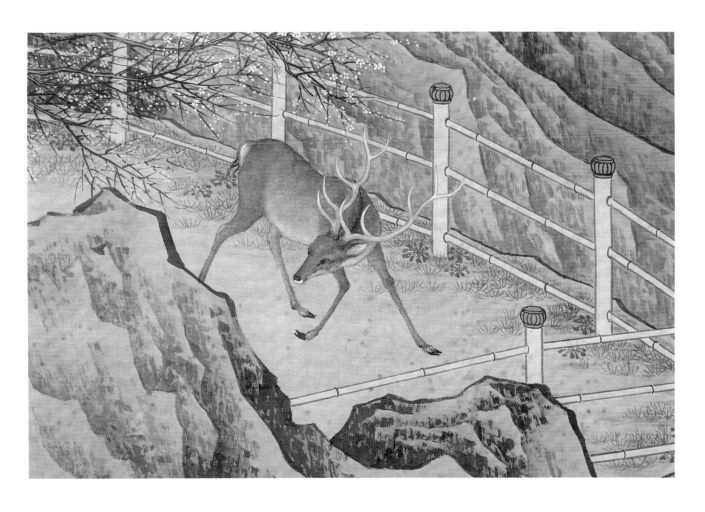

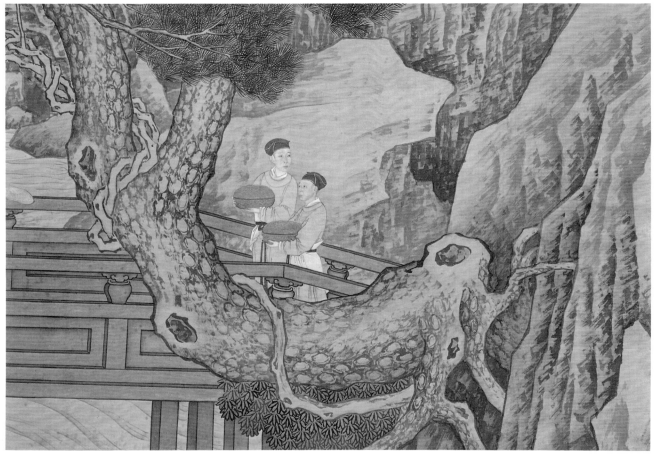

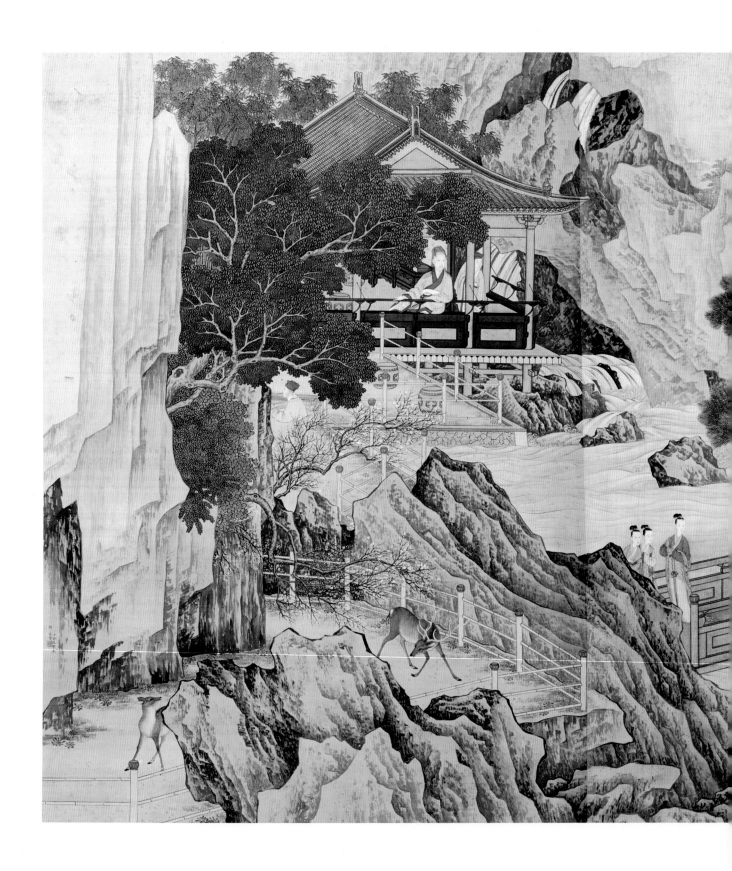

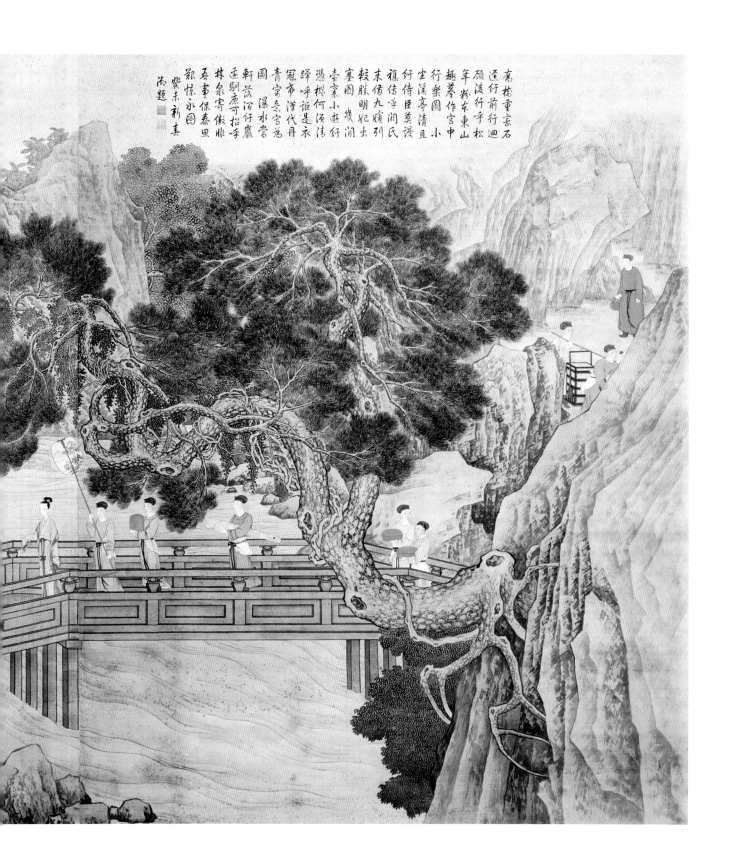

高橋重玄石
逶迤行前行迴
碩後行呼松
年粉東東山
趣攀作宮中
行樂圖小
坐漢亭清且
紆侍臣英謾
禩佇呼澗氏
末偕九嬪列
較朦明妃出
塞圖幾澗
壹家小挺紆
憑檻何須清
踔呼誰是衣
冠帝漢代丹
青宫意高
圖瀑水嘗
軒莢洵紆巖
逶馴焉可招呼
林泉寄傲非
五車保泰旦
親悵永圖
尚題

229

60

張為邦 歲朝圖軸
絹本 設色 縱137.3厘米 橫62.1厘米

The Spring Festival
By Zhang Weibang
Hanging scroll, colour on silk
137.3 x 62.1cm

張為邦 (生卒年不詳)，江蘇揚州人，其
父張震也是宮廷畫家，曾經跟隨郎世寧
學習歐洲畫法。

此圖為春節時應景之作，構圖與用筆均
借鑒西洋畫法，同歐洲的靜物畫有相似
之處。

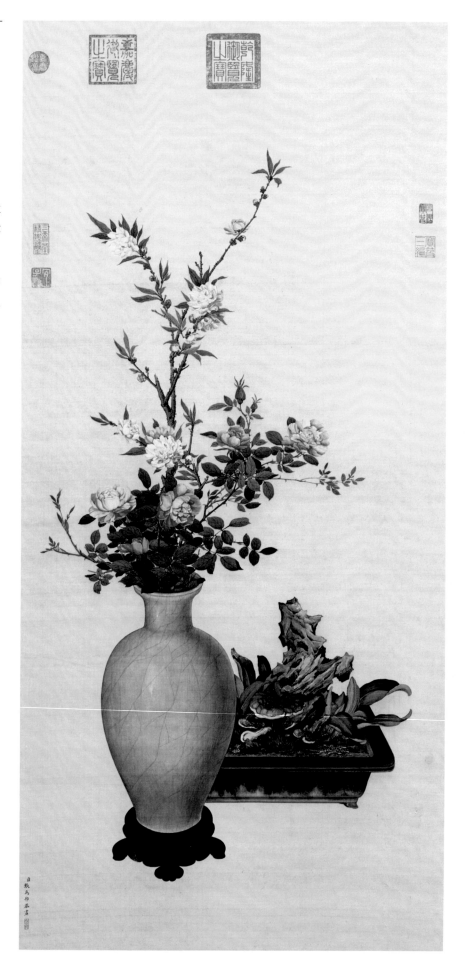

61

金昆、程志道、福隆安 冰嬉圖卷

絹本 設色 縱35厘米 橫578.8厘米

An Ice Game
By Jin Kun, Cheng Zhidao and Fu Longan
Handscroll, colour on silk
35 x 578.8cm

金昆 (生卒年不詳)，擅長畫山水、人物、花鳥，畫風細膩。

程志道 (生卒年不詳)，字遵路，號景川，京江 (今江蘇丹徒) 人，擅畫花卉。

福隆安 (生卒年不詳)，滿洲鑲黃旗人。與程志道二人均為雍正、乾隆時宮廷畫家。

清代宮內有"太液池冬月表演冰嬉"的典制，屆時從八旗將士和內務府上三旗官兵中挑選"善走冰"的能手上千人入宮訓練。然後於冬至到"三九"時在西苑太液池冰上為皇帝、后妃、王公、大臣等表演。此圖即描繪八旗兵在金鰲玉蝀橋之南的中海表演冰嬉的場面。

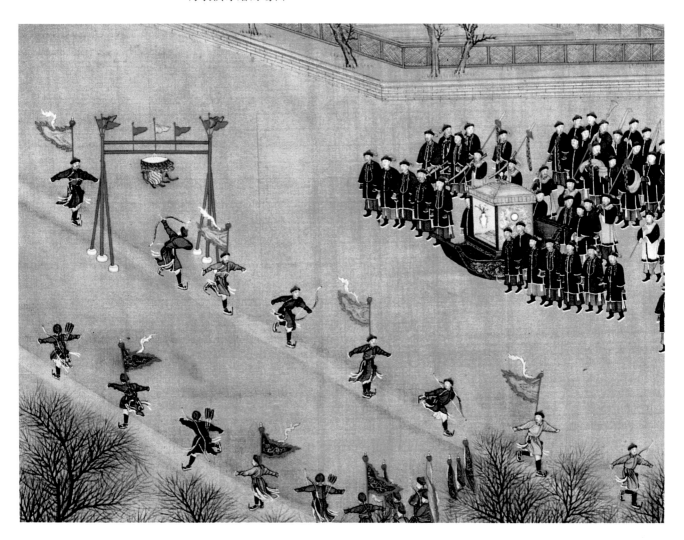

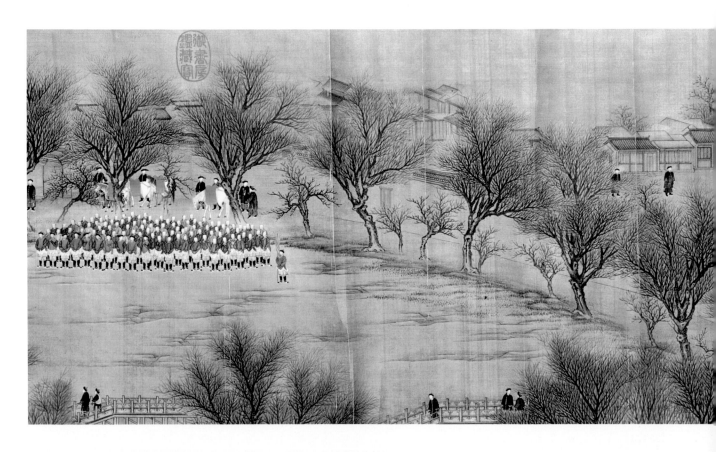

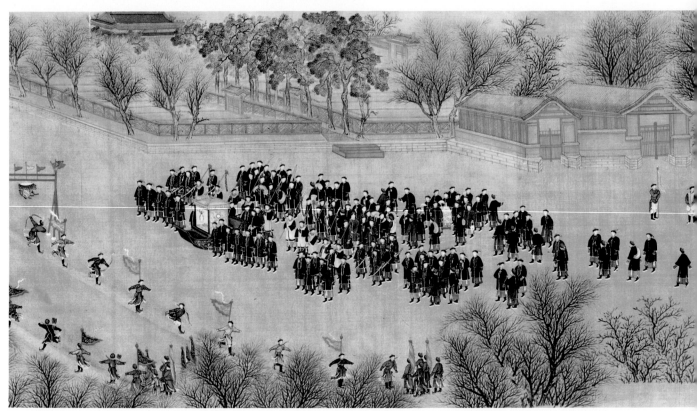

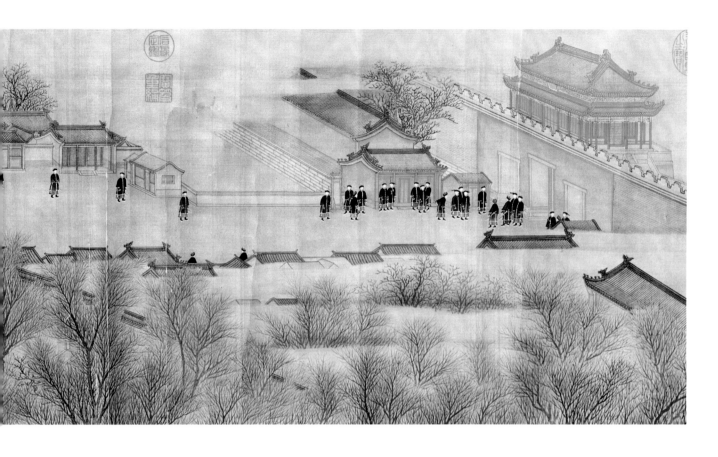

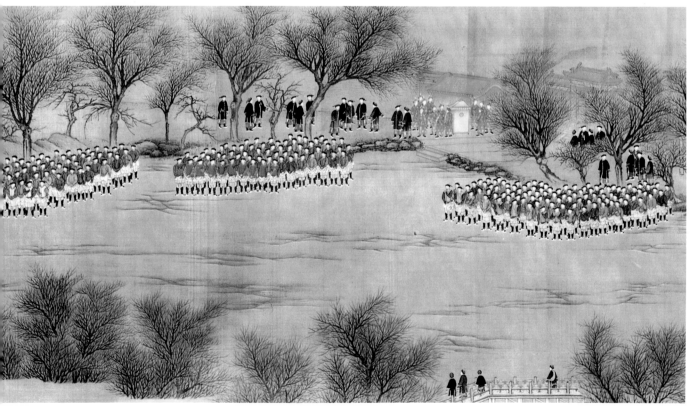

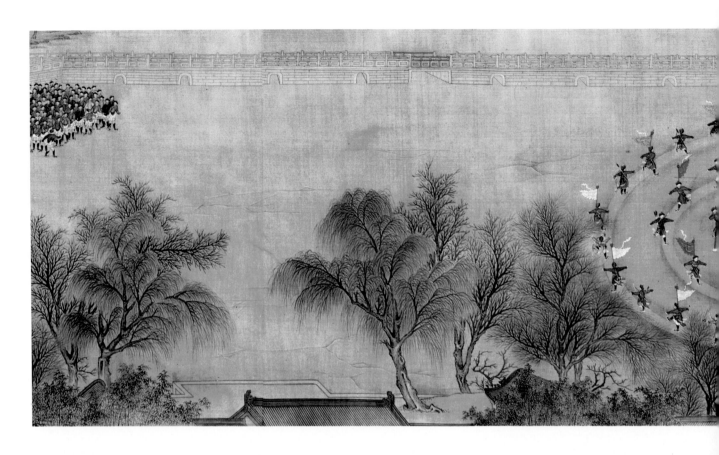

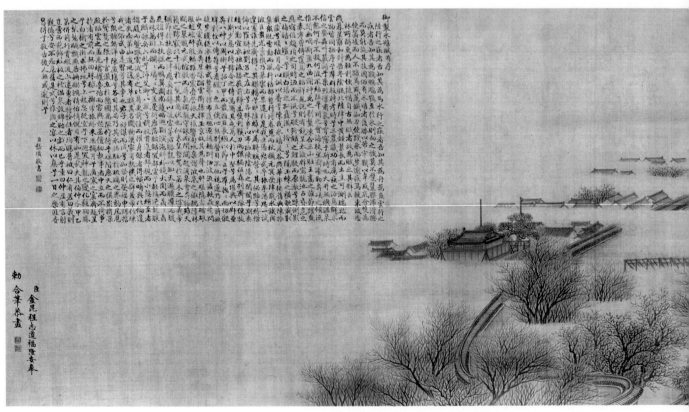

御製冰嬉賦

臣梁詩正敬書

臣金昆程志道福隆安奉
勅合筆恭畫

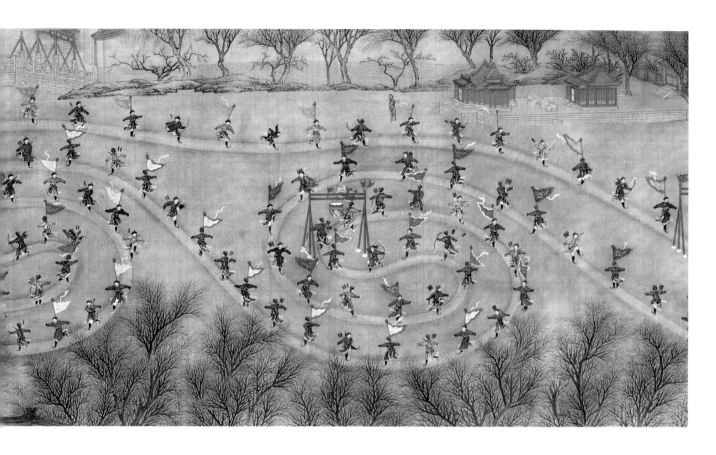

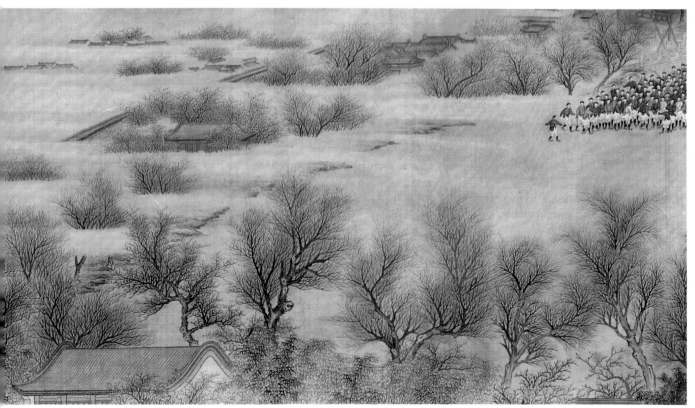

62

佚 名 萬國來朝圖軸

絹本 設色 縱365厘米 橫219.5厘米

Envoys from Vassal States and Foreign Countries Presenting
Tributes to the Emperor
Anonymous
Hanging scroll, colour on silk
365 x 219.5cm

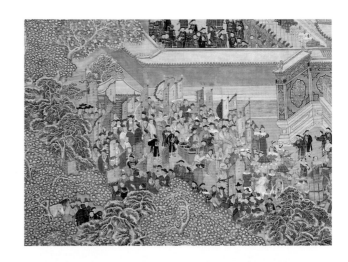

這是一件為表明清朝國力強盛，描繪藩屬及外國使臣前來朝
賀場面的畫幅。朝賀慶典在紫禁城內舉行，場面宏大。畫幅採
用鳥瞰的手法，將紫禁城內有關部分盡量容納進來，運用了
近大遠小的處理辦法，但又不完全拘泥於實地，個別宮殿適
當挪位、壓縮，盡量使畫幅集中於最主要的部位。此圖畫紫禁
城外東路皇極殿、寧壽宮一帶的宮殿。來朝賀進貢的人聚集
在宮門外。整個畫面規整、豪華，體現了皇家的氣派。

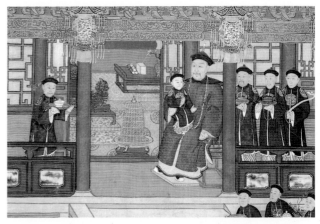

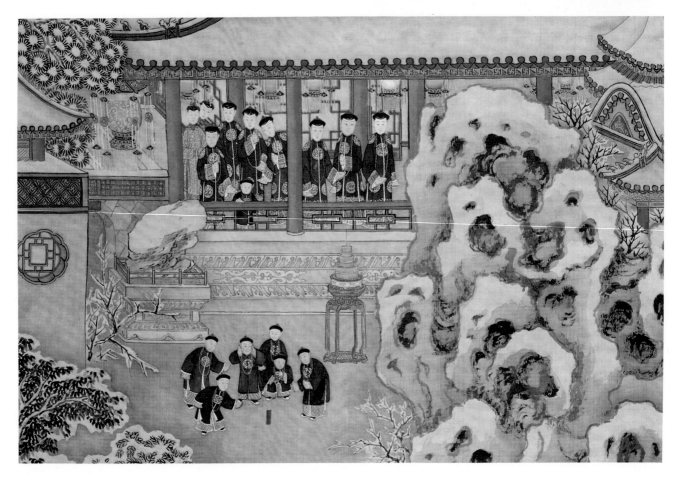

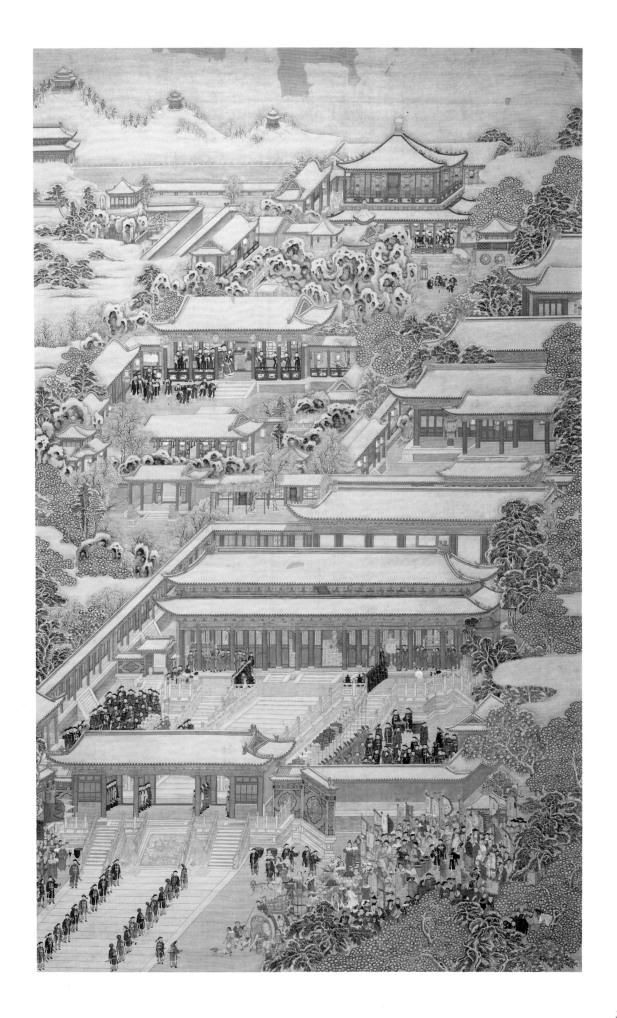

63

佚 名 萬國來朝圖軸
絹本 設色 縱299厘米 橫207厘米

Envoys from Vassal States and Foreign Countries Presenting Tributes to the Emperor
Anonymous
Hanging scroll, colour on silk
299 x 207cm

萬國來朝一類題材的畫幅,在清宮廷中數量頗多,此是其中之一。圖畫中的季節為隆冬,或即是元旦,大雪將紫禁城蓋上一層白色的絨毯,朝賀的賓客和文武百官聚集在太和門內外,而乾隆皇帝此時尚在後宮等候出場。類似題材的畫幅構圖也相仿佛,多採用鳥瞰的角度,將場面舖敘得十分宏大、壯觀。這種全景式的構圖對於表現此類題材非常適宜。

畫幅上無作者款印及其他文字。

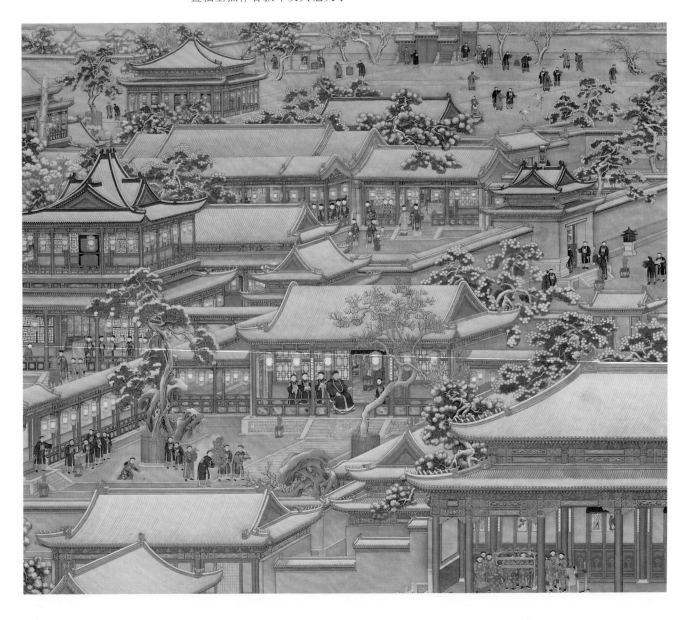

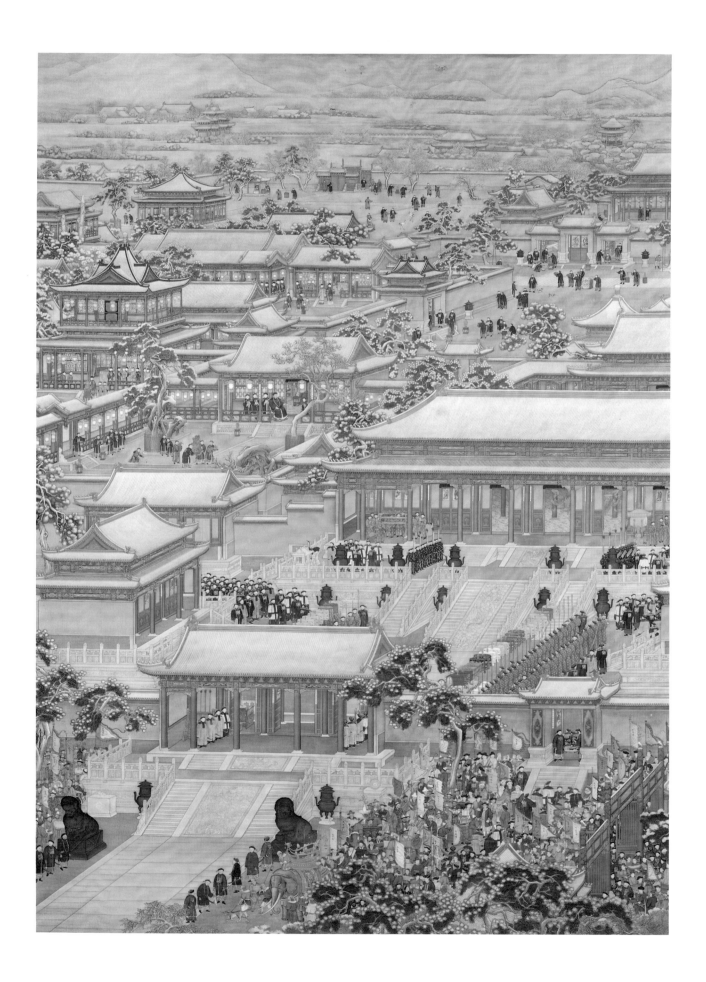

64

佚 名 萬國來朝圖軸
絹本 設色 縱322厘米 橫210厘米

Envoys from Vassal States and Foreign Countries Presenting
Tributes to the Emperor
Anonymous
Hanging scroll, colour on silk
322 x 210cm

這是又一幅同類題材的作品，畫的是元旦朝賀慶典的場面，構
圖與其他同名作品大同小異，此圖運用遠近透視法，從午門內
的金水橋畫起，將太和門、太和殿一一畫出，太和殿以後的建
築也露出屋頂、房簷，稍稍帶過。來朝賀進貢的賓客聚集在太
和門外，太和殿前儀仗鮮明嚴整。

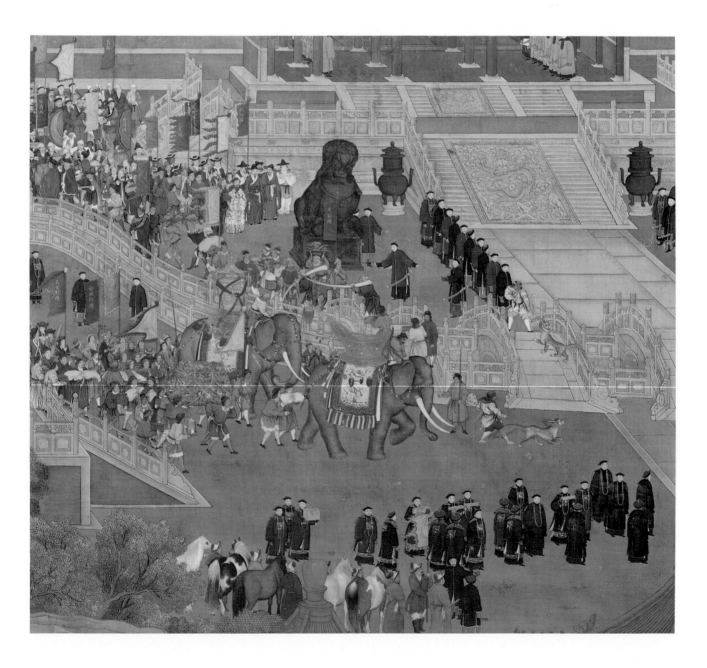

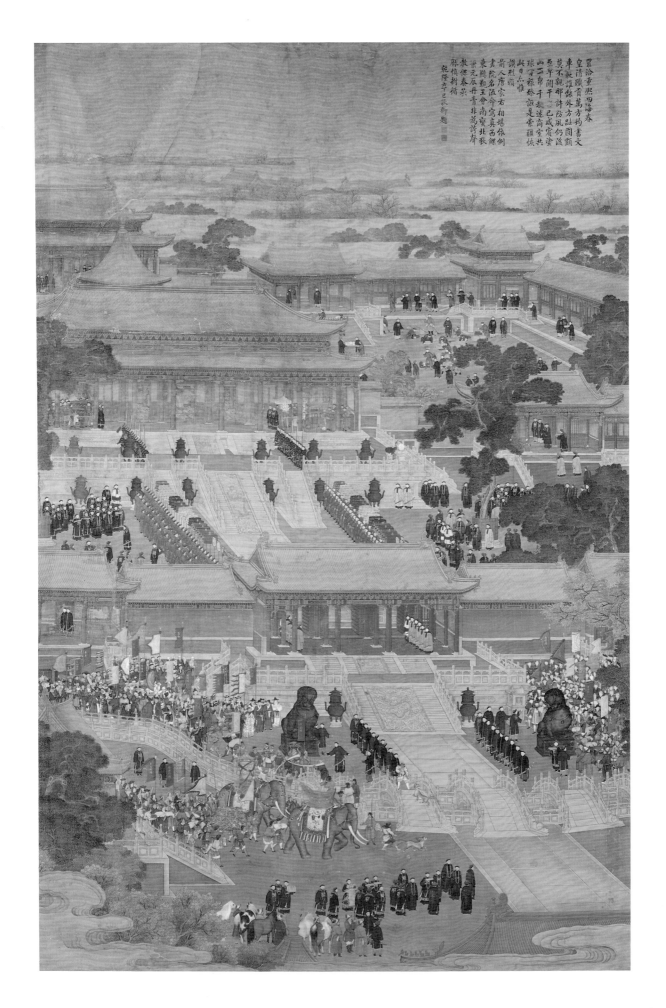

景浴重熙照四海春
皇清職貢萬方均書文
車軌誰張外方趾圓顱
莫不親郡許防風仍後
登平朝干二己咸賓澄
山二帛千秉速高室共
球音祿誼是索疆怍
誤烈顧
前人唐宗右相堤依倒
畫院名派令寫真西鯉
東鵯勒王會尚舊北狄
甚元辰丹青非萬誇屏
教梁泰泉
麻慎裙裙
乾隆奏午己泉御題

241

65

徐 揚 京師生春詩意圖軸
絹本 設色 縱255厘米 橫233.8厘米

A Scene Described in Emperor Qianlong's Poem "Bird's-Eye
View of the Capital"
By Xu Yang
Hanging scroll, colour on silk
255 × 233.8cm

徐揚（18世紀），字雲亭，吳縣（今江蘇蘇州）人。乾隆十六年（1751）乾隆皇帝南巡，徐揚恭獻圖冊，得到皇帝的賞識，命其入宮供奉，在宮內供職長達二十六年。徐揚擅長畫山水、人物、花鳥、樓閣。他的畫風較細膩，並受到歐洲繪畫的影響，曾奉命仿《康熙南巡圖》繪《乾隆南巡圖》十二巨卷。後乾隆特賜他為舉人，乾隆三十一年（1766）會試後授其內閣中書職。

此圖作於乾隆三十二年（1767），以鳥瞰的手法描繪京師全貌。從正陽門外大街畫起，紫禁城、景山，以及西苑、瓊島等處皆置於尺幅之間。此畫雖然運用了西洋畫焦點透視的畫法，但又靈活變通，如右下角所畫天壇祈年殿，隱現於雲霧中，就並未完全拘泥於歐洲的透視畫法。

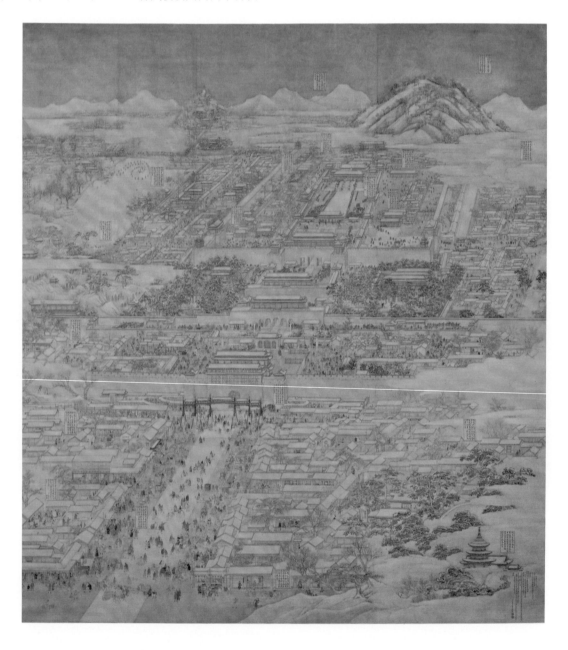

66

賀清泰 貢鹿圖軸
紙本 設色 縱195.5厘米 橫93厘米

Beautiful Deer
By He Qingtai
Hanging scroll, colour on paper
195.5 x 93cm

賀清泰，法國人，原名Louis de Poirot，
清雍正十三年 (1735) 生於魯蘭，後至意
大利，1756年加入宗教組織耶穌會。乾
隆三十五年 (1770) 賀清泰來到中國，隨
後於宮中供職。他的作品多為人物、山
水、鳥獸。他畫藝比之郎世寧、王致誠遜
色。他還通滿文、漢文。嘉慶十九年
(1814) 賀清泰病卒於北京。

此圖雖僅署賀清泰一人名款，但背景中
的樹石顯係中國畫家所畫。圖中的鹿，
非中原地區所產，應係進貢之物。

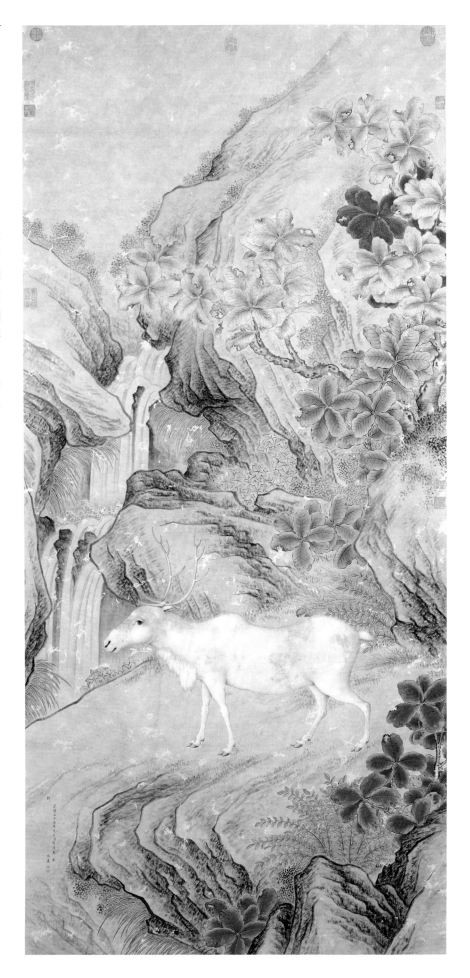

67

賀清泰、潘廷章 喀爾喀貢馬象圖卷

絹本 設色 縱40.6厘米 橫318厘米

Kark Presenting Horses and Elephants to the Emperor
By He Qingtai, Pan Tingzhang
Handscroll, colour on silk
40.6 x 318cm

賀清泰小傳見前。潘廷章，意大利人，原名Joseph Panzi，生年不詳，乾隆三十六年 (1771) 來華，由傳教士蔣友仁推薦進入宮廷供職。在宮中潘廷章曾多次為乾隆皇帝繪製肖像。他大約卒於嘉慶十七年 (1812) 之前。

潘廷章所畫的皇帝肖像均照例不署名款，故無法確指，現所見署款畫僅此半幅。

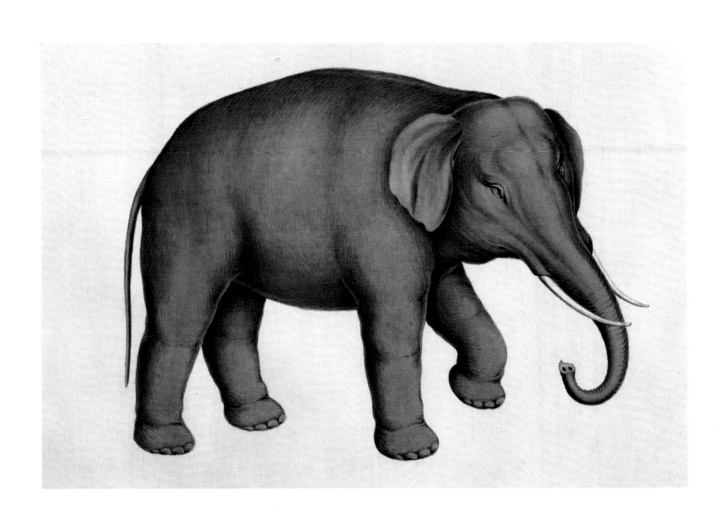

慎德紀金

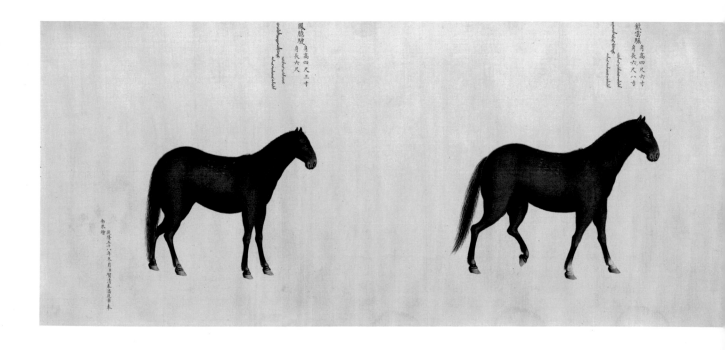

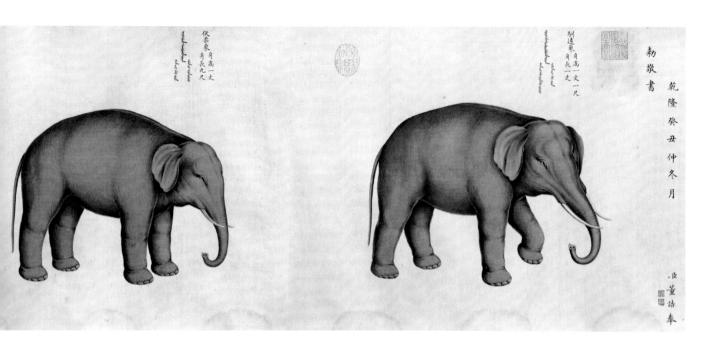

伏茶象身高一丈　身長九尺

馴遠象身高一丈一尺　身長一丈

勒敬書
乾隆癸丑仲冬月

臣董誥奉

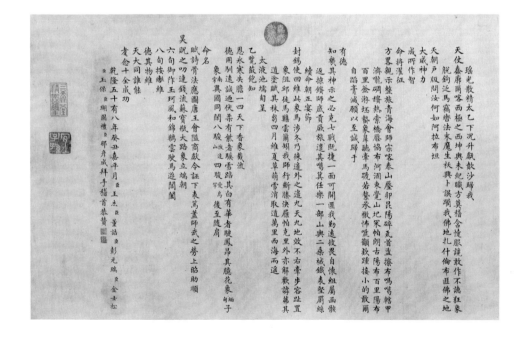

天仗春廊間喀什噶爾西極之西坤興未紀職方莫稽含�602
瑤光散精太乙下況升飈歛沙歸我

命名
賦詩應法應國唐王會臨商獻令誕下表蓋師武之勞上昭助順
恩氷寒失膽一四天下香象戴流
德用馴遠迤伏柔有犖者躒雪路其白有華者躒鳳昂其臟花象編句子
象貓異國同闖八駿岐逾四駿隴鳥俊至隨肩
乙堂鼓砲知
太液池塡旬呈
知象其神示之必克七戰既捷一面可開匪我勤遠彼畏自懷組屬畫骸
近掠牒師底貢廄旅遺其喝其任樂一部山與二乘械表堅圖綠
續命朝正宴節
封錫使回維此象馬涉冬乃株遼外之邁九天九地效不右寧步容趾置
象阻邱徒馬雞雲蒯刻我師行斷滕決犀帕克里外亦解歛諱箴其
道邈賦其林彀四月維夏草前雪消取道萬里西海兩通
自臨肯滅顚以至誠睜于
百里釜游坯鼙象鼻聽椉馬躐若椉承檄怖嚧顯躓椉小的散爾
成所作智
命持濯征
方墨親示整旅青海會師宗喀泰山歷卯崑陽碎瓦首盞撥布瑪喝轄甲
濟嚨綢賾熱索橋鴈協布阿涸東堂山扼寀帕朗古陽布百里陽布
大威神力
天朝戶版問汝何如阿拉布坦
脫鉤泛馬竊攣法末魔生牀興卜誤躚我佛地扎什倫布匪佛之地

賸圖禮　那卉成拜手稽首恭贊

臣王杰　臣董誥　臣彭元瑞　臣金士松

臣玉保

八旬按轡維
德其物維
天大同誰傚
耄念十全成功
乾隆五十有八年癸丑嘉平月
六旬御作玉珂鳳和錦鶺雲駛象遊閶闔

三希堂精鑒璽

宜子孫

68

徐 揚 乾隆南巡圖卷（共十二卷）

乾隆皇帝在位六十年，其間仿效其祖父康熙皇帝也有六次南
巡之舉，二者南巡的路綫也相仿佛。乾隆皇帝亦命令畫家畫有
《乾隆南巡圖》十二卷共兩套，一套為絹本，一套為紙本。目前
絹本的那套已散佚，分藏於美國紐約大都會美術館、法國魁黑
市博物館、北京故宮博物院等處；而紙本的那套十二卷尚屬完
整，原為北京故宮博物院收藏，1959年撥交中國歷史博物館。

本圖錄刊佈的為《乾隆南巡圖》絹本的第九卷及第十二卷，分
別描繪了乾隆皇帝一行南巡至浙江及回到京師的場面。

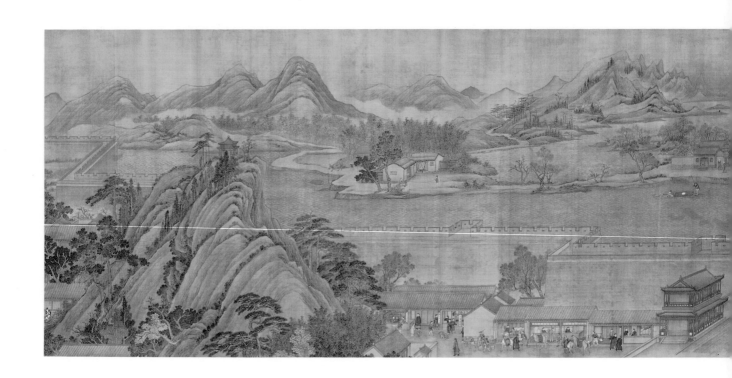

徐　揚　乾隆南巡圖卷（第九卷）
絹本　設色　縱68.9厘米　橫1050厘米

Emperor Qianlong's Inspection Tour to the
South (No.9)
By Xu Yang
Handscroll, colour on silk
68.9 x 1050cm

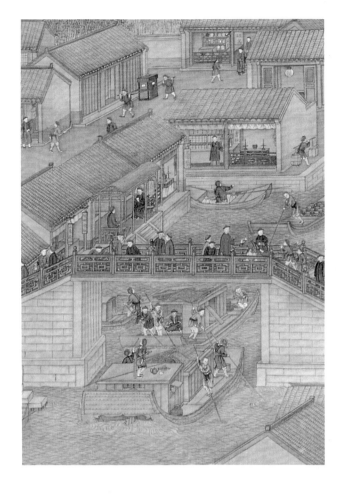

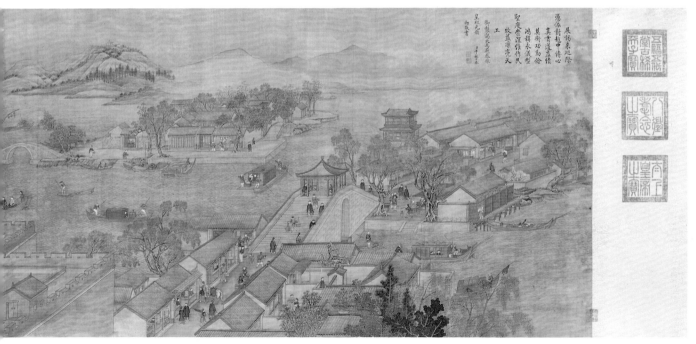

徐　揚　乾隆南巡圖卷（第九卷）
絹本　設色　縱68.9厘米　橫1050厘米

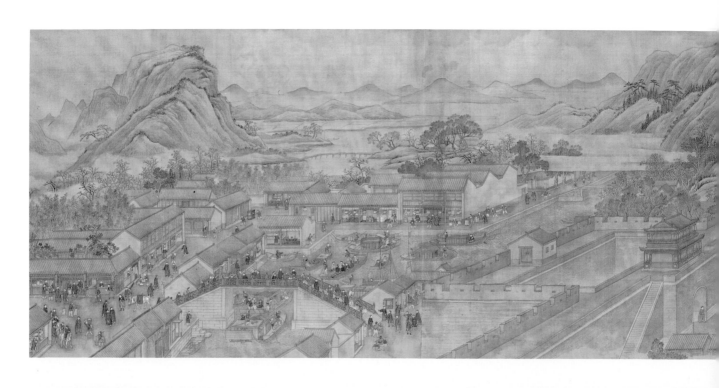

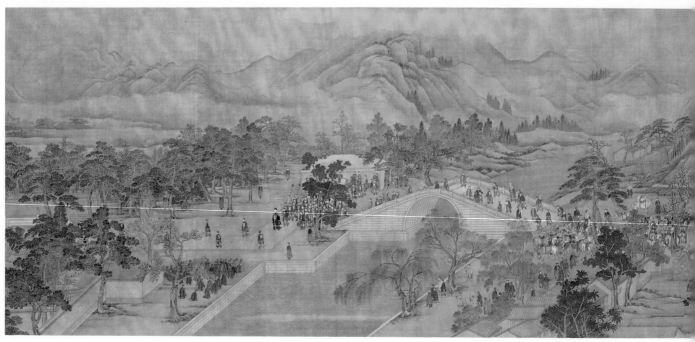

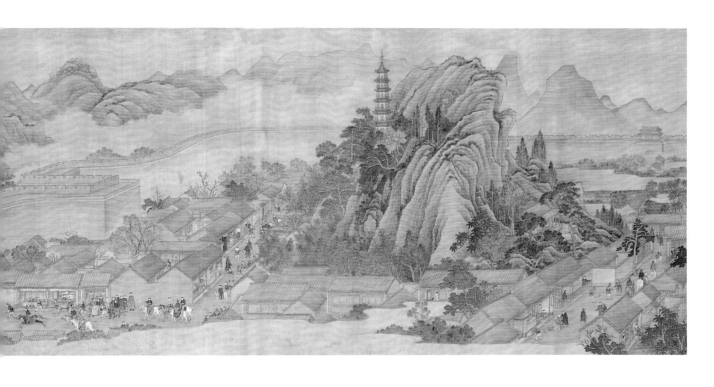

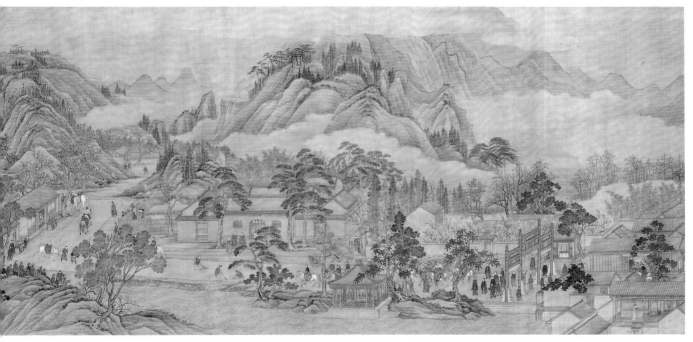

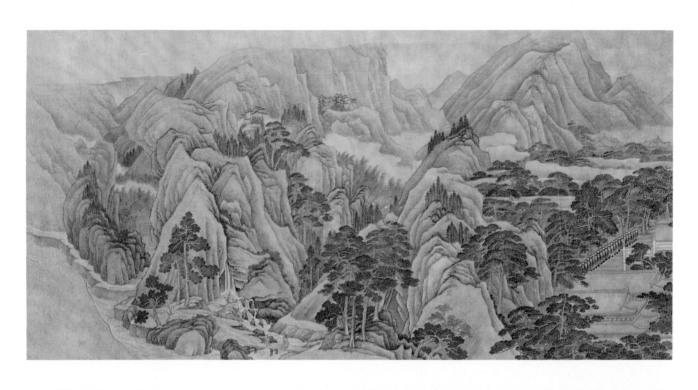

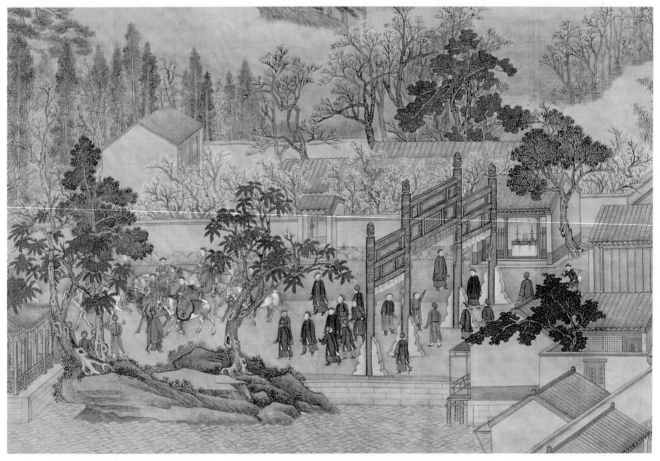

徐 揚 乾隆南巡圖卷（第十二卷）

絹本 設色 縱68.9厘米 橫1029.4厘米

Emperor Qianlong's Inspection Tour to the South (No.12)
By Xu Yang
Handscroll, colour on silk
68.9 x 1029.4cm

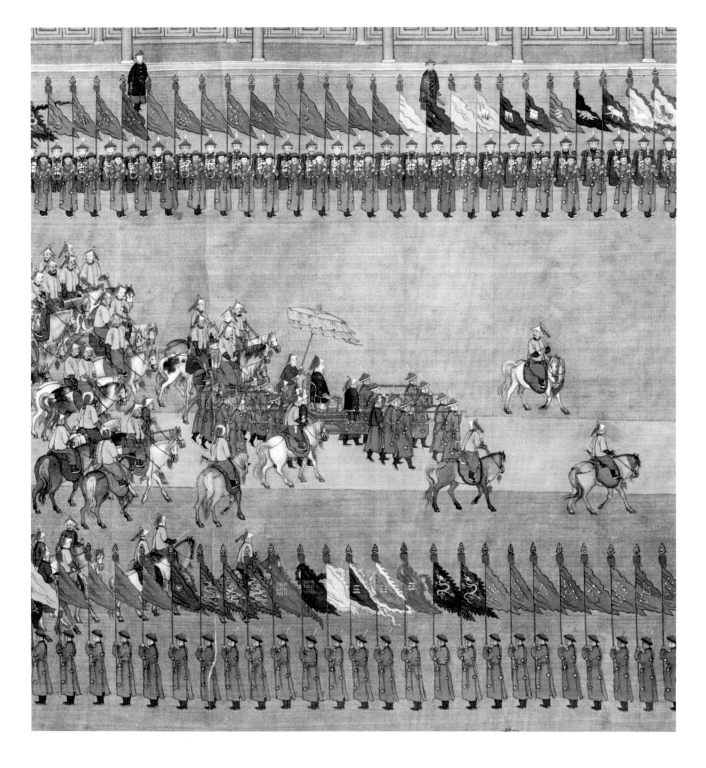

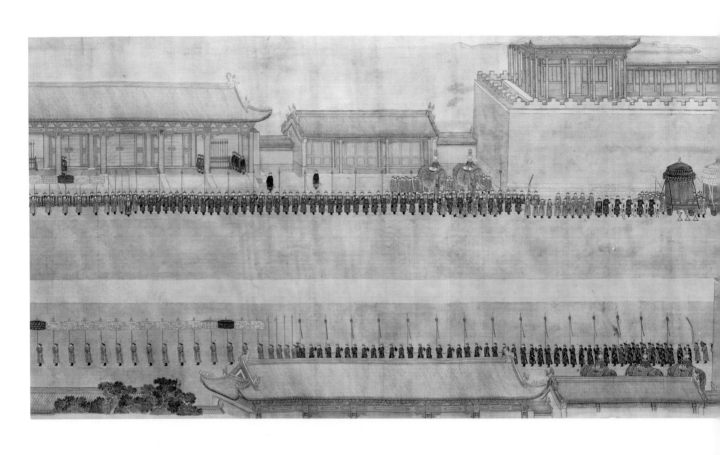

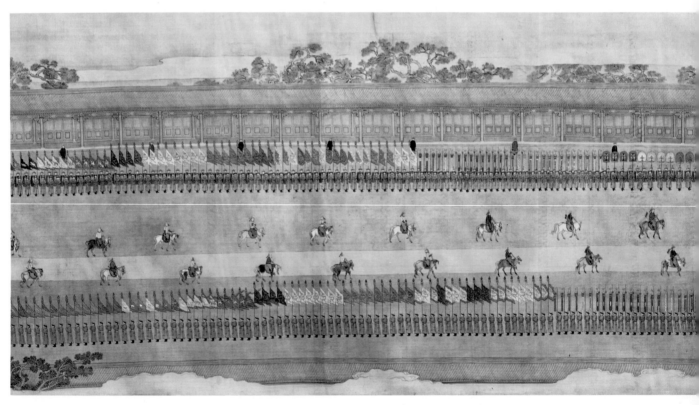

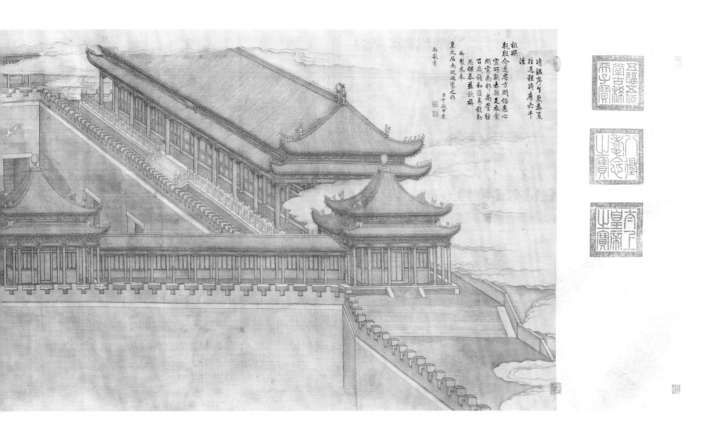

清溫序作處暑夏
往逗程將厲六千

祖燠
覲殿今送者方問儔惠心
宣酐勑尚是承意
閒雲南郡尚管經
百歲偹和匪馬殷勤
恩保泰益藉辭
御製恭春
皇太后南巡密之作
南敬書

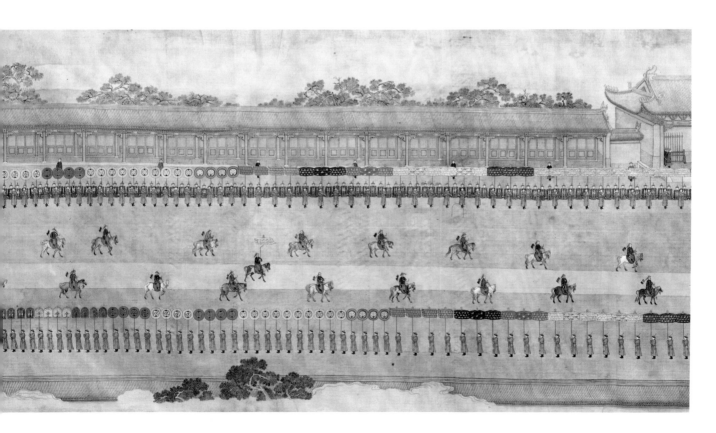

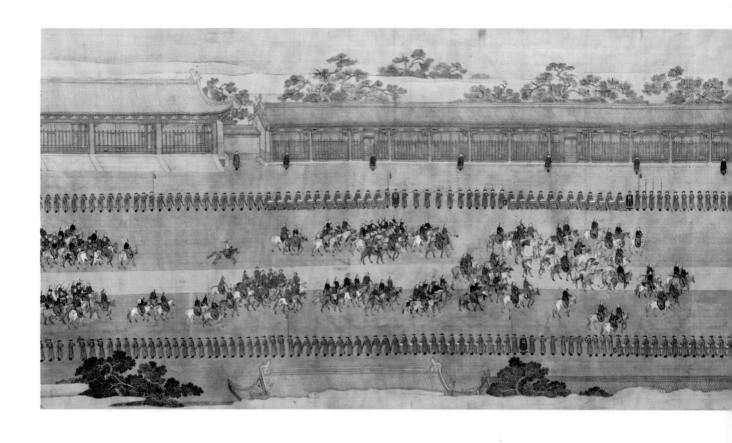

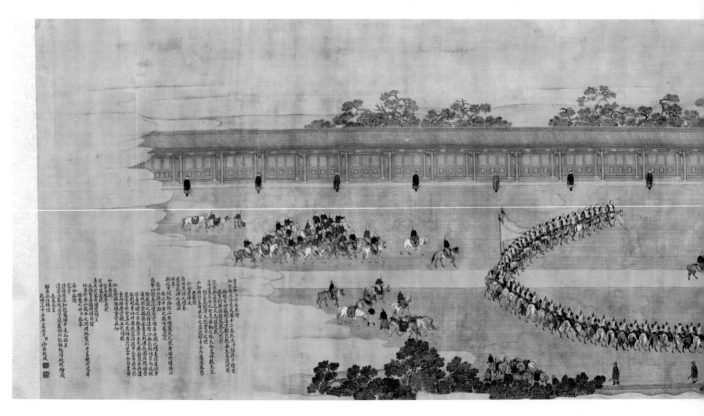

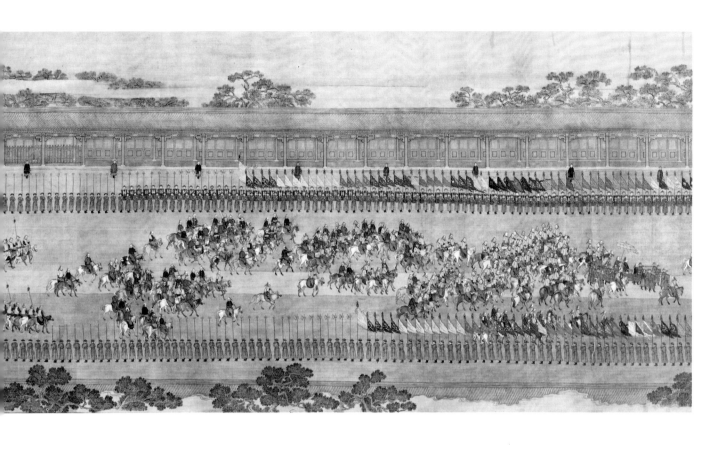

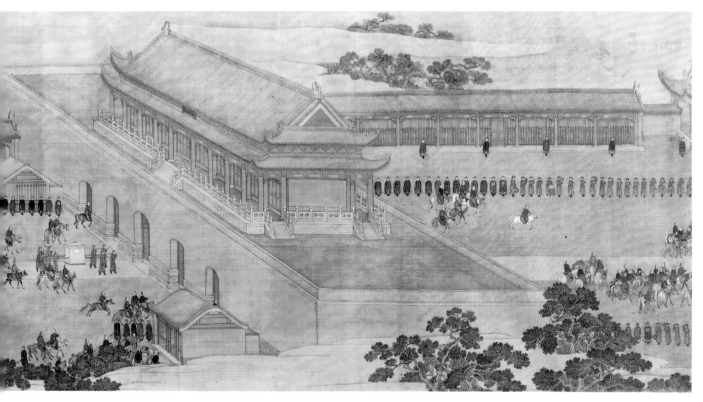

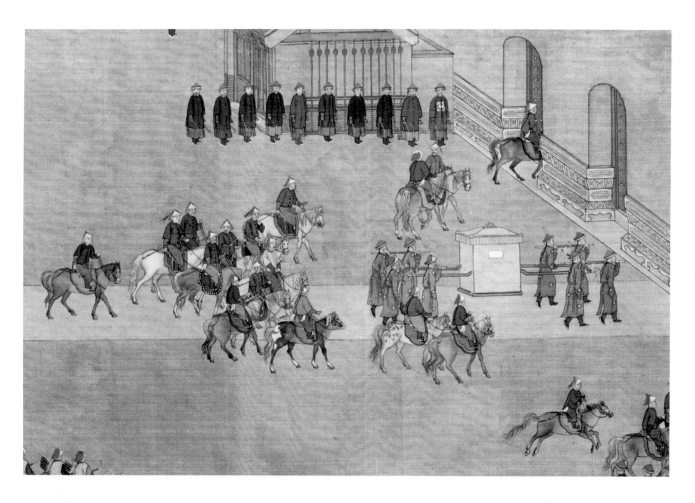

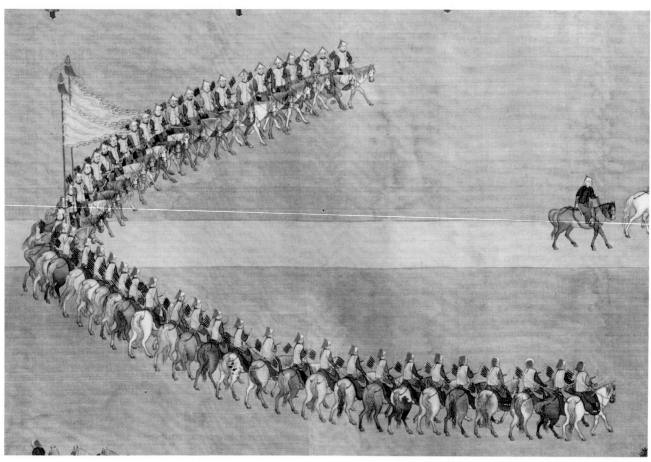

69

徐 揚　平定兩金川戰圖冊（十六頁）

絹本　設色　每開縱55.5厘米　橫91.1厘米

Battle Scenes of Quelling the Rebellion in two Jinchuan Regions
By Xu Yang
Album of 16 leaves, colour on silk
Each leaf 55.5 x 91.1cm

乾隆三十六年至四十一年（1771—1776）間，清政權與大小金
川（又稱兩金川）的土司勢力進行了較大規模的戰爭，並取得
了勝利。戰後，不但繪製了立功將士的肖像懸掛於西苑紫光閣
內，而且仿照平定準部回部得勝之例，繪製戰圖一套。這套戰
圖共十六頁，分別畫了雙方爭戰的若干回合。金川地區多山，
山上建有許多石碉堡，攻佔碉堡是戰鬥勝負的關鍵，也是畫家
表現的重點。

畫幅的最後一頁左下角有作者署款，每幅畫上均有乾隆皇帝
題寫的詩句。

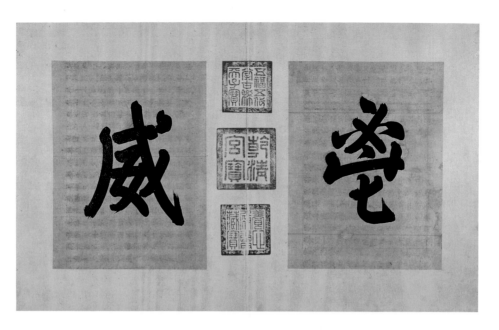

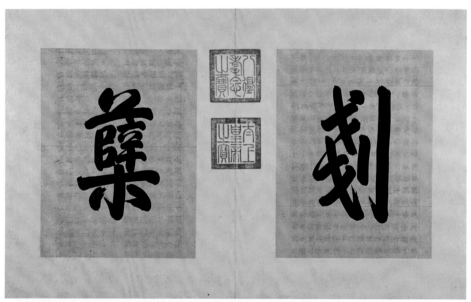

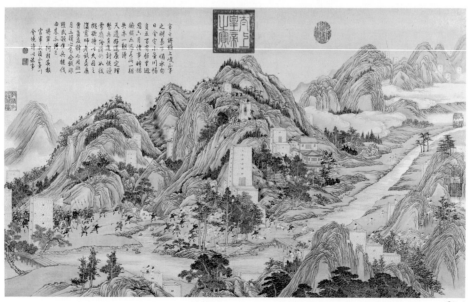

69.1

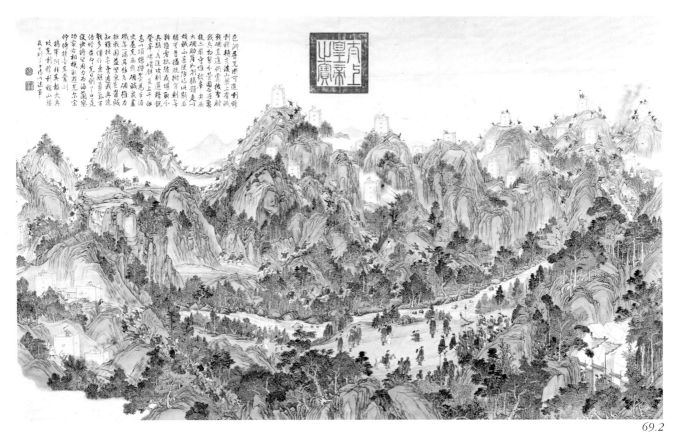

69.2

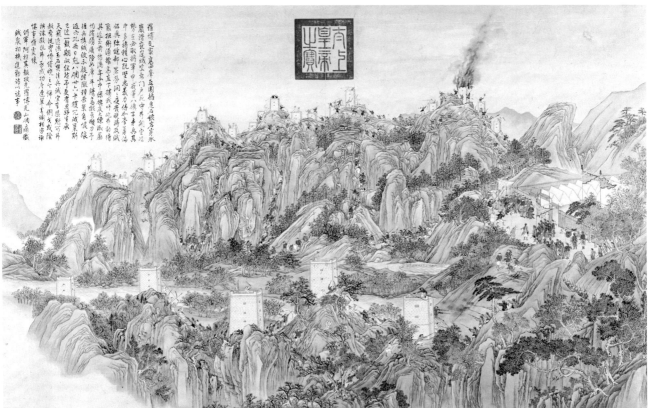

69.3

261

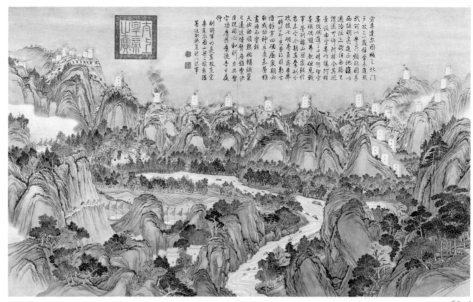

69.4

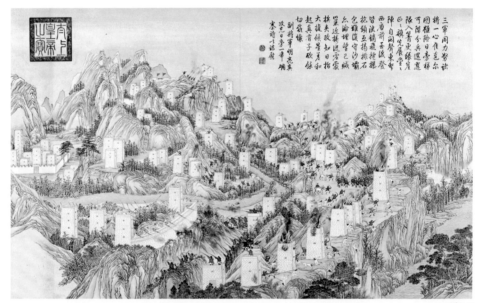

69.5

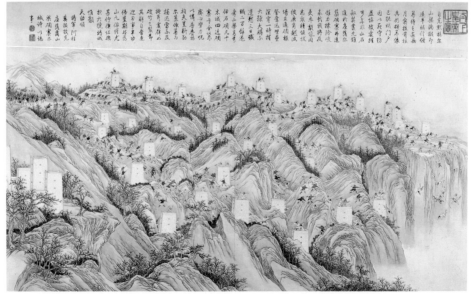

69.6

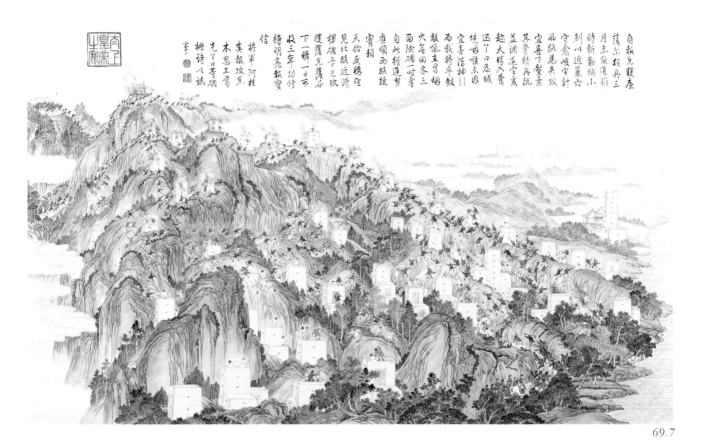

自報克雍康
薩尔班兵三
月未然進雅
時斬勤戰小
剃以近巢穴
而跡為夫致
守念峻室計
宜喜下墅未
其累搶兵院
而我捨辛因
益調還穿爰
趣天時入奮
敲懷且冒烟
吹冬回荼三
面險碉一時峯
自此經進勢
庶順西跡捷
賓賴
天佑交擇哇
見北跛近游
楞碉卡巳改
摸碉克薩荼
下一瞬一日而
收三年功行
信
待明亮報賓
將軍阿桂
東振攻京
木思工嘗
克门口荽碉
柵詩以誌
事

69.7

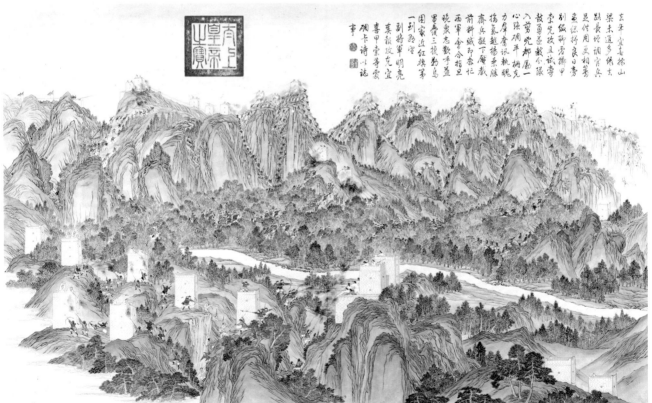

玄本宜喜掄山
梁未進多綠玄
跛長培調宮兵
旦代用更相弟
熟織将訊良日旁
別織帥唇撕甲
心瑜碉克一
八剪究邨鳳一
力舉趨揚柔滕
齋兵擬下鏖忙
荷揰戚卯奈旦
而軍命合指卫
晚泉志歡乎事
軍盡三攫勞烏
圍家近紅磧茅
一到勁窵
副將軍明亮
東振攻克宜
喜振攻寺雲
碉卡詩以誌
事

69.8

263

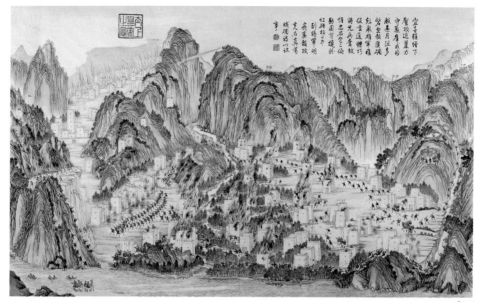

69.9

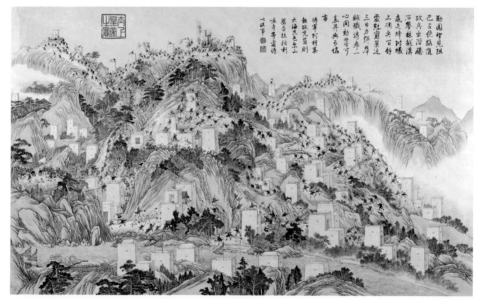

69.10

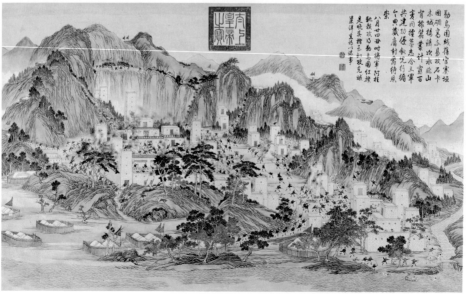

69.11

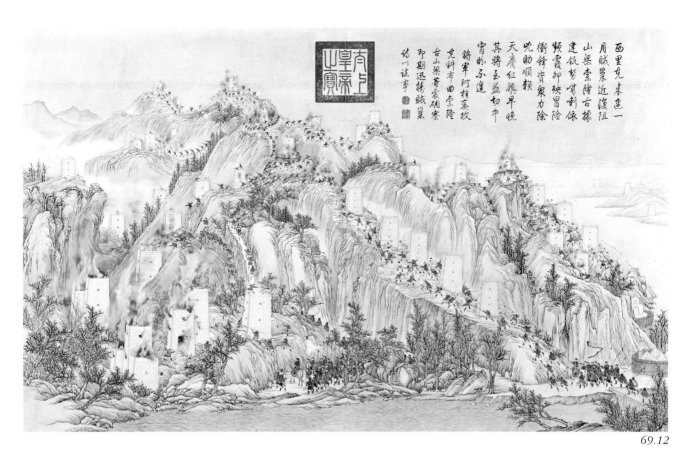

69.12

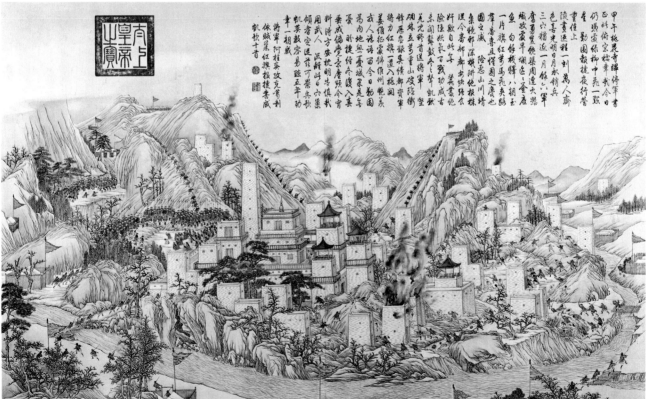

69.13

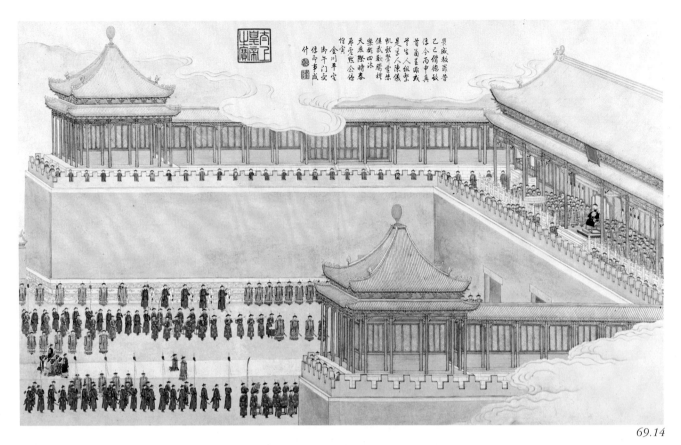

69.14

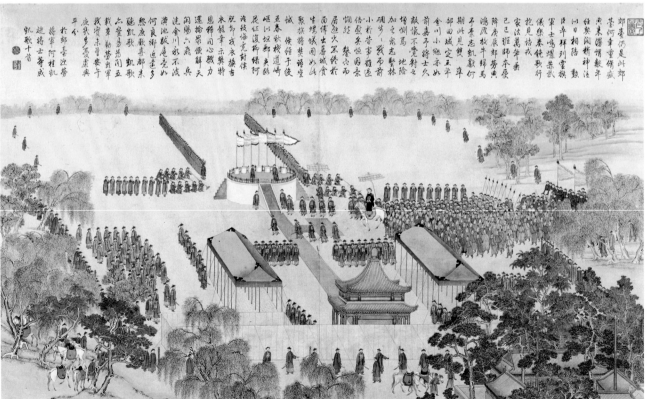

69.15

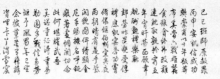

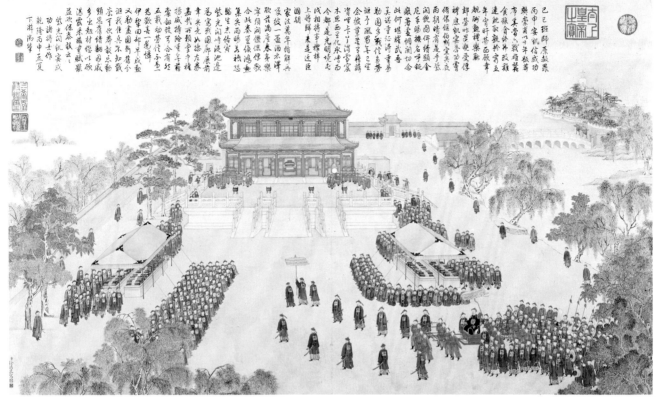

69.16

皇上念將士之勞山川之阻集勳之不易
昭覯之式臨爰
命繪戰圖十有六幀用慶武成垂示萬禩豐功駿烈震耀天地俾
禁廷仰見我
皇上睿謨神武於金川一役五年之中
宵旰勤勞籌
臣舒赫德等綴言簡末臣等日侍
批荅策定於深宮機應於萬里每羽書墮至臣等踞聆
天語指授機宜決形勢之險夷料賊情之虛實恭撫是圖不啻觀
火而視諸掌也是以
方略用克成功蓋
至誠如神之道也夫前此蕩平西域伊犁回部拓地且二萬里視
金川為倍蓰而事勢有不同者其地崇山複嶺嶂林箐深石
卡碉樓氷堅雪滑非若西陲沙漠平原曠野之可以三軍馳
驅也其負嵎恃險蟻駐相依非若拉朽摧枯之可以一朝席
卷也雪山萬仞石棧天梯尺幅之間豆人寸馬賊之
眾之驚惶奔觸歡驚恍然見我軍之賈勇刷堅先登陷
陣猶若揚怒未息也至兩金川以內地土司負
恩反噬蠶食鄰封封自干
天討此我
皇上用兵不得已之心天下臣民無不曉然而共喻者也且伏讀
御製戰圖序與
御製戰圖諸詩以仰窺我
皇上聖懷淵惕履威持盈之道不詡耀夫開疆闢土而惟黷武窮
兵之是懼不侈美夫獻馘因而惟折衝矢石之堪矜且
思所以乘萬年示久遠者不惟以今之兩為為勉而且以今之
詩詩然於息事寧人三致意焉則信乎好生者
天之心也不得已而用兵者
聖人之所以應
天而順人也是以自
天佑之吉無不利版章厚而
第祿康也圖始於妝復小金川終於郊勞凱宴幀幅與平定伊犁
戰圖相合臣等觀觀
聖武之威典自愧管窺蠡測不足以頌
策勳之遠揚紀無前之偉績猶於乾坤者難為容摹日月者難
為光也大學士公臣舒赫德于敏中協辦大學士尚書公臣
阿桂尚書公臣福隆安臣豐昇額侍郎臣梁國治臣和珅拜
手稽首恭跋

267

70

徐 揚 天寧寺詩意圖卷

絹本 設色 縱15.6厘米 橫102.5厘米

A Scene Described in Emperor Qianlong's Poem "Tianning Temple"
By Xu Yang
Handscroll, colour on silk
15.6 x 102.5cm

徐揚此圖也是乾隆皇帝的詩意畫,畫的是揚州的寺廟天寧寺。
乾隆皇帝南巡時,曾將此寺作為行宮駐蹕於其中。徐揚以比較
疏淡的筆調描繪了這處名勝,使之具有脫俗出世之感。

畫幅上有大臣汪由敦書寫的乾隆皇帝詩句。

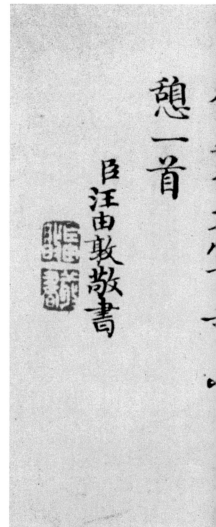

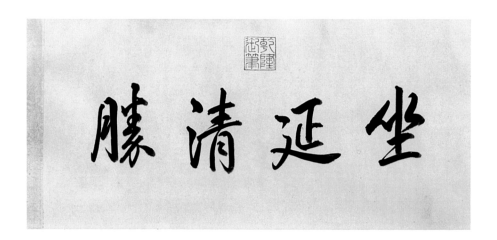

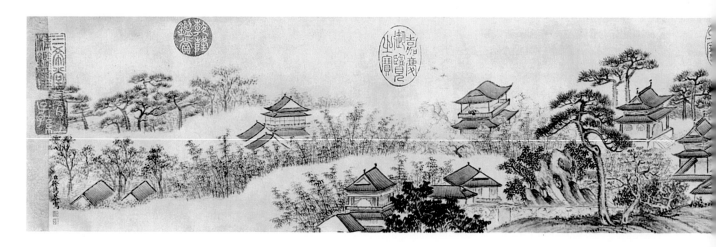

昨朝望裏烟雲
渺今日坐覺春
光舒阿大中郎
留別業優婁比
邱浔廣居鳥是
南音真愜聽花
欺北地無雲麈
平山更在綠雲
孙俯暢樓宽恰
受虛

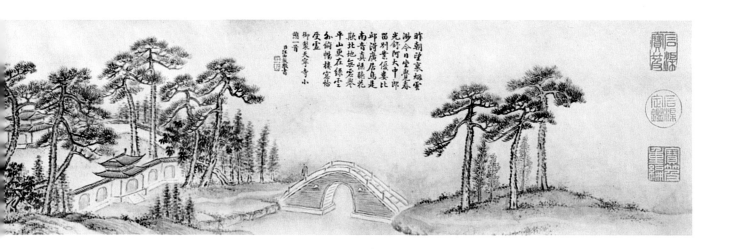

71

徐 揚 玉帶橋詩意圖卷

紙本 設色 縱15.4厘米 橫124厘米

A Scene Described in Emperor Qianlong's Poem "Yudai Bridge"
By Xu Yang
Handscroll, colour on paper
15.4 x 124cm

畫家徐揚曾經為乾隆的詩畫過不少詩意畫,此卷即為其中之
一。畫幅上有汪由敦書寫的乾隆皇帝題詩。從畫面看,圖中所
畫為頤和園的前身清漪園內的風光。清漪園中有一人工開鑿
的湖泊——昆明湖,湖的西邊有一長堤,堤上建造很多形狀各
異的橋樑,其中有一拱形如玉帶的石橋目前尚存。乾隆的詩句
即與此橋有關。徐揚的畫幅對於了解清漪園的沿革變化及乾
隆時的狀貌,有着重要價值。

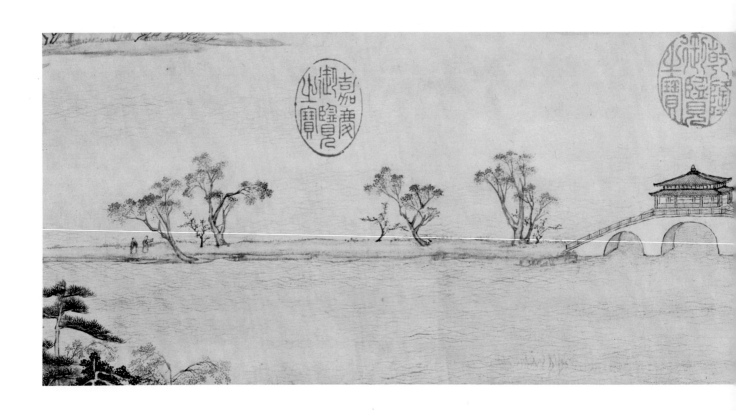

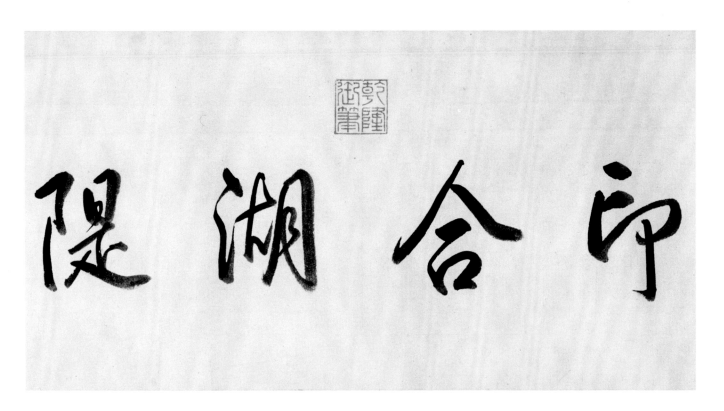

印合湖隄

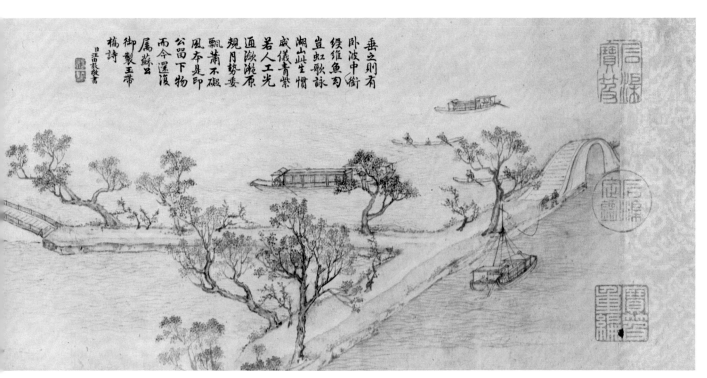

垂之則有
卧波中衡
緤維魚句
豈虹歌詠
湖山生憾
咸儀青紫
若人工光
迴澂瀠原
規月勢委
飄蕭不礙
風本是印
公留下物
而今還復
屬蘇云
御製玉帶
橋詩

日汪由敬敬書

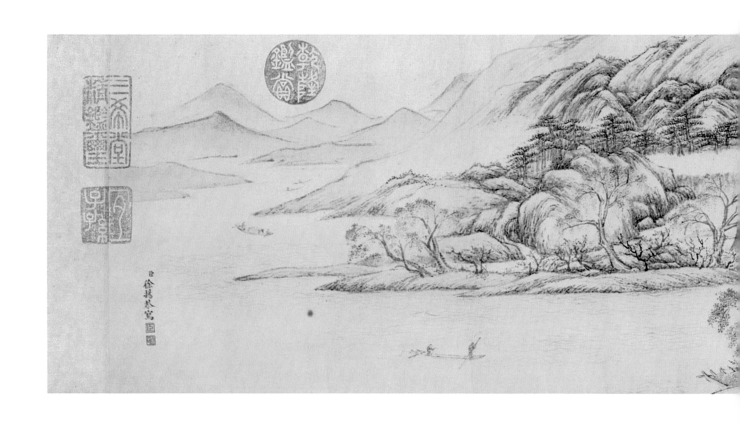

臣徐揚恭寫

垂之則有
臥波中衢
緤維魚鈎
豈虹歌詠
湖山此生慣
威儀青紫
若人工光
通澈瀲原
規月勢委
飄蕭不礙
風本是印
公留下物
而今還渡
屬蘇公
御製玉帶
橋詩

臣汪由敦敬書

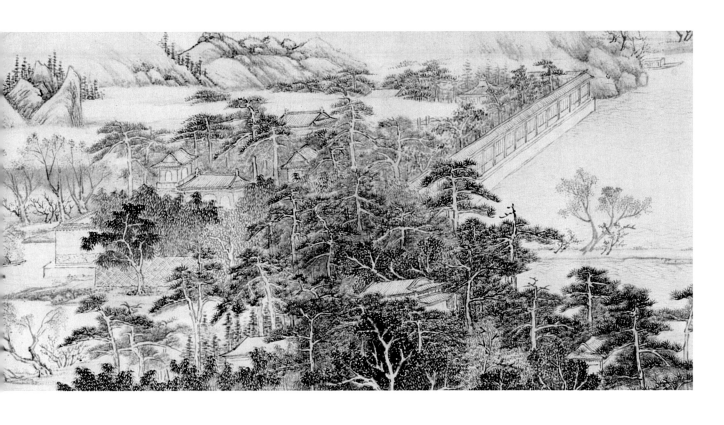

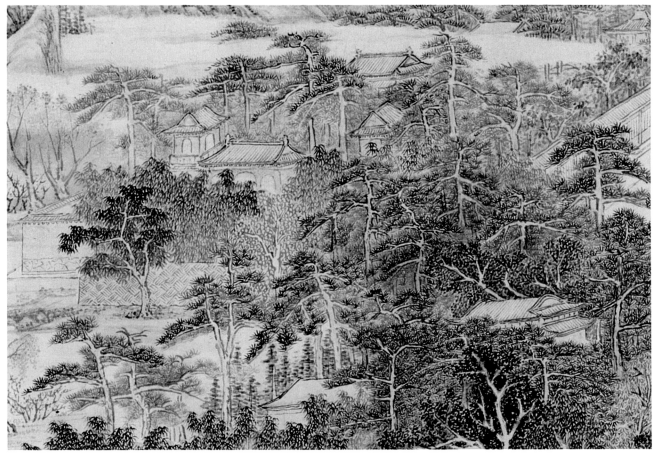

72

徐 揚 乾隆虎神槍圖軸
絹本　設色　縱185厘米　橫169.7厘米

Emperor Qianlong Killing a Tiger
By Xu Yang
Hanging scroll, colour on silk
185 x 169.7cm

這件巨幅作品也是以皇帝等人狩獵活動為題材創作的。乾隆
皇帝本人騎術、箭術、刀槍武藝均非常精湛，每次狩獵都有收
穫。此圖以鳥瞰式的全景構圖，描繪了狩獵場所的崇山峻嶺以
及奔走出沒的野獸，狩獵者則分佈於各處，圍捕射殺，場面宏
大。

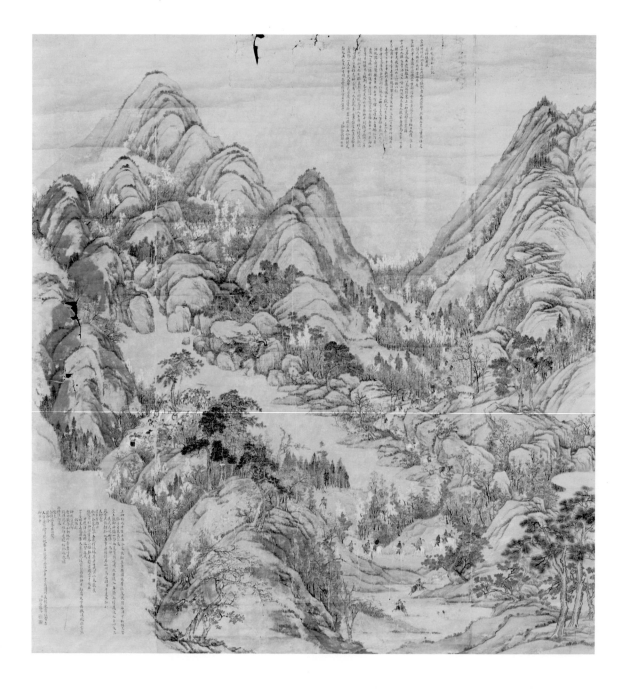

73

佚 名 乾隆雪景行樂圖軸
絹本 設色 縱468厘米 橫378厘米

Emperor Qianlong Enjoying Himself in Snowy Weather
Anonymous
Hanging scroll, colour on silk
468 x 378cm

此圖尺幅甚巨，描繪乾隆皇帝在一處園林中賞雪的情景。全圖
色彩比較素雅，人物具有肖像特徵，但乾隆的年齡已經較大，
畫法也不似郎世寧的手筆，應為中國畫家所畫。

建築物的畫法，運用了"綫法畫"的技法，焦點透視的特點十
分明顯。圖中所畫的地方，可能是京師西北郊的圓明園。

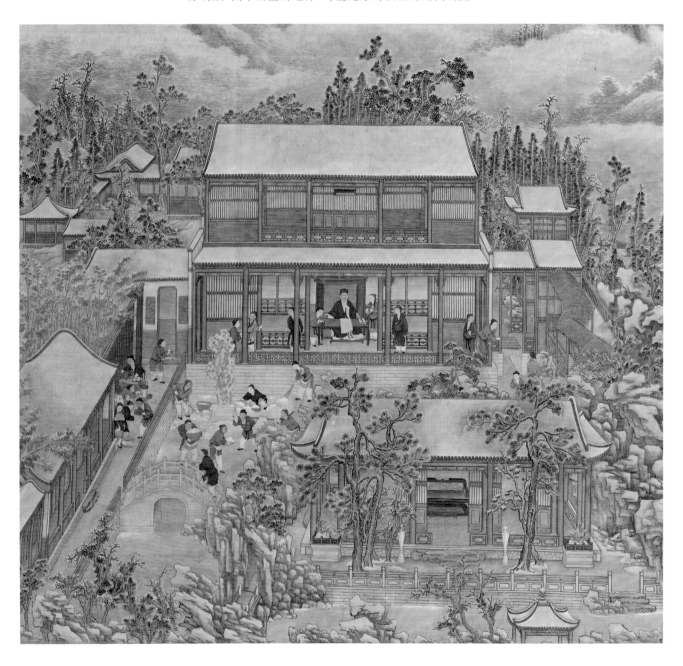

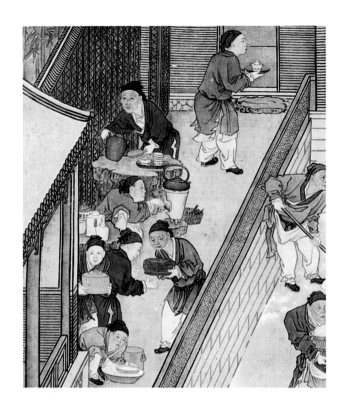

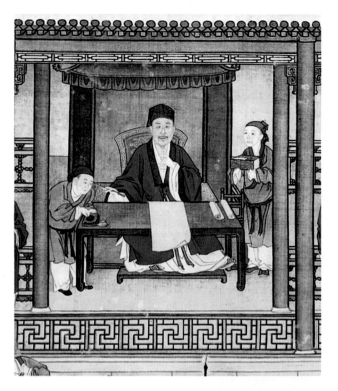

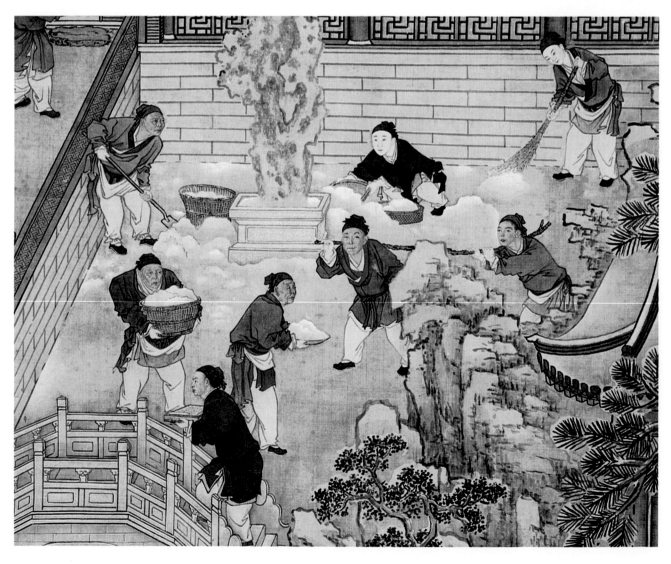

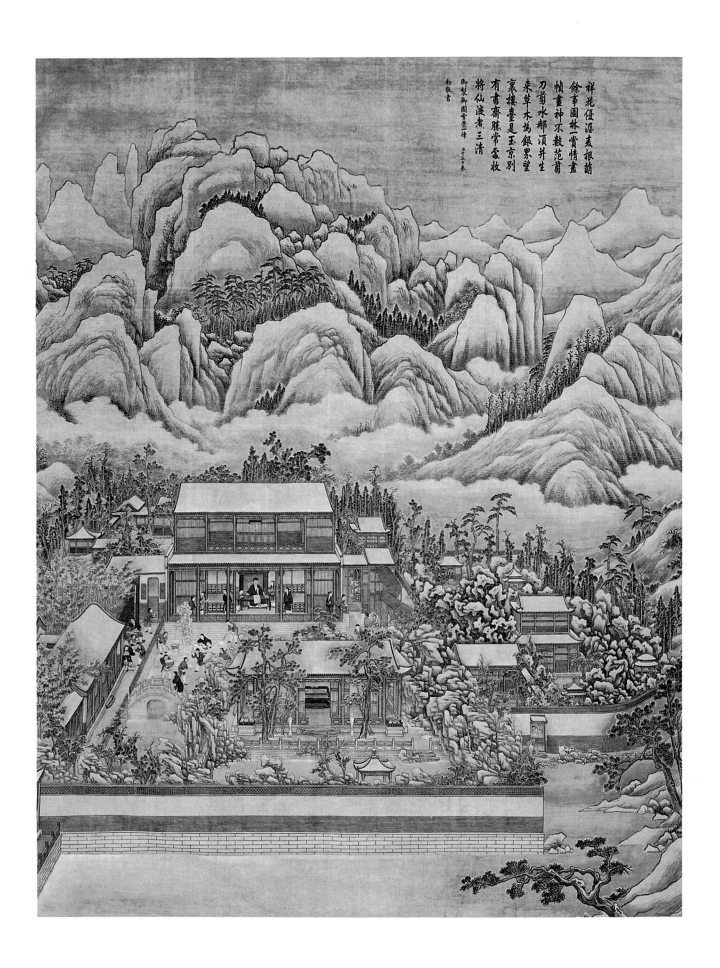

祥花優渥麥根萌
餘事園林一賞情畫
幀畫神不數范甯
刀蜀水郇洱生并
來草木萬銀界望
裏樓臺是玉京別
有書齋脉常零收
將仙液煮三清

御製御圖雪畫律
初牧書

74

佚 名 乾隆朝服像軸
紙本 油畫 縱205厘米 橫135.4厘米

Portrait of Emperor Qianlong in Court Dress
Anonymous
Hanging scroll, oil painting on paper
205 x 135.4cm

清宮檔案中多次記載歐洲傳教士畫家為乾隆皇帝作油畫肖像，但實物存留下來的極少見，此乾隆皇帝朝服像油畫是其中之一。

從畫幅分析，此圖的油畫技藝相當一般，歐洲風格也不是特別濃厚，或許是出自學過油畫畫法的中國宮廷畫家之手，畫者已不可考知。

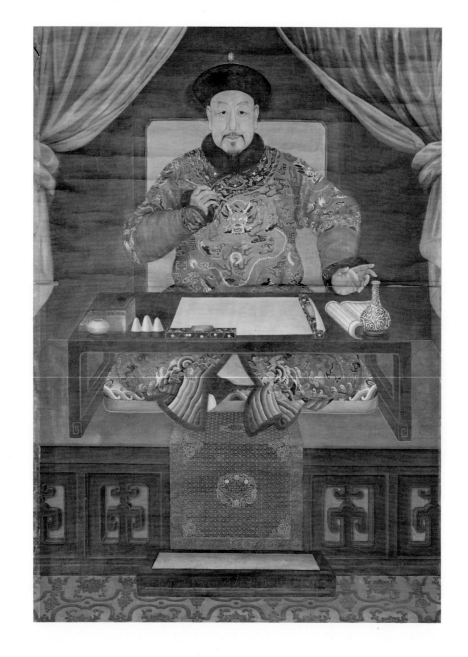

75

黎明等 皇清職貢圖卷 (之三)

紙本 設色 縱33.6厘米 橫1941.3厘米

Foreign Envoys Offering Tributes to the Qing Emperor (No.3)
By Li Ming and others
Handscroll, colour on paper
33.6 x 1941.3cm

《皇清職貢圖》始創於清乾隆時期，是專門繪記與清廷交往的外國和清廷所轄邊疆各少數民族的歷史、地理、風俗、物產等情況的一部巨型畫作。乾隆十六年 (1751)，命邊疆各督撫"於所屬苗猺黎獞，以及外夷番眾，仿其服飾，繪圖送軍機處，匯齊呈覽"；同時命宮廷畫家丁觀鵬、金廷標、姚文瀚、程梁四人，分別對一部分各地呈送的畫稿進行整理、重繪。每人各畫相同的手卷一式三份、冊頁一份。乾隆二十六年 (1761)《皇清職貢圖》創製完畢。全圖手卷共四卷：第一卷名"轟圖式廓"，繪外國27國官民男婦及西藏、新疆少數民族32種；第二卷名"卉服咸賓"，繪東北、福建、台灣、湖南、廣東、廣西、海南少數民族61種；第三卷名"琛賚雲從"，繪甘肅、四川少數民族92種；第四卷名"梯航星集"，繪雲南、貴州少數民族78種。每一國家或民族繪一段畫面，多數畫面繪男女各一人，少數繪三人或一人。畫中人物作漁樵耕獵、行走騎坐、刺繡紡織等態，畫法寫實，氣韻生動，設色明麗。每段畫面上方以滿漢兩種文字詳注所畫國家民族的歷史沿革、飲食服飾、風俗好尚、地理位置、土特物產和與清廷交往、貢賦等情況。此後，乾隆年間又四次增補了第一卷的畫面11段，使全四卷共繪外國及少數民族301種，人物600餘，說明文字約10萬，總長60餘米，成為一部集歷史文獻與繪畫藝術於一體的曠世巨作。嘉慶 (顒琰) 繼位後，命工重繪《皇清職貢圖》，並於嘉慶十年 (1805) 繪成。重繪的《皇清職貢圖》除第一卷中增加了三段畫面外，其他方面與乾隆原作基本相同。本圖錄刊載的這卷畫作即是乾隆原作第三卷的仿本。畫幅末有"臣黎明、程琳、沈煥、沈慶蘭恭畫"款及"恭"、"畫"二印。引首"臣董誥奉勅敬書"(款)"琛賚雲從"四大字。畫幅前後照錄乾隆本中原有的君臣詩跋，款"嘉慶十年乙丑仲冬日，臣趙秉沖奉勅敬書"。整幅作品供鈐有嘉慶帝的"嘉慶御覽之寶"、"寶笈三編"等璽印10方。

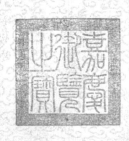

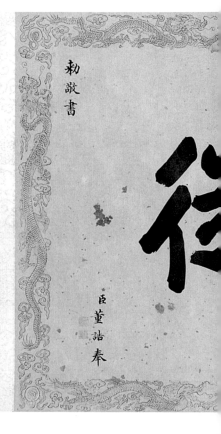

勅敬書

臣董誥奉

王會圖登四表春獻琛奉朔凜惟均

定功誕播同風咸歸皐懷就

日親奕奠旅勢西底貢還有俟雁北來賓漢裹潯帕心咸譬聞

干羽陸溟瀛鱗集卉皮人博陵漫詗場能檀司馬應懋傅失真

尊親漢庭漫說通烏弋唐室徒誇服闔賓寶玉河千乘月現名

鴻圖式廓一家春亥步遙瞻道里均露犬紈牛歸職貢雕

題沐齒識

侍郎臣于敏中恭和

詁謨遠文軌從今奕葉循

天章式示紀庚辰

贊共興地志無諭戊己勳臣

咨名手

鳳藻高翔仰

至人歸極永傳

今有赫鑿空始信古非真三階景運

三朝慶萬國歡心

萬壽辰武區文偆彰格被漸摩

聖化日循循

侍郎臣介福恭和

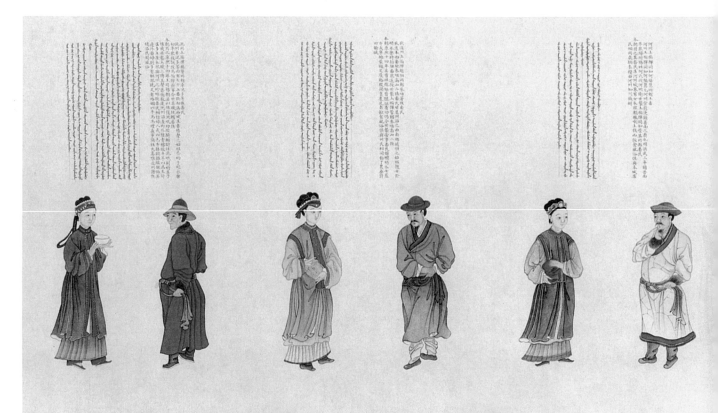

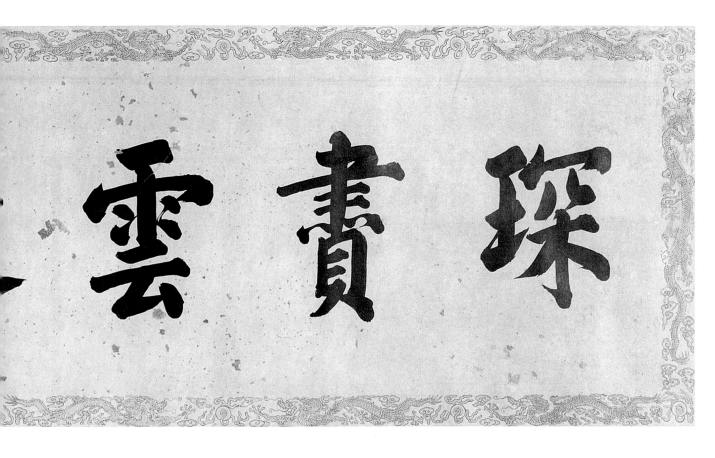

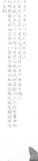

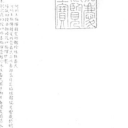
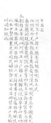
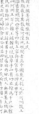

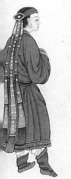
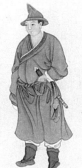
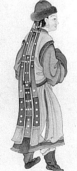
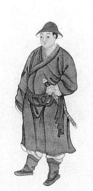
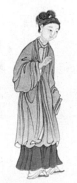
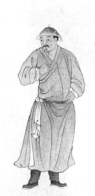

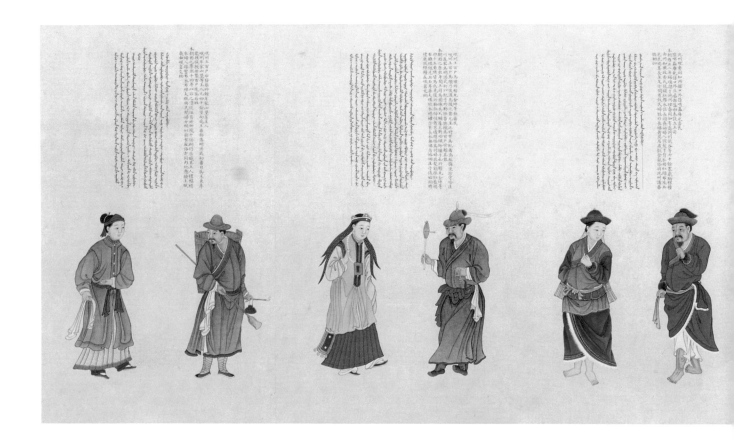

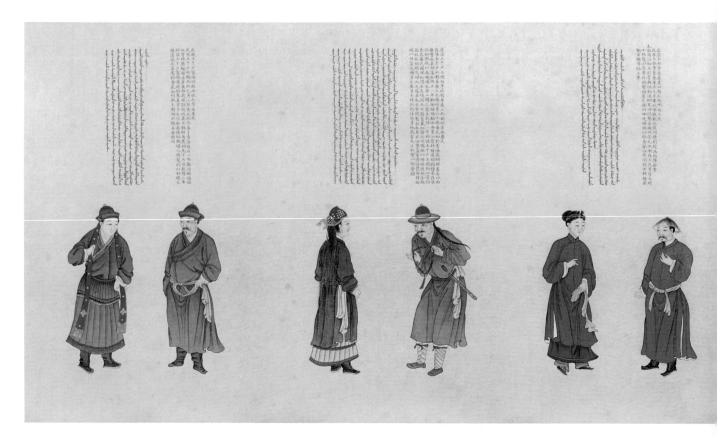

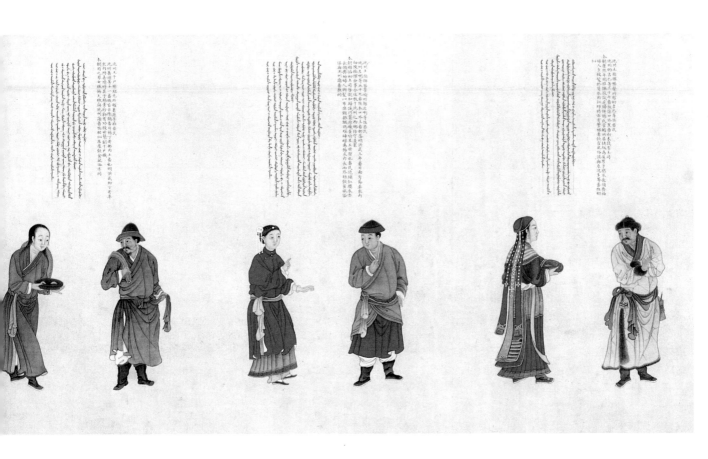

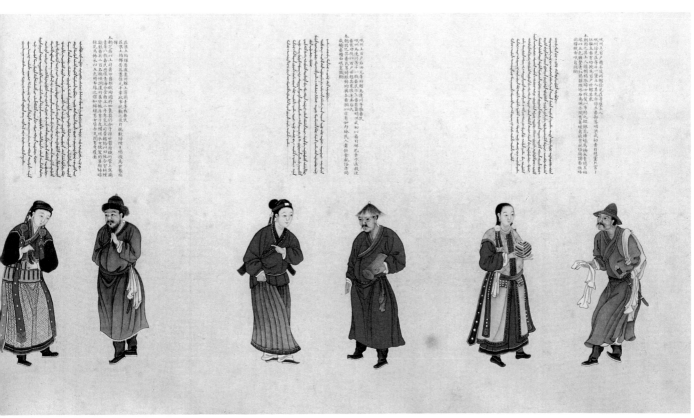

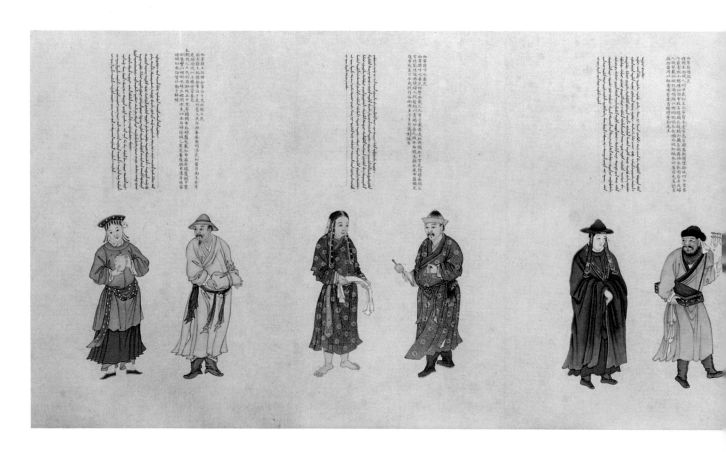

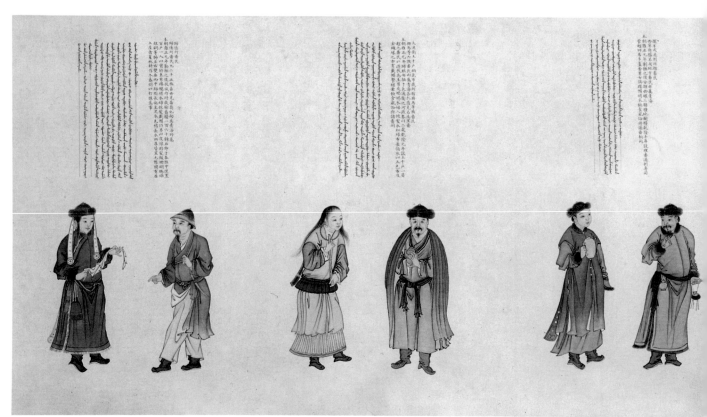

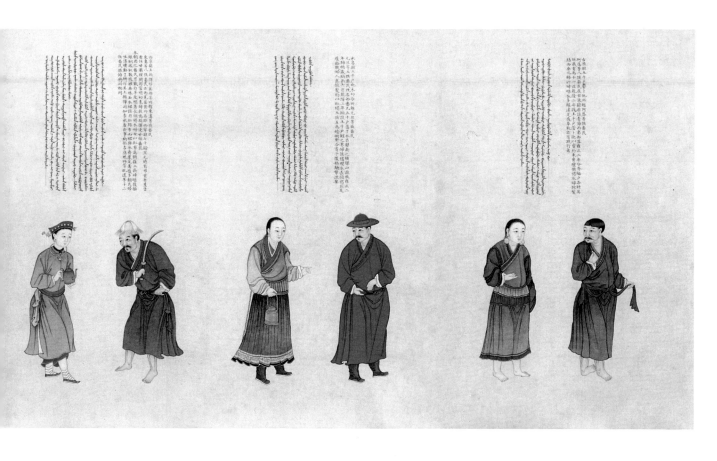

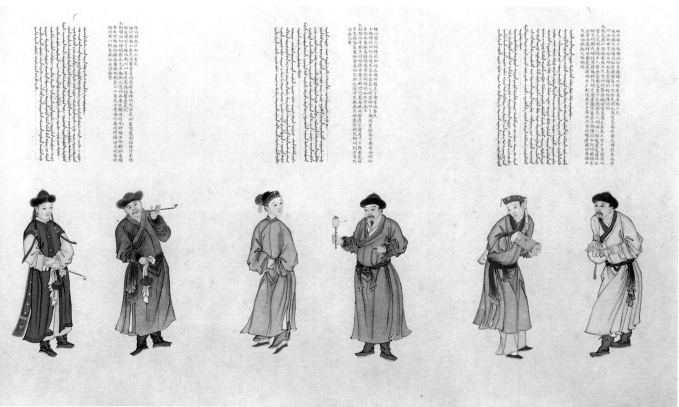

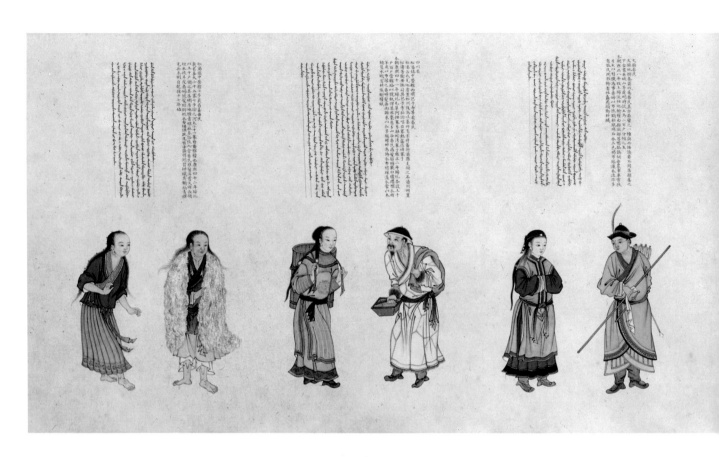

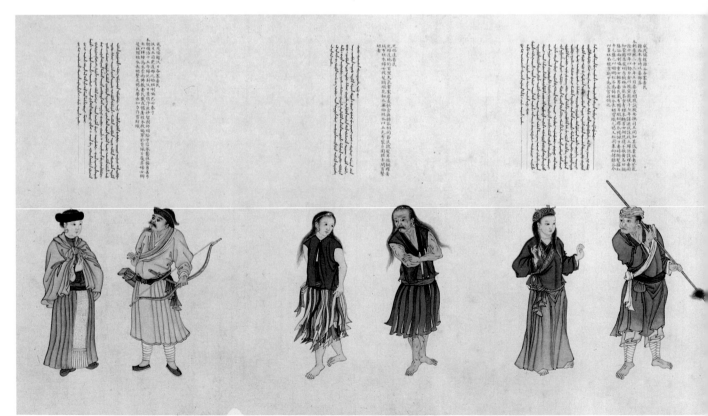

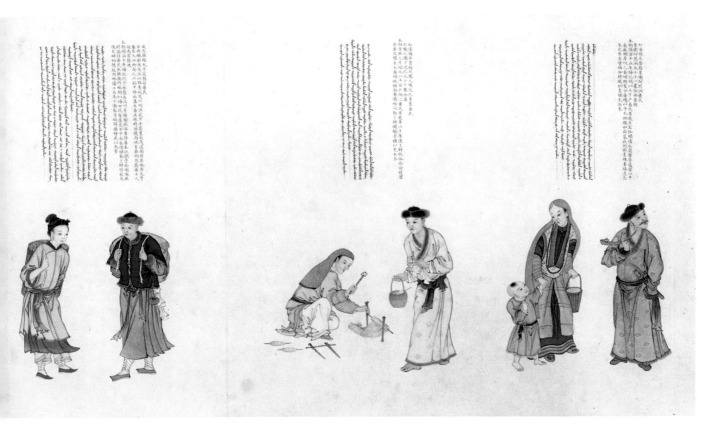

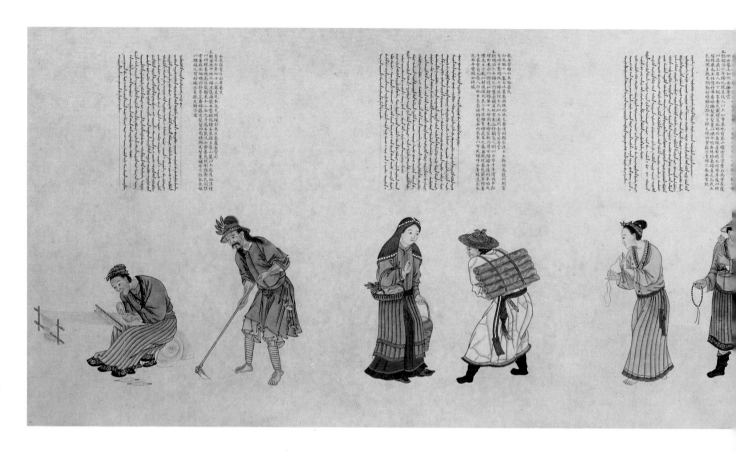

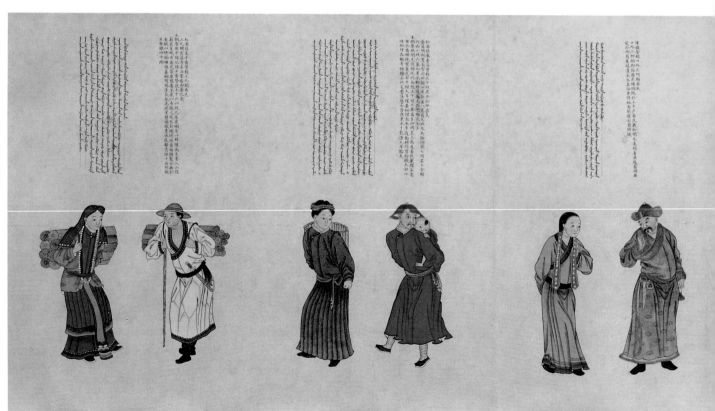

288

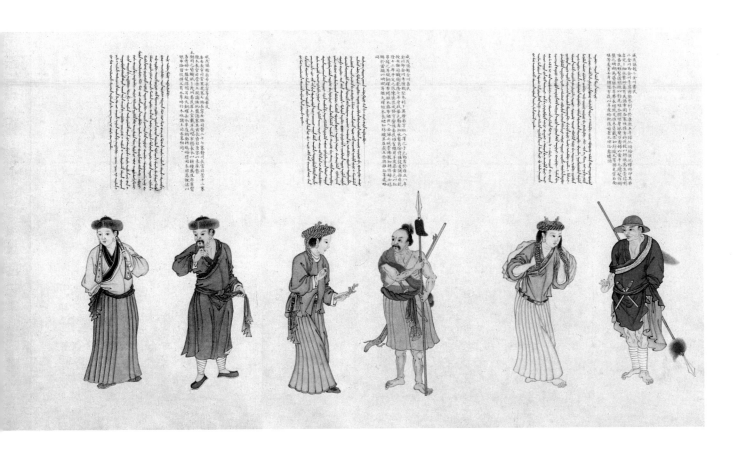

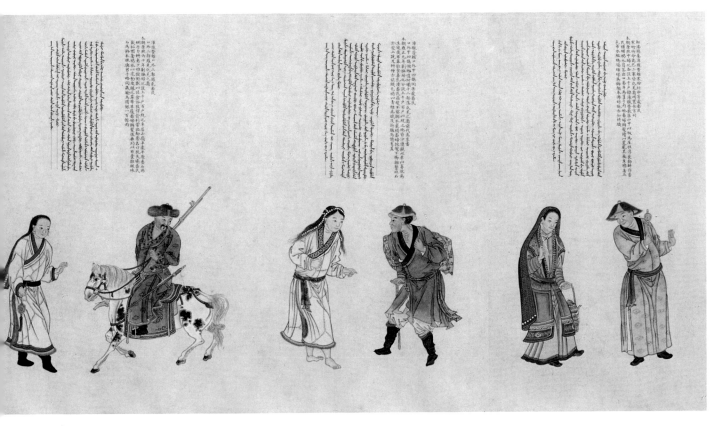

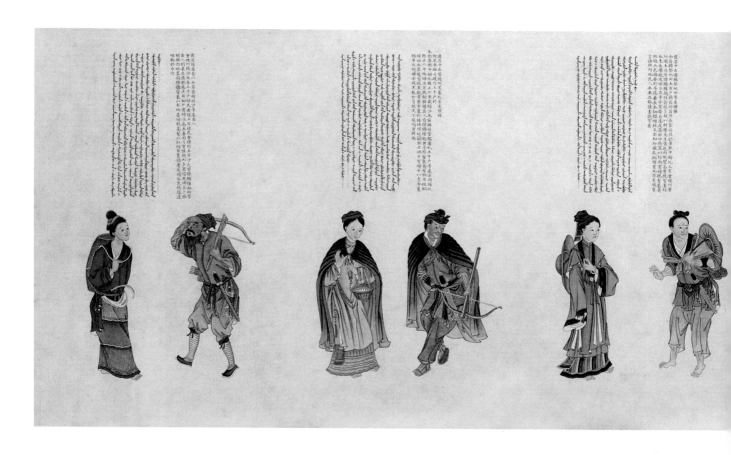

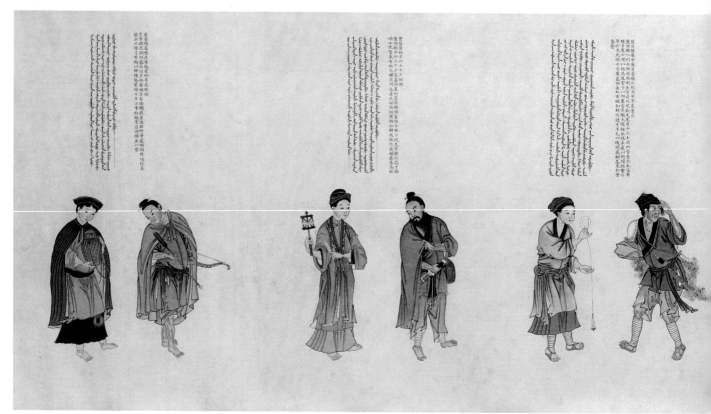

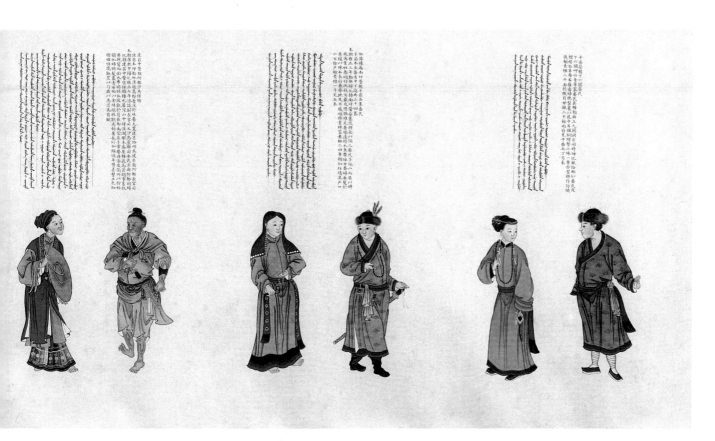

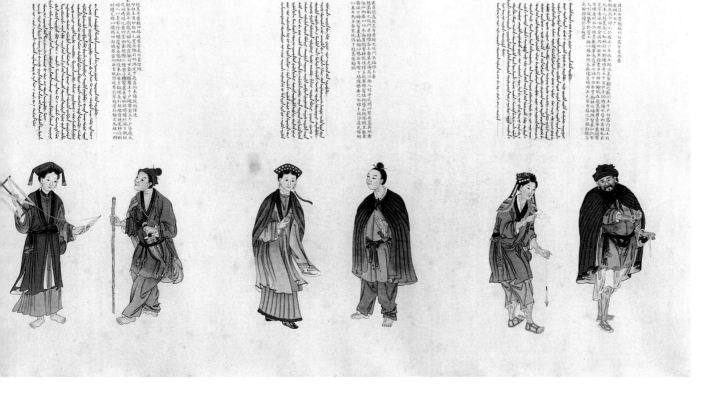

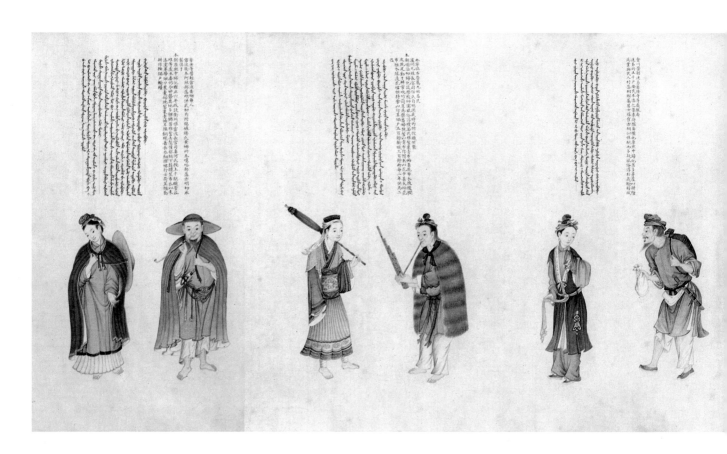

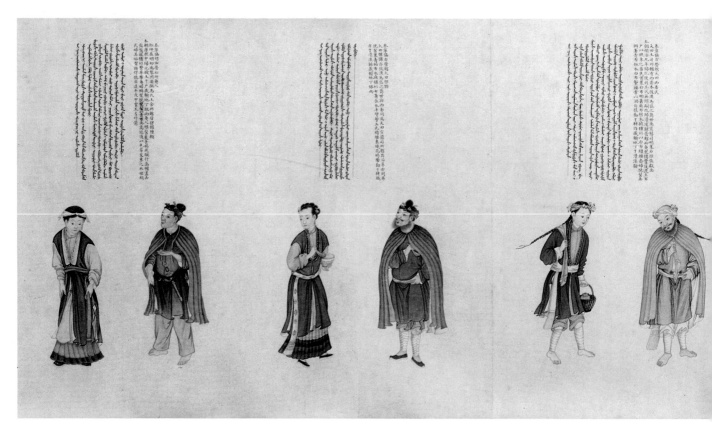

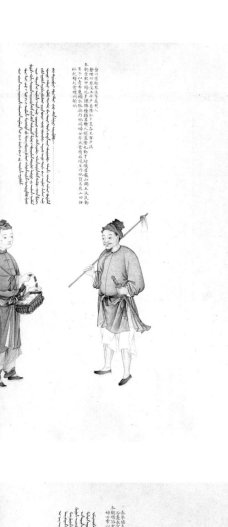
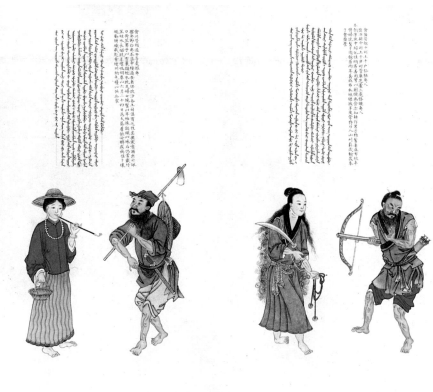
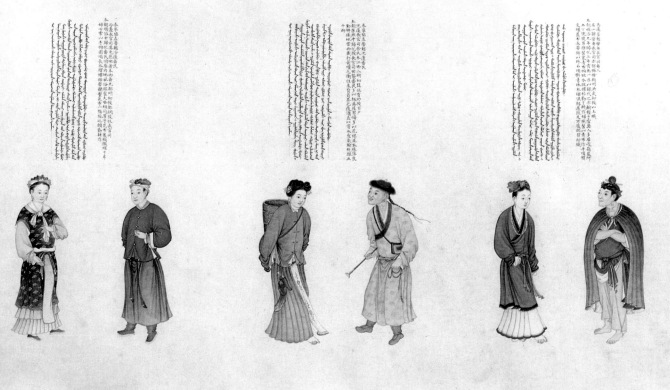

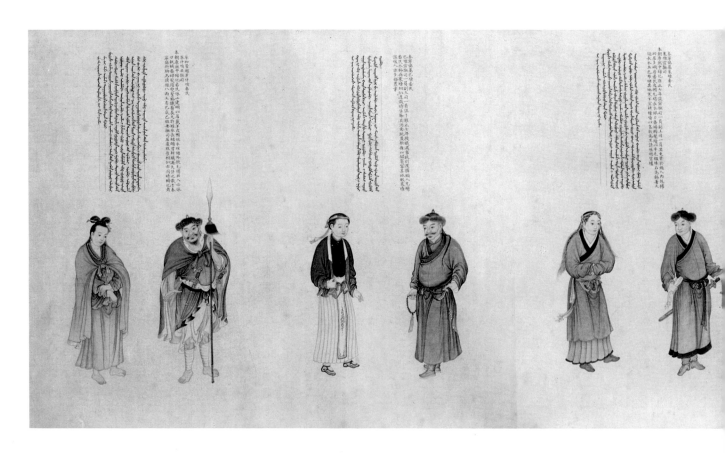

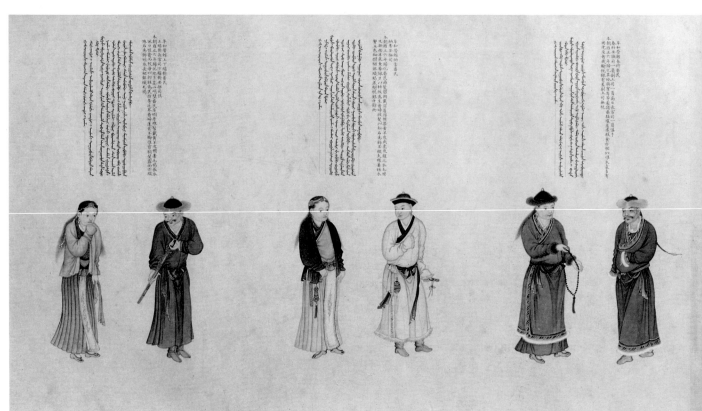

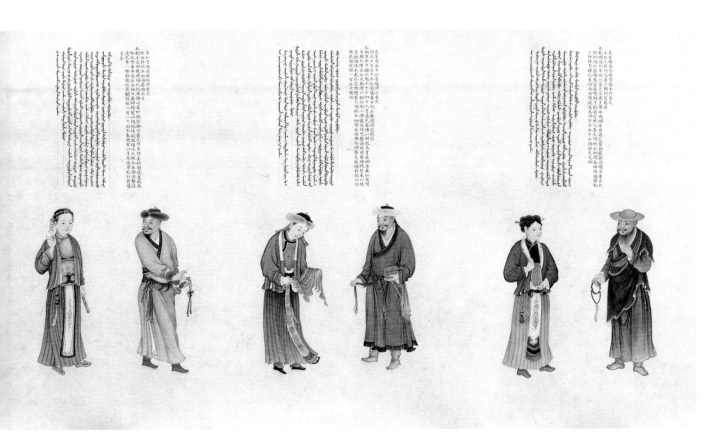

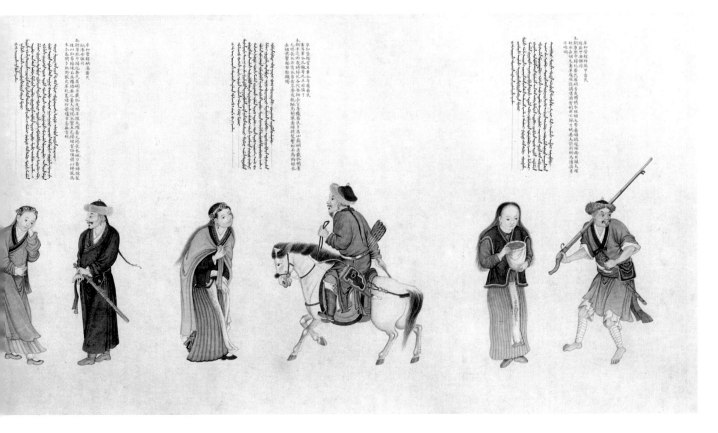

帝澤能回絕漠春歸仁欣隸職方均共球小大懷柔遠

雲日光華覆被親寶獻玉河咸輯瑞

威宣月竁悲來賓占風測水何堪擬航海梯山莫不臻五

詔行人載稽鳥譯狼歌廣爰寫文衣革履真繪事傳神輝

冊府販章式廊辦星辰自茲絡繹趨王會按籍憑將粉

服葵傾遵土訓四門鱗集

本循

侍郎臣觀保恭和

六幕羣霑我澤春丹青寰宇道邅均瞻雲豈憚重跰

會縮地從教萬里親籍按皇輿恢亥步圖開昧谷接

寅賓南夷象略來獻靖海龍媜況畢臻寧為旅蓺

登異物偶緣孔鳥紀方人明堂作繪還依古花面添

毫卻肖真彌望風邱都八畫末分星野共朝辰充庭

寫像邈

鴻藻格被

勳高仰

舞循

侍郎臣王際華恭和

勳高仰
舞循

侍郎臣王際華恭和

296

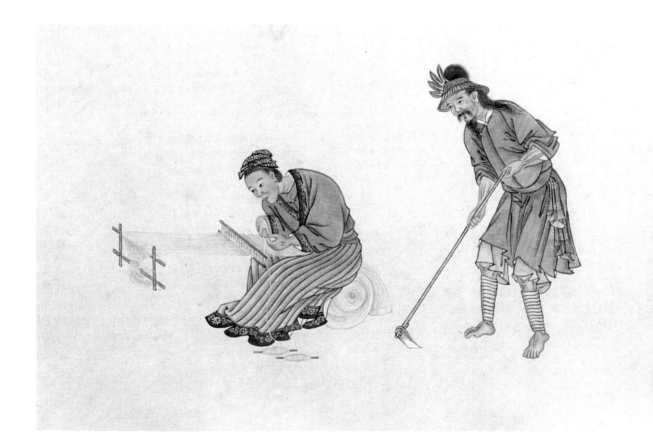

帝澤能回絕漠春歸仁欣隸職方均共球小大懷柔遠
雲日光華覆被親寶獻玉河咸軒瑞
威宣月窟悲來賓占風測水何堪擬航海梯山莫不臻五
服葵傾遵土訓四門鱗集
記行人載稽鳥譯狼歌廣愛寫文衣革履真繪事傳神輝
冊府敀章式廓辦星辰自茲絡繹趨王會按籍憑將粉
本循

六幕摩雲我澤春丹青寰宇道遐均瞻雲堂懍重趼
會縮地徒教萬里親籍按皇輿恢亥步圖開味谷接
寅賓南夷象略靖海龍媒況畢臻寧為旅藝
登寶異物偶緣孔鳥紀方人明堂作繪還依古花面添

侍郎臣觀保恭和

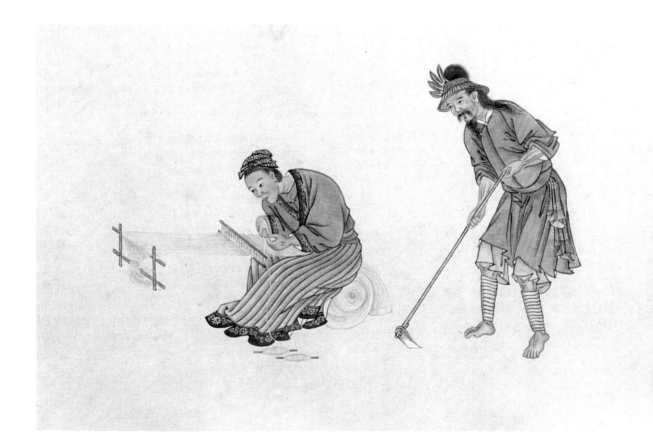

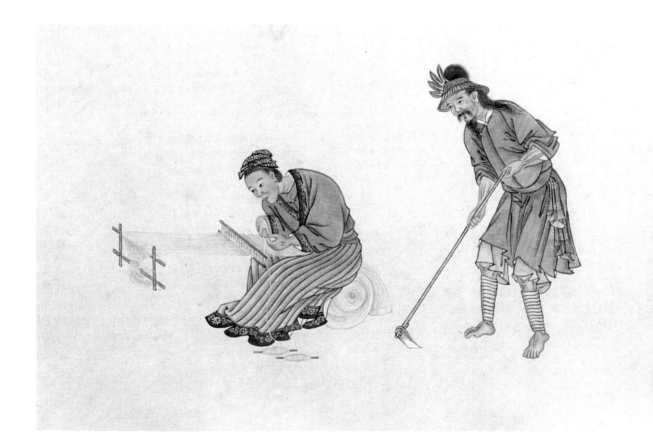

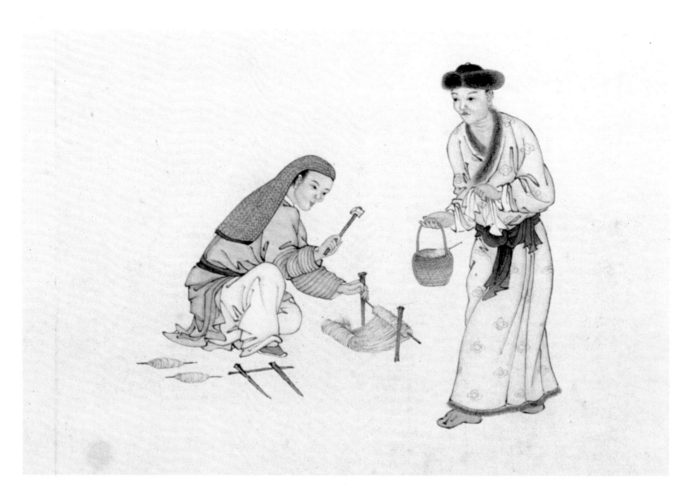

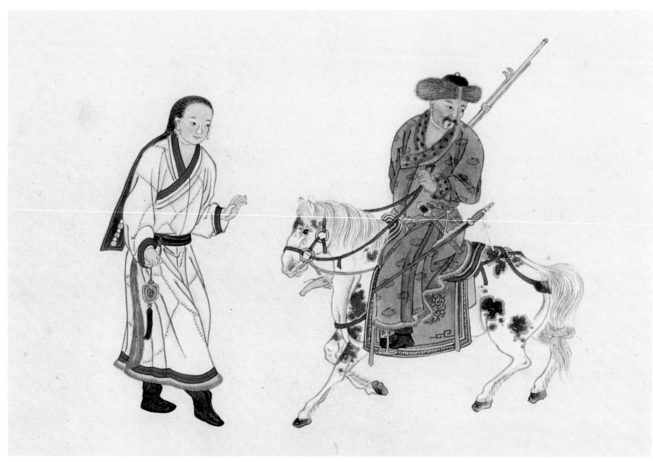